王安石的著名

是雪，为有暗香来。

似雪，不悟有香来。这首诗王安石改得
秀因其芬芳——荆公之心也！

遮望眼，自缘身在最高层。

见使人愁。庆历七年，调任鄞县大兴水
选辑的《王荆公唐百家诗选》被称最善

气地，壮颜毅色不可求。
殊，竟莫见以何雕镂。
斥，饿走半九州。
成森戈矛。
子圣，大臣各伊周。
海寒飕飕。
人死所羞。
少，愿起公死从之游。

四年，王安石将收集的杜甫诗汇成一集，
历，愿他起死回生！

盘供笑语，昏昏灯火话平生。
朝何日是，寄书应见雁南征。

长安君是王安石的
使北，临行前写诗给她。
生”的手足情深与家庭和

京口瓜洲一水

神宗即位，熙宁元
石，乘船过江，感觉倏忽

爆竹声中一岁

熙宁二年，王安石
快心情和憧憬。细读《元

自古驱民在

《商鞅》也是熙宁二
教化，只顾结果。

登临送
归帆去棹残

金陵脂粉地，六朝

中国古代改革家丛书

变法名相
王安石

墨香满楼◎著

中国铁道出版社
CHINA RAILWAY PUBLISHING HOUSE

图书在版编目（CIP）数据

变法名相：王安石 / 墨香满楼著 . — 北京：中国铁道出版社，
2016.11

ISBN 978-7-113-22282-6

Ⅰ.①变⋯　Ⅱ.①墨⋯　Ⅲ.①王安石（1021-1086）—传记
Ⅳ.① K827=441

中国版本图书馆 CIP 数据核字（2016）第 203665 号

书　　名：变法名相——王安石

作　　者：墨香满楼　著

责任编辑：田　军　　　　　　　　电　　话：（010）51873012

编辑助理：奚　源　　　　　　　　电子信箱：tiedaolt@163.com

装帧设计：天下装帧设计

责任印制：赵星辰

出版发行：中国铁道出版社（北京市西城区右安门西街 8 号　邮编 100054）

印　　刷：北京明恒达印务有限公司

版　　次：2016 年 11 月第 1 版　　　2016 年 11 月第 1 次印刷

开　　本：710mm×1000mm　　1/16　印张：15　插页：1　字数：240 千

书　　号：ISBN 978-7-113-22282-6

定　　价：36.00 元

纵观历史的长河，时间的脚步一刻也没有停下，历史正沿着它的轨道前行，一步一步地朝着我们现在的时代走来，向未来而去。

历史是什么？是各种各样历史事件的陈列，是林林总总历史人物的演绎。而在这些历史人物中，我们总是能第一时间报出一些帝王的名字。

帝王对一个国家来说是很重要，因为他们是国家机器的操纵者和统治者，所以会被人们记得，就像人们总是会向第一名献上花环，却很难记起第二名的名字一样。

但是千古一帝也好，碌碌无为也罢，皇帝也是人，做不到一手包办。一个人的力量是有限的，皇帝也要靠他的众多臣子与他共同撑起国家的一片天。

在北宋一个半世纪多的时间里出了一个臣子，叫作王安石。他是一个很特别的人，他人生的精彩程度绝不亚于任何一个帝王。他的生命中充斥着各式各样的声音，有来自大人物的劝诫，有来自小人物的奉承，有赞扬的，也有贬低的。王安石正是这样一位富有争议的人物。

诗人、政治家、改革家、思想家，一直以来，王安石的身上贴着这样一些标签。

不过，提起王安石，人们首先想到的是：他是一个伟大的诗人。"墙角数枝梅，凌寒独自开。""春风又绿江南岸，明月何时照我还。"这些耳熟能详的诗句，连小学生都能准确无误地背出来。由于先入为主的缘故，王安石诗人的身份牢牢印在人们的脑海里。

但其实诗人只是王安石的"业余身份"，他的"专业身份"是政治家、改革家。熙宁二年（1069 年），他开始着手于人生的一件大事——"熙宁变法"。从此，他不平凡的人生变得更加精彩纷呈。

每个人的人生都是一场无比精彩的演出，冷冰冰的几个标签仅是代表。就像看一场电影，你不可能只看一眼电影的名字就了解整部电影。名字只是带你了解这部电影的标牌，至于内容，没有人会为你剧透，只有自己细细地欣赏才能得知……

事实上从出生的那一刻起，王安石不平凡的人生就拉开了序幕。少年时的王安石就有很多异于常人的举动。从小看大，一些细小而又独特的举动预示了王安石的不平凡人生。

近千年来，王安石在历史上的地位都像谜一般，很难被定位。他渴望富国强兵、渴望改革，这样的理想恰好与北宋第六位皇帝宋神宗达成共识，于是轰轰烈烈的熙宁变法开始了。这场理想之战把王安石卷入了一场旷世争论之中。

生前，熙宁变法遭到反对派层层阻挠，最终王安石无奈选择离开相位；他死后，各种骂名以迅雷不及掩耳之势蔓延开来，竟延续至今。

王安石被南宋至晚清的史学家和思想家评判为"亡国祸首，千古罪人"，还被很多文人学者称为异端和疯子。他甚至在民间流传的笔记小说中沦为猪狗。

不过，虽然非议不断，但是这期间也不乏有支持他的人为他正名。也许是这些声音太过微弱，很快就被淹没在历史长河中。

直到近代，梁启超率先为王安石翻案，称他为"三代之下第一完人"。认可的声音于是渐渐多了起来，更多的人加入了欣赏和崇拜王安石的行列。他的形象开始转变，成为人们心目中的一位历史伟人。

"千古罪人"和"历史伟人"间差距太大！何为王安石的真面目？本书将带着读者进入一段奇妙旅程，去了解一个真实的王安石。

王安石大事年表

1021 年，临川王家，王安石出生。

1036 年，王安石随父入京，后结识好友曾巩。曾巩欣赏王安石的文章，将其推荐给老师欧阳修，获得赞赏。

1042 年，参加科举考试，因"孺子其朋"典故引起宋仁宗不满，从第一名降到第四名，被授予淮南节度判官一职，任职期满后，他放弃了京试入馆阁的机会。

1043 年，范仲淹、富弼等人执政实行改革，史称"庆历新政"，但仅历时一年多，以失败告终。

1047 年，王安石出任鄞县知县，在任四年，其政绩初显，为当地百姓做了许多贡献。

1048 年，宋神宗赵顼出生，是宋英宗赵曙和宣仁圣烈皇后高氏之长子。

1051 年，王安石出任舒州通判。

1057 年，苏轼进士及第。

1058 年，王安石调为度支判官，进京述职时，上《上仁宗皇帝言事书》，又被称为"万言书"。

1063 年，宋英宗赵曙即位。同年，王安石母亲病逝，辞官回江宁守丧。

1067 年，宋英宗赵曙逝世，太子赵顼即位，王安石被启用为江宁知府，又诏为翰林学士兼侍讲。

1068 年，王安石上《本朝百年无事札子》。

1069 年，宋神宗任命王安石为参知政事，设立制置三司条例司，新法伊始。

1070 年，王安石出任同中书门下平章事，位同宰相，新法开始全面推动。

1074 年，宋神宗同意罢王安石宰相职务。

1075 年，王安石再次拜相。

1076 年，王安石之子王雱病逝。同年，王安石辞去宰相职位。

1080 年，苏轼因"乌台诗案"被贬黄州。

1085 年，宋神宗赵顼驾崩，年仅三十八岁，在位十八年；年仅九岁的宋哲宗赵煦即位，高太后垂帘听政，重新用司马光为相，全部废除新法，史称"元祐更化"。

1086 年，王安石病逝，享年六十六岁，葬于半山园。同年，司马光病逝，享年六十八岁。

1093 年，高太后去世，赵煦亲政，大力打击"元祐大臣"，恢复王安石部分变法举措。

书中涉及主要官职注释

同中书门下平章事：简称"同平章事"，宋朝宰相的正式官名。

参知政事：即副宰相，为北宋的常设官职。

知府：是中国古代的地方职官名，州府最高行政长官，相当于现在地级市的市长。

知州：宋朝由朝中大臣充任，称作"权知某军州事"，简称"知州"。

知县：一县的长官，管理一县行政，称作"知县事"，简称"知县"。

判官：地方长官的僚属，辅理政事。

通判：始于宋代，在州府的长官下掌管粮运、家田、水利和诉讼等事项，对州府长官有监察责任，是相当于地方长官副官的存在。

签判：在各州、府选派京官充当判官时，称为"签书判官厅公事"，简称"签判"。

馆阁：掌管图书、编修国史之官署，设置"昭文馆""史馆""集贤院"三馆，以及"秘阁""龙图阁"等阁，相当于北宋的高级人才"梦工厂"。

翰林学士：宋代中央的文职机构是翰林学士院，翰林学士为皇帝起草诏令，是一种清要而又显贵的官职。

节度使：重要地区设置的统兵的总管，是地方性的军政长官，宋太祖时，以赏钱夺权的办法解除了节度使的兵权，史称"杯酒释兵权"。

Contents

目录

第一章　耳濡目染的家教

一只小獾猪

历数古今名人，他们的出生，总是伴随着神奇的传说和故事。王安石也不例外，只是这个传说无关神奇，就是一个字——怪！据说他出生的时候，有一只小獾猪跑进了产房。对，你没有听错，就是小獾猪！

你能想象吗？天禧五年十一月十二日（1021 年 12 月 18 日），抚州临川（今江西临川）王家，吴氏正在经历女人一生中最痛苦艰难的时刻，屋子里的人都暗自为她捏了一把汗。这时，一只探头探脑的小家伙登场了，瞬间，所有的焦点都转移到这只黑不溜秋的小獾猪身上，连产婆都被这位不速之客吓了一跳。发觉众人不可思议的眼神，它很快意识到自己跑错地方了，一溜烟，飞快地跑了。它如此迅速地逃离了案发现场，正如它悄悄地来，"走时也未带走一片云彩"，只是它的离开带来了一声响亮的啼哭——一代名相王安石就这样诞生了。

故老相传，一般名人异士的出生都会伴随有惊天动地的大事件，或是神奇的传说轶事。

比如刘邦的出生，就是一个传奇：他的家乡地势低平，有很多湖泊湿地，有一天，刘邦的母亲刘媪在一个水池边休息，一时犯困就睡着了，结果梦见自己与神相遇，顿时天色变暗，雷电交加。他的父亲见状匆忙跑来查看，只见有一条龙在刘媪身上显现。之后她就有了身孕，生下了刘邦。

还有，大禹是从父亲鲧的肚子里出生的，李白母亲生育前夜梦见太白星坠落，武则天出生时金龙冲天，等等。这些历史名人的出生伴随着的非龙神即星辰，王安石偏偏怎么就和一只小獾猪扯上了关系。

关于"獾郎"名字的传说，大多记载于宋代的笔记小说中，小说中这样对王安石的描述也大多带有的是贬低的意思。作者对王安石是有多讨厌才能编出这样一个传闻？

我们暂且不探讨这些传闻的真实性，或许可以换个角度来思考问题。

提到獾猪，大多数人都会不屑一顾，性格凶猛，叫声像猪一样，长得又不讨喜，形象自然差了些。

但很少人知道，獾是动物界中最忠诚于配偶的物种：一旦结为"夫妻"，就会一生不离不弃。即使其中一方死亡或是走散，另外一方也绝不会移情别恋，会一生等待着它的另一半。

听起来是不是很浪漫，在动物界中也有如此感人的爱情故事！獾的出现，就像在冥冥之中为王安石对待爱情忠贞专一埋下伏笔，当然，这是后话了。

没有惊天动地的事物衬托，也并非生于名门望族，他的出场相对而言算是名人中的平凡不起眼。王安石小名被唤作"獾郎"，难道真是托了那只匆匆离场的小獾猪的"福"。獾郎，通俗点讲不就是猪崽崽的意思吗？

古时候人们总喜欢给孩子取贱名，并且咬定只有这样孩子才好养活。

其实，为孩子起个贱名，是在汉魏时期就形成的习俗，归根结底，还是家中的长辈对孩子宠爱的表现，家长生怕孩子不能健康长大，迷信地认为取贱名可以长寿。

纵观历史，我们可以发现，在古代"人用畜名"的现象还是很普遍的，比如，司马相如小名叫"犬子"，陶渊明小名是"溪狗"，宋孝宗小名为"小羊"。这样一对比，就发现其实獾郎这个名字也不算太难听，至少獾的属性在爱情方面是很突出的。

总而言之，伴随着这只迷糊的小獾猪的出场，我们的主人公也正式踏上了人生的舞台。

有其父必有其子

王安石的出生，谁最高兴？是他的父亲王益，王益多么希望他的儿子可以健康长大。

单单健康长大就够了吗？当然不是，哪个父母不望子成龙、望女成凤呢？王益不仅有在心里暗自憧憬，还有在行动上的努力。

纵观王安石的年少有志和人生轨迹，就可以知道他的父亲是推动他前行的最不可忽视的一股力量。王安石的人格造化，无一不是源自于父母的言传身教。

其实，王安石的祖父那一辈就已经在朝为官了，不过直到王益这一代才算是真正踏上仕宦之途，如此说来，王安石最后能成为一代名相，也有父亲的功劳。如果王益没有为官，说不定王安石到老也只是一个不知名的种田老汉呢！

王益只是大宋王朝当时一个鲜少人知的小官员，终其一生，也没有做出什么惊天动地的大事，不过是做过几任地方上的官职。

但是这个看似平凡的男人绝对不容小觑，虽然他的官职不大，但其在任期间，是个为民从政、除暴安良的好官。他所到之处，都留下了许多美好的名声。

当时的北宋，多年无事，皇帝看重文官，对在朝犯错的文官那是能不杀就不杀。官员们混个几年就能升官加薪，职位较高的官员还享有"恩荫"的政策——子孙后代甚至不用太多努力就能得到官位。如此一来，朝廷上的风气渐渐败坏，贿赂贪污的现象是见怪不怪，尸位素餐的官员也越来越多。

世界上最缺的从来不是好男人，而是清官，因为做个清官真的太难了，像王益那样真正考虑老百姓利益的官员更是稀缺。在这样一个年代里，他能够居其位、谋其职，不为社会风气所动，保持清廉正直的心态。

但是要知道，生活中处处都有灰色地带，更何况是水深不见底的官场呢？不只是现在，早在一千年前的宋朝，"潜规则"就已经存在了。王益处处为百姓着想，自然就会触犯到一部分人的利益。

大概是出身并不高贵的缘故，王益深谙百姓之苦，对一些鱼肉百姓的行为嫉恶如仇，所以在官场上极力压制地方豪强的势力。

官任临江军判官期间，他发现地方有许多豪强势力，仗着自己有钱，为非作歹，甚至肆无忌惮地搜刮百姓，而这一切，知州看在眼里，却无动于衷，只是睁一只眼闭一只眼无有作为。王益心想：你这个知州到底怎么回事？百姓在下面受苦受难，你却在这里高枕无忧，是何命官！

知州对地方豪强的作为心里清楚得很，他为什么无动于衷？不是为钱就是为色，这些豪强大概给了他不少好处，在个凡事向"钱"看齐的世界，这些都是见怪不怪的现象了。

可这些恰恰是王益最不能容忍的行为，所以，他不仅在心里盘算着要把知州教训一顿，还把想象搬上了台面，真去教育知州了。仔细想一下，王益此时是临江军的判官，知州是谁？可以说是他的顶头上司，竟然把上司教育了一顿，这下王益可摊上大事了。

知州当然怒不可遏，被自己的下属给教训了一顿，任谁脸面都挂不住吧，但是他表面上不动声色，还赞同地对王益说："小王说得真对，是我疏忽了，就照你的想法去做吧！"漂亮话谁不会说，话虽如此，但知州已经把王益当成他的眼中钉、肉中刺了。

不知道王益是真傻还是装傻？居然顺着知州的漂亮话行动起来了。不过努力还算没有白费，在他的治理下，临江军又恢复了井然有序的治安，官吏豪强也对他有所忌惮，从而不敢再为所欲为。

但是，得罪了这些人是不会有好的下场，难道王益身边的人没有劝过他吗？当然劝过，但是他哪里听得进去：说我不识时务也好，说我一根筋也罢，我就是要一条道走到"黑"！

王益的"一根筋"很快就招来了地方豪强和顶头上司的报复，在那个官员地主相护的时代，王益成为了横在他们头顶上的一把利刃。如果有人在你头上天天吊着一把刀，估计你晚上都不敢睡觉了吧。所以同理，他们想要像从前一样逍遥快活，就必须除掉王益这把利刃。很快的，王益就被调离临江军了。

自此，王家开始踏上了颠沛流离的路途，可怜王安石和他的兄弟们，做个"官二代"都没别人舒服。但对于还只是孩子的王安石来说，这似乎也没什么大不了，无非是多了个到外地旅游的机会罢了。他也并没有因为"官二代"当得不舒服而埋怨父亲，而是把父亲的好行为看在眼里，记在心里，并默默发誓要做一个像父亲那样的人。事实上他也没有食言，这从他后来在地方上的为官经历就能看出来。

话说回来，王益虽然在上一任职位上碰了壁，但他并没有因此而放弃自己的初心，在新任官位上，依然"我行我素"——一不讨好上司，二不勾结地方豪强，只做利国利民的好事，把地方豪强统统拒之门外。

一句话概括就是：你走你的阳关道，我过我的独木桥，不要妨碍我！

没过多久，需要王益"坚持己道"的机会就来了。当时，他管理的韶州翁源（今韶关市东南部）一带发生虎患，当地百姓苦不堪言。他知道后，当即命令下属官员展开捕虎行动。县令想要讨好他，就捕了五只老虎，用车运到州府献给他，还说这五只虎是听到王益的大名自己吓死的。

嘿！为了讨好上司，这种话也能编出来，真当你上司是傻的吗？王益当然不傻了，一看老虎身上的伤痕就知道是怎么回事了，当下就让人把老虎抬了回去，顺便捎给县令了一句话："政在德不在异！"简单粗俗地解释就是："少给我动这些歪脑筋，老子不吃你这一套！"这句话对可怜的县令来说，简直就是打脸。唉，谁让你没摸清楚王益的脾气禀性就乱来呢？活该！

别看他对妄图"拍马屁"的下属如此严厉，但是根据《尚书都官员外郎王公墓志铭》中的记载，他虽治吏严厉，对待百姓却总是以理服人，绝不会耍大牌，也不会动不动就棍棒伺候，对待百姓尚是如此，更何况是自己心爱的孩子呢？同理，我们也能推测出，他绝不会对自己的孩子不分青红皂白地动用家法，一定是谆谆教导，用自己的好行为为他们做出好的榜样。

王安石经常待在父亲身边，小时候他还不懂什么，慢慢长大了，就开始效法父亲的好行为，正所谓上行下效。

王安石正是在这样耳濡目染的教育下慢慢长大，在最需要学习的年纪，父亲给了他博览群书的机会；在性格初步形成的年龄，父亲带来了潜移默化的影响；在壮志初成的时候，父亲教会了他做人的道理；在最迷茫的时候，父亲给了他不畏豪强的勇气。

有其父必有其子，是王益的好行为对王安石以后的性格造成了极其重要的影响。

若你要问王安石，这一生中最敬佩的人是谁？他一定会不假思索地说出父亲的名字。

但是这个他最一生中最敬佩的人陪伴他的时间真的太短了，短到还来不及抓住回忆，就已经消散了。世事无常，大抵就是如此。

宝元二年（1039 年），王益卒于江宁任上，留下了孤苦无依的妻儿，那一年王安石才只有十八九岁，刚及弱冠，父亲的离去对他来说简直是人生的一道晴天霹雳。还有王益的妻子吴氏，她面对丈夫留下的一大家子，又该何去何从？

谁说女子无才便是德

王安石的母亲吴氏，其实是个了不起的女子，她是王益的第二任妻子，嫁给王益时正是青春貌美的年纪，但是王益已经是两个孩子的父亲了。

王益对吴氏是真的喜欢，但又担心自己带着两个"拖油瓶"，耽误了人家的幸福，所以在求婚的时候就跟吴氏坦白了："亲爱的，我很爱你，我知道你也很爱我，但是在你答应我的求婚前，我必须告诉你一件事，就是我有一个妻子……"话说到一半，王益突然有点口渴，就顿了一秒。

关键时刻掉链子，吴氏一听，转身就要走：你有妻子了还跟我求什么婚，合着是想纳我为妾！

王益一看吴氏要走，急了，赶快拉住她的手说："不过现在是单身！"王益的前妻徐氏红颜薄命，早年就撒手而去了，总之现在就是一黄金单身汉。

吴氏终于停住了脚步。"但是，我还有两个儿子！如果你不能接受的话，我不会怪你的。"真是说话大喘气，王益终于把话说完整了，他叹了口气，慢慢放开了吴氏的手。现在是去是留，只能看人家姑娘自己的选择了。

吴姑娘本来还有些犹豫，但在见到可爱的王安仁和王安道两兄弟后，就释然了。原来王益早有所准备，安仁和安道一见面就齐刷刷地喊了声"娘"。不管是否自愿，但就是这声"娘"让吴氏在心里笃定："一定要善待两个孩子，这个男人我跟定了！两个孩子我也养定了！"

她是天生的智者，知道自己真正想要的是什么。

至此，一拜天地，二拜高堂，夫妻对拜，送入洞房。两人终于走进了婚姻的殿堂。

婚后她并没有像妒妇一样虐待王益前妻徐氏留下的两个儿子，而是信守承诺，善待他们。"继母如母"，能得此贤良淑德的继母，你们两兄弟就偷着乐吧！至少你们的人生不会出现电视剧里豪门恩怨的桥段，这一生还能在母爱的灌溉下衣食无忧地长大。

吴氏可是真正的贤淑女子，她不会搞人前一套背后一套的把戏，所以对待王益前妻的两个儿子视若己出，甚至于比对待自己生的孩子还要好，或许她是更体谅他们的丧母之痛吧，所以才想要把更好的爱给他们，让他们能像自己的孩子一样无忧无虑成长。

"气质美如兰，才华馥比仙"，是对吴氏最好的形容。

她不仅自己爱学习，还教育儿女也努力读书。王安石从小就爱读书，练成过目而终身不忘，这不能不说是吴氏的熏陶。

不仅家里的男孩子被培养得才华横溢，女孩子也不落下。王安石的三个妹妹个个都是吟诗作对的能手，尤以大妹王文淑最为出色。

王安石著有一首十分有名的七言律诗《示长安君》，就是嘉祐五年（1060年）要出使辽国时写给王文淑的离别赠诗。长安君是她的封号。诗中"少年离别意非轻，老去相逢亦怆情。草草杯盘供语笑，昏昏灯火话平生"几句，毫无保留地展现了兄妹情深。

他的三个妹妹，都是诗文不凡的女子，但他却和王文淑的关系最好，这说明她的确有其过人之处，后有人曾对她高度赞赏。会写诗的女子，要数王安石家的最多，又以王文淑的诗文最精彩。

俗话说，母亲是女儿的一面镜子。什么样的母亲教出什么样的女儿，所以王文淑能有此赞誉，当然还是吴氏的功劳了。天地良心，这真不是刻意给吴氏脸上贴金，确实如此罢了。

古人深受"男尊女卑"的封建思想影响，所以女子的地位相对较低，读过书的就更少了，但吴氏不仅读书百卷、能诗会文，还培养出了一个"诗词小组"。

不过这已经不是什么特大新闻了，跟宋代的社会风气还是有很大关系的。在那个重文轻武的朝代，不仅男子人才辈出，女子也丝毫不逊色于这些男的文人墨客，一个个美丽智慧的女子次第而出，比如最著名的宋代四大才女：李清照、朱淑真、吴淑姬和张玉娘。易安居士李清照更有"千古第一才女"的称号，所以吴氏如此有才气不是偶然。

孝子之至，莫大乎尊亲。"孝"是吴氏教给子女的又一个重要的功课。

俗话说，男主外，女主内。平时王益工作忙，所以孩子们的教育问题就落在了吴氏的肩膀上，事实证明，她的教育方式很不错。

"百善孝为先"，吴氏知道这句话的分量有多重，所以她以身作则，为孩子们树立了好的榜样，平时她待家中长辈甚为孝顺，这在邻里乡间是有口碑的。

想象一下，王安石带着弟弟妹妹们出去闲逛的时候，碰到村口家长里短唠嗑的大妈们，就被一个指着说："你看，那不是老王家的几个孩子吗？那王家太太可是出了名的孝顺啊！"另一个接着说，"就是就是，她教出来的孩子也不会差。"

更有甚者，直接拿他们教育自家孩子："你学学人家王安石，多孝顺。"

虽然他们还小，好像也并没有做出什么孝顺的举动，但是在同龄小朋友面前被大人夸，还真是一件令人高兴的事。

久而久之，他们就自带"孝字光环"了。潜移默化的教育有效果了，被人说得多了，最后就真的成了这样的人了。

成年后的王安石曾经因为母亲年事已高而拒绝了一份中央的差事，说这是借口也好，官场上的权宜之计也罢，我们不得不承认少有人能做到这样。换位思考，如果你是王安石，历尽千辛万苦，终于通过了百里挑一的公务员考试，你会因为母亲年纪大了需要照顾而推掉这份来之不易的工作吗？

由此看来，吴氏的耳濡目染家教法，是一个成功案例，值得广大父母深思效法。

父母若是一棵小草，就别妄想孩子长成参天大树；父母若是一滴水珠，就别指望孩子能一夜之间汇聚成海。而徐氏是一株名贵娇艳的牡丹，所以王安石得以长成珍稀的香柏木。

第一章　耳濡目染的家教

第二章　少年英才，志当存高远

免费的早餐

想要长成参天大树就要上学，光家庭教育是远远不够的，至少"九年义务教育"不能少。所以，王安石到了适龄年纪，就开始高高兴兴背着书包上学堂了。

王安石要去上学了，高兴得一路上哼着小曲：我要上学堂，天天不迟到，爱学习，爱劳动，长大要为人民立功劳！前文提到，他少有大志，好读书，所以他没有哭着闹着求父母不要送他去上学，也没有像现在的一些小学生那样一言不合就改编歌词：我去炸学校，老师不知道……

小安石一点也没让父母操心，不仅自己可以去上学，连早餐也不让母亲操心，自行在外面解决。他知道家里弟弟妹妹多，不能再给母亲添麻烦，况且外面的饭好吃呀！

选来选去，他决定在离家不远的面馆吃饭，主要是合胃口，又不用绕路，是从家到学校的必经之路。王安石是这种人，选定一件事，就会头也不回地一条道走到"黑"。纵观其人生之路，就会发现确实如此，不管是对待改革还是婚姻，抑或是生活中的琐事。这些都会在后面一一呈现。

不负这专一的美誉，他现在对待早餐就十分专一、执着，每天早上雷打不动进了面馆就一屁股坐到靠窗的位置，喊上一句："哥哥，来碗肉丝面！"

伙计一边擦桌子一边探着头高声朝厨房嘱咐，"得嘞！师傅，一碗肉丝面！"

不一会，一碗热气腾腾的肉丝面就上桌了，汤多量足，最重要的是老板人亲切，小安石对这种热情满满的服务态度很是享受，所以越来越喜欢这家面馆。

时间久了，小安石就和这里的老板、伙计熟络起来。店里的伙计也把他的习惯喜好摸得一清二楚，知道他每次来只点一种饭——肉丝面。所以每次不等进门，远远地看见他朝面馆走来，就开始喊厨房下面了："肉丝面一碗！"

习惯成自然，每次进门看到店里伙计热情地招呼自己，他就知道面已经在做了，就默默地坐到窗边的老位置，开始默想今天要学的功课。

日子一天天过去了，但是每天柴米油盐的日子是很枯燥的，人如果不给自己找点乐子，那人生就只能在无聊中度过了。

这天早晨，老板和伙计见店里客人不多，决定从小安石身上找点乐子。像往常一样，他进店入座，伙计热情地招呼："先坐着，面马上好！"

点点头算是回应，并没有发现什么端倪，因为他现在正忙着回顾先生布置的作业，今天课堂上要提问，背不出来可就惨了。

好一会儿过去了，他才猛然发现面还没上来。奇怪，今天客人不多，按说两分钟就该做好了，不会是把我的给忘了吧？赶快招招手示意店小二："我的面做了吗？没做就不要了，上学要紧啊。"

伙计嘴角露出一丝意味深长的笑，"做好了，已经出锅了，只是，老板说了，这面得你自己去端。"

小安石一听，明白了，不就让我自己端吗？想偷懒，你早说啊，咱都是老熟人了，我不会介意的。

进了厨房，热乎乎的肉丝面果然已经在灶台上了，汤满得快要溢出来了。这时，老板开口了；"小家伙，我今天特意给你多加了面和肉，你要是能一滴不洒地端到位置上，这碗面，就算我请的！"

原来老板早就听说王安石小小年纪，却是聪慧过人，就想考考他，

看看此言是否属实。店里的客人一听，都来了兴趣，纷纷放下碗筷，抱着看好戏的心态围了上来。中国人的一大特色就是喜欢围观看热闹，一旦有人围观，什么小事都变成大新闻了。

我们来看看被围观的主人公怎么样了？果然是未来的宰相，气势就是不一样，众目睽睽，也不慌也不恼，慢悠悠地问了句："老板，此话当真？如果我做到了，你可别反悔！"

这下倒是老板有点急了，"笑话！我这么大一个面馆，难道连一碗面都输不起？你这个小鬼，只管做吧！"

得到首肯，本书的小主人公步伐稳重，从容不迫地拿了一双筷子，径直走进厨房。他仿佛已经看到这碗美味的肉丝面在向自己招手了，心想，这点小事还能难倒我不成？

然后他拿着筷子稳稳地把面条一挑，碗里自然就剩下半碗汤了，就这样一手挑面一手端碗，顺顺利利地把面端到自己的座位上，不骄不躁，就大快朵颐起来。

从此，大家对他更加佩服，吃面的故事也被人越传越神，听到的人无不夸赞他是小神童呢！

其实这件事也没什么可稀奇的，但凡"有点智商"的人都会做。你可能会说，我也会啊，不就是挑面吗？怎么就成神童了？但问题是，在那样的情况下你能不能想到呢？就算能想到，也没有哪个餐厅老板闲着没事干考你同样的问题啊！

这种事件发生的概率太小了，估计万分之一都没有，人家靠的是运气和名气，不然，天下哪有白吃的早餐。

俗话说"时势造英雄"，小事也能造神童。王安石的聪明是大家有目共睹的，他从小就有惊人的才华和远大的抱负。

王安石从小就喜欢读书，他的功课一向是学堂里最优秀的。相传，有一年夏天，酷热难耐，学堂先生给大家布置好作业后，坐在一旁闭目养神。先生年纪大了，天气一热，就容易犯困，不一会就打起盹儿了。

学生们写完作业，发现先生竟然睡着了，不由得玩心大起，纷纷溜出学堂玩去了，这其中也包括小安石。到底还是个孩子，玩是他们的天性。王安石虽然成绩优异，但真正玩起来，也是个不折不扣的"孩子王"。

在他的带领下，学生们来到了村口的池塘玩水，一时间，水花四溅，大家玩得好不快活。

这个时候，学堂先生一觉睡醒，发现学堂空空如也，早已过了放学的时间。先生知道自己睡过头了，踱步外出散步。正走到池塘边，听到孩子们的笑闹声，不由得气上心头。天都黑了，这群小淘气还在外面疯玩！

第二天上学堂的时候，先生想要惩罚一下他们，于是出了对子让他们对，答不上来就接受惩罚。先生出的上联是："弟子贪玩荒学业。"

王安石看出了先生的意图，不假思索地对出了下联："先生爱睡误弟子。"对仗工整，让先生实在无法反驳。他只好再出一联："夜闹瑶池，搅动满天星斗。"先生这一联是在暗示学生们，他已经知道他们去池塘玩水的事情了。在王安石这吃了一次哑巴亏，这次先生指名让他对。

王安石思索了一会，便答道："晨破书海，重整万里江山。"王安石这个对联不仅与先生的上联从句意到气势都对仗工整，还巧妙地向先生认错了。

先生一高兴，自然不再跟他们计较昨天的事情，也不惩罚他们了。王安石立了功，其他学生对他更是又感激又佩服。

王安石聪明是有目共睹的，虽然这个年纪的王安石只能要要"小聪明"，但要相信，这些"小聪明"在王安石身上，终有一天会变成"大智慧"。

梦笔生花

家乡的小学堂已经满足不了志向远大的王安石了。义务教育接受完了，学堂教书先生肚子里的墨水也已经倒空，是时候外出求学了，毕竟山外有山人外有人。

读万卷书不如行万里路。

被尊称为"万世师表"的孔子也常常游学，在游中问学，在游中教学，还能陶冶情操，顺带旅游。既然圣人都这样做了，王安石也打算效仿一下，所以就背着行囊和书籍外出求学了。他听说宜黄鹿岗芗林书院有一位名师叫杜子野，就去那里拜师学艺。

其实王安石的游学之路并没走多远，大约就像现在的城市到隶属县城的距离，但对于小小年纪、又处于交通不便的古代的王安石来说，已经是勇气可嘉了。毕竟古代没有汽车，不是一踩油门想去哪儿去哪儿。所以为了能够学到知识，王安石也是拼了。

真是人生处处有考验，刚离开了家中爹爹的管教，又来了一个严肃认真的老师，不过，有考验，才会有成长，我们的主人公似乎是乐在其中呢！

严师出高徒，在杜子野的教导下，王安石更加勤奋地读书，常常读书读到深夜才入眠。

他如此勤奋苦学，不是为了名利，也不是要读成一个书呆子。跟着父亲的这几年，福没享多少，人间疾苦倒是深有体会。虽然父亲为官一向清廉，做了许多利国利民的好事，但是一个人的力量毕竟是微弱的，还有很多百姓过着吃不饱穿不暖的苦日子。这些，他都看在眼里。

大概是遗传了父亲爱护百姓的基因，王安石对百姓的怜悯之心与日俱增。现在的努力读书，是为了明天更好地造福社会。

长风破浪会有时，直挂云帆济沧海。

王安石清楚地知道，虽然他现在的力量还很微弱，改变不了什么，但是只要厚积薄发，总有一天他会实现自己的抱负。

机会留给有理想和有准备的人。抱着这样的心态，他开始了深度积累知识的历程。

一天下课，王安石照例来到杜子野的私人图书馆。不需要借书证，也没有会员卡，杜老师知道王安石喜欢读书，对于这个他颇为喜爱的弟子，他给了特权。王安石能够大摇大摆地自由出入杜老师的图书馆，不限时间，不限次数。怎一个爽字了得！

有的时候，人就是个矛盾体，书少的时候苦恼没书可看，书多了就烦恼不知道从何看起。而王安石现在就是这个矛盾体。

翻来翻去，终于选中了一本，封面还不错，作者是五代时期的王仁裕，写的都是唐朝开元、天宝年间的逸闻趣事。书名是《开元天宝遗事》，书名够直白，文笔够大气，内容够有趣。就是它了，然后王安石就把这本书带回宿舍慢慢钻研了。

夜深了，但王安石屋里还闪着荧荧的灯火，他完全被书中一个接一个妙趣横生的故事吸引了。偶尔望望窗外的点点星光，太晚了，再看一篇就睡觉，他默默在心中想。

翻开下一页，《梦笔头生花》，写的是"诗仙"李白。好吧，虽然他从小喜欢的是杜甫的诗作，特别是那一句"安得广厦千万间，大庇天下寒士俱欢颜"。他似乎能够想象出在安史之乱那样混乱的世道里，杜少陵住在破旧的茅草屋，刮着风，下着雨，在屋漏偏逢连夜雨的困窘生活中，却还能想到和他有同样遭遇的人们。这样的胸襟实在令人佩服。

自古，李白和杜甫这两个名字被同时提起的几率就很大。这两个同时代的人志趣相投，所以李白和杜甫的关系非同一般。和偶像相关的人，一定得了解一下。

接着看内容，只有寥寥几句："李太白少时，梦所用之笔头上生花，后天才赡逸，名闻天下。"就是说，诗仙李太白还小的时候，晚上做了一个梦，梦见自己平常用的笔头上长了一朵花。还真是个怪事，听说的人都觉得这件事不简单，后来李白果然成为名闻天下的大诗人。

这么好的生花笔，他也想拥有。成为一个有才华的人，或许会离自己的梦想更进一步吧！这样想着，他不知不觉进入了梦乡。

第二天一大早，没刷牙，没洗脸，早饭都没顾上吃，就跑去找杜老师了。杜子野一看，这孩子，顶着个"鸡窝头"就跑来了，忍不住责怪道："怎么这副样子，成何体统？"

王安石一听，有点不好意思，稍微整理了一下发型，向老师拱手作揖："学生急忙前来，是有一个问题不能解答。"

如此好学的学生，如今真是少见，这个学期的三好学生非你莫属了！"有什么问题？但问无妨！"谁让你是我最宠爱的学生呢？

"先生，学生想知道这世上真的有生花笔吗？"王安石毕恭毕敬地问道。

杜子野蒙了，傻孩子，这世上哪有真的生花笔？只是一个故事，何必当真？但转念一想又觉得这是一个教育的好机会，就正色道："当然有！只是世事无绝对，有的笔头会生花，有的则不会，但是用肉眼很难分辨出。"

王安石本来对世上有生花笔这个事是半信半疑，一听杜子野说有，马上又兴奋起来。老师的话可信度还是很高的。这就是很多学生的通病，觉得老师的话简直就是真理，谁也不能推翻。很显然，王安石现在也属于这个行列。

"那么就请先生赠我一枝生花笔吧！"

杜子野了然，转身就回屋里了。王安石的小心脏又扑通扑通了，原来先生真有这宝贝啊。

接着杜子野出来了，一趟，一趟，又一趟，直到王安石脚前堆起了高高的一座毛笔山才作罢。

这下换王安石蒙了，这些全都是生花笔？

杜子野满意地摸着自己的胡须："这里有很多支毛笔，其中一支就是生花笔，但到底是哪一支，我也不清楚，只能由你自己找出了。"

王安石彻底蒙了，这么多毛笔，肉眼还辨别不出来，这不是给我出难题吗？于是，又恭恭敬敬地作揖，"学生愚昧，请先生指教！"

终于问到重点上了，杜子野换了一副严肃的表情，缓缓说道："只有一种办法，就是用这里的每一支笔去写文章，写秃一支就换一支，就这样一直写下去，一定能找到那支生花笔。"

从此之后，王安石忙碌的一天又多了一项必做的事情——写文章。除了每天孜孜不倦读书外，他花了大把的时间勤练文章。日子不知道过了多久，这些笔被他写秃一半了，可还是不见宝贝的踪影，刻苦如他，也有些气馁了。于是他再次找到老师，苦恼地抱怨："先生，都过了这么久了，为什么还是没有见到那枝生花笔？"

杜子野笑了笑，没有说话，而是默默地进行着手头的一系列动作，铺纸、研磨、饱蘸墨汁，大笔一挥，"锲而不舍"四个大字跃然纸上。

明白了，原来老师是在说我没有恒心和毅力。所以，王同学就抱着老师赠的字回去继续苦练去了。杜子野看着王安石离去的背影，自顾自地念叨，孩子，你可一定要明白老师的苦心哪，世上本无生花笔，老师这么做，为的就是想让你明白持之以恒方能成功的道理。况且这毛笔也花了老夫一大笔钱呢！算是对你的教育投资吧。

很久以后的一天，王安石终于把杜老师给他的毛笔几乎都写秃了，只剩下最后一支。他拿着这最后一支毛笔写下一篇见地颇高的文章。他越写越有感觉，文章如行云流水，一挥而就。

这时，他突然明白了老师的苦心，大叫着跳起来："我终于找到生花笔了！"原来生花笔真不是用肉眼能看出来的，生花笔来自恒心，锲而不舍才是正道，没有人能随随便便成功。

得师如杜子野，实为人生一大幸事。最终，他一直秉持老师教给他的道理持之以恒，写出了许多极负盛誉的好文章。还被后人划入了一个很牛的八人小分队——"唐宋八大家"。

通过老师的谆谆教诲和他不断地刻苦学习，终于离他的梦想更近了一步。他要改变，改变宋朝，改变老百姓的生活。这就是他的理想。悄无声息地，一个伟大的念头已经开始在他青春的头脑里生根发芽了。

糟糕，被潜规则了

路是自己一步一步走出来的，古代读书人勤学苦读，为的不就是出人头地吗？想要出头，没有捷径，只有一条路可走，就是参加科举考试（相当于现在的高考），人生中除结婚生孩子外的头等大事。如果能高中状元，就相当于拿到了最高学业奖。

但这个学业奖还真挺不好拿的，虽说古代人口还没发展到现在这么多，但在宋仁宗时期少说也超过一个亿了。古代的工作出路没有像现在这么多，所以压力还是蛮大的。

更何况，在那个君主专制的社会，科举考试的命运掌握在一个人的

手中，那就是皇帝，这个拥有至高无上权力的男人。

可怜这些莘莘学子，十年寒窗苦读，好不容易有个出头的机会，过五关斩六将，终于踏过万千人杀进了前十强，最后还得过了皇帝这一关。万一皇帝哪天一个不开心，不照常理出牌了，到手的鸭子会飞的。

而王安石就是这个弄飞鸭子的倒霉蛋。

王安石文笔老练，见解独到深刻，深得主考官的青睐，所以最初的名次是：第一名王安石，第二名王珪，第三名韩绛，第四名杨寘。

王安石本来可以高坐状元之位了，但前面交代了，最终的决定权还在皇上。所以主考官按例把试卷拿给宋仁宗过目，这一看就看出事儿了。宋仁宗一眼看到了王安石在文章中引用的《尚书·周书·洛诰》里"孺子其朋"的典故。这个典故用的是周公辅佐成王时口吻："你这个年轻的小孩啊，今后和群臣要像朋友一样融洽相处。"这看似普通的一句话到了仁宗这里恰恰是犯了大忌。你想想，那时候王安石才是个刚刚参加"高考"的二十一岁的小青年，而仁宗已经是一个三十多岁的国家最高领导人了，这样的口吻自然是不合适了。

有人说了，何必这么较真呢，文章写得好不就行了。那没办法，最高领导人的话必须执行。他说王安石，你让我不高兴了，哪儿凉快哪儿待着去！于是，王安石就从状元跌到第四名了。

第四名是谁？杨寘。杨寘又是谁？

这样吧，呈现一首词："一曲新词酒一杯，去年天气旧亭台。夕阳西下几时回？无可奈何花落去，似曾相识燕归来。小园香径独徘徊。"大名鼎鼎的《浣溪沙》，北宋宰相晏殊的作品，提起这个名字，恐怕是无人不知无人不晓。

杨寘就是晏殊的女婿杨察的弟弟，那就是他女儿的小叔子了。写及此，就不得不隆重介绍一下本次考试的主考官了，他就是七岁能文，十四岁中进士的晏殊。

这下懂了，都会猜一定是晏殊徇私，所以把王安石给坑了。不然就算领导人再怎么不高兴，也不会一下把王安石降那么多名。

事实上，这个猜测纯属瞎扯。晏殊为人诚实，绝对不是爱搞小动作的人。怎么证明呢？从他生平的两个事迹就能看出。

其中一件是在晏殊还是一个十四岁的少年时。他当时在当地是个很有名气的小神童，人一旦出名了，机会就很容易找上门。有人把他以神童的名义举荐给了皇帝。皇帝甚为欣赏就召见了他，并让他同一千多名考生一起参加考试。

他虽然年龄小，但是在考场上毫不畏惧，胸有成竹，很快就答完试卷，并顺利通过考试。

两天后，新一轮开考了，拿到试卷的小晏殊发愁。倒不是愁试卷难，而是他发现这次的考题不久前刚刚练习过。于是，他举手向宋真宗如实报告："这些题我曾经做过，请用别的试题考察我。"宋真宗一听，想他小小年纪便能有如此诚实的品格，便更加赞赏他。

另外一个事例发生在真宗为太子寻师之际。皇帝挑来选去，最终选中了晏殊，其他大臣们很惊讶也很不服气。太子的老师地位十分重要，关系着这个庞大的帝国的未来。

真宗看出大家的疑惑，就说："我观察了一段时间，发现近来大家经常在家宴饮待客，或是外出游玩，只有晏殊和兄弟们在家闭门读书。这样谨慎好学之人，正是最合适的！"

晏殊听后，连忙谢恩，谢恩之后解释道："其实我也是个喜欢游玩饮宴之人，只不过我家境贫寒，折腾不起来。如果我有钱，恐怕也和他们一样。"真宗听了，哈哈一笑，从此更加信任晏殊。

从这两件事，就可以了解到晏殊的人品。俗话说从小看大，这些事例充分证明了晏殊正直诚实的品格，所以他当然不会做徇私之事。

这次实在是王安石的运气不好。仁宗本来也只是想让他的名次退一名，可是这第二、三名的王珪和韩绛都是官宦子弟，按照宋朝的规定是不能成为状元的。

早在唐代王起主持考试时，就明确提出了"科第之选，宜与寒士，凡为子弟，议不可进"。所以，王安石就从状元变成了第四，这可怨不得人家晏殊。我们再来看看中了状元的杨寘怎么样了？

据说还没放榜的时候，杨寘就自信满满地认为此次状元非自己莫属

了，还在朋友面前夸下了海口。等待放榜的日子是很漫长的，经历过高考的小伙伴应该是感同身受的，所以，他忍不住了，就叫自己的哥哥向他的岳父打听一下自己的成绩。

一打听，第四名。杨寘知道消息的时候正在和朋友们喝酒呢，一下就朋友面前丢了面子，况且母亲也常常说希望他考个状元的话。他是出了名的孝子，这次考试是下了大工夫去备考的。人的情绪到了一个临界点是会爆发的，所以他爆发了，形象也不要了，拍着桌子骂道："到底是哪头驴抢了我的状元？"

冲动是魔鬼，多少人吃过这样的亏，偏偏记不住这个道理。千万别随便骂人，特别还是在公共场合，说不定这个骂名就落在自己头上了。杨寘就是这样，放榜得知高中状元的那天，他真是又喜又羞，喜他终于不负母亲所托高中状元，羞的是他一时口快骂的驴竟落到自己身上。

不管怎样，杨寘以后的日子恐怕就可以高枕无忧了。但谁也没想到，福祸相依，在他高中状元后的两年，他的母亲生病去世了。

母亲死后，杨寘伤心过度，在授官通判还未赴任之际，因为过于哀痛追随母亲而去了。

杨寘虽死，仍改变不了王安石"被第四名"的命运，还好他心态好，不然早就一个想不开跳河去了，哪还会有将来的变法名相？

王安石真是淡泊名利之人，不会为自己叫冤。虽说是在古代，但是舆论的力量仍然不容小觑，如果王安石因为四个字丢了状元的事让"新闻媒体"知道了，一定会搞得民间沸沸扬扬，那到时候宋仁宗可就下不来台了。皇帝是最高领导人又怎样？终抵不过民声鼎沸。

可惜，这一幕我们是看不到的。因为王安石根本不会这样做，他觉得状元没有什么了不起的，不过是名噪一时罢了，他参加科举考试本来也不是为了那些虚名。

浮名本是身外物，不着方寸也风流。

那些虚名都是身外之物，生不带来死不带走的，他不介意。即使没有大富大贵，也可以风流自在。

参加考试是为了混口饭吃，能有个正当的工作，实现伟大的理想抱负。所以就算是他的路越走越顺当，他也从未在人前暴露过这未得状元的怨念。

说到底，他在科举考试中被潜规则，跟他敢于直言，不做作、不媚上的性格有很大关系。没考上状元又如何，照样成为唐宋八大家之一，最后照样成为名垂千古的北宋宰相。

是金子总会发光。不管怎样，当下王安石签书淮南判官，开始了他的实现抱负之旅。

他的抱负追求本就不是享受荣华富贵。不是为了享福那是为什么？这是很多人对王安石产生的疑问，甚至有人认为他表面上大公无私、淡泊名利，实际上是为了更大的野心。

这样的说法实在是无凭无据，真的要为他喊冤了，王安石比窦娥还冤。一个人的性格不能轻易地全盘剖析，但是从平时生活中的小事倒是可以看出些端倪。细节决定一切，这句话虽然绝对却不失道理。

那么，王安石到底是怎样的人呢？

第三章　要留清白在人间

这个小妾，我退了

弱水三千，只取一瓢饮；娇玫万朵，独摘一枝怜；满天星斗，只见一颗芒；人海茫茫，唯系你一人。

这句话是不是看着很眼熟？当然眼熟，这可是热恋中的男孩子哄女生的名言佳句！茫茫人海中那么多美女，我只想着你一个，是不是很浪漫？

但是还有一句话是，宁可相信世上有鬼，不可相信男人那张嘴。说到这，广大男同胞们就要鸣不平了，也不能一竿子打死一船人吧！

的确不能一概而论，毕竟信守承诺忠贞对待爱的男人并没有绝种，哪怕是没有承诺。

比如王安石。

在现代这样一夫一妻体制下的社会，要做到忠贞专一都是需要人品的，更何况是生在古代。

都说古代的男人哪个不是三妻四妾的？其实哪个也没有三妻四妾，"三妻四妾"这个说法本身就是不严谨的。

三妻四妾的由来，是源于一本古书上对春秋时期某国君主的记载，其实是这个君主的一时戏言。当时他因为立后之事和朝臣们开展了一场辩论大赛，一时激动，戏称自己要立三个皇后，结果是后来的史官不明所以，以为位极尊贵之人就应该有三个妻子四个妾室。于是记载道：三妻是指正宫、东宫、西宫；四妾是指三个妻子的随身婢女各一人以及父母所赐之女。

所以三妻四妾，只是一段戏言，一个误传。在中国古代严格实行的是"一夫一妻多妾制"，而不是所谓的"三妻四妾制"。

当然，后来三妻四妾被延伸为成语，用来形容男人妻妾众多，三和四只是形容多的意思，在这里不作数量，这和"三头六臂""三思而后行"中的数词一样的用法。"三头六臂"不是真的有三个头六个胳臂，而是比喻神通广大；"三思而后行"也不是思考三次再行动的意思，而是劝诫人们做事小心谨慎。

其实妾的身份十分卑微，她们不被夫家承认，所生儿女为庶出，不可袭爵，死后也不能列入宗族牌位，听起来很悲惨是不是？基于古代女子改嫁便为失德的伦理观，所以她们终其一生只能有这么一个男人，而且还不被承认，这是一个女子的悲哀。但男人想要纳妾，甚至是花点钱就可以买来。

妾室的卑微地位从字面上就可以看出，中国古代找老婆就叫娶妻，找小老婆就叫纳妾。这看起来是不是跟现今社会的"小三"很相似，但其实是有本质区别的。现在的"小三"基本上都是自己送上门的，但古代的小妾大部分都是被迫非自愿的。

但是没办法，这个制度放在古代就是合理合法的，大家都是这么做的，所以在古代想要找个一生只娶你一个的男人太难了，但是前文说了，不能一竿子打翻一船人，要说打破常规的男人还是有的。王安石就是其中一个。

不相信？没关系，证据在这摆着呢！

北宋邵伯温的《邵氏闻见录》中就记载了一件王安石辞妾的故事：

王荆公知制诰，吴夫人为买一妾，荆公见之，曰："何物也？"女子曰："夫人令执事左右。"安石曰："汝谁氏？"曰："妾之夫为军大将，督运粮而失舟，家资尽没犹不足，又卖妾以偿。"公悯然曰："夫人用钱几何得汝？"曰："九十万。"公呼其夫，令为夫妇如初，尽以钱赐之。

文言文看不尽兴？那就且听我娓娓道来，有一天，王安石如花似玉的妻子吴氏出门逛街，准备给丈夫买个礼物带回家。他最近刚刚升任知制诰（官名，与翰林学士并称为两制），虽然自家丈夫不好宴乐，也没有庆祝升官的意思，但自己这个做妻子的，总该尽尽心意才对。

既然提到了王安石的妻子，那就要隆重介绍一下了，他的妻子吴氏出生于金溪一书香门第，肤白貌美，面容姣好，最难能可贵的是她知书达理，略通文墨。才子配佳人，可谓是天生一对，虽然历史文卷各惜笔墨，对于吴氏的记载少之又少，但是可以这样推测，因为古代最是讲求门当户对，集才干智慧于一身的大政治家、大文学家的老婆也一定不会差到哪儿去。

她写的小词《约诸亲游西池》就是最好的证明，其中有句："待到明年重把酒，携手。那知无雨又无风。"不可谓不洒脱，颇有其夫君的风范，一时传为佳话，为后人传颂。

王安石也不负众望，对自己的妻子百般宠爱，结婚许久也不曾听说他有纳妾的想法，甚至连绯闻都没有。身为文学家、政治家的北宋风云人物竟然清清白白，连个花边新闻都没有，倒是让娱乐媒体失望了。

前面说到吴夫人上街给丈夫买礼物，可遇到难题了，平日里自己的丈夫也没什么爱好，这礼物就不知道该买什么。他喜欢读书，但是书房的书也太多了，每年亲朋好友送来的书就够他看的了，自己也没必要再添置。

买衣服，也不行，回去又要跟我唠叨了，说什么衣服都是身外之物，有的换着穿就行了，不能跟风赶时髦，这些话听多了真是不想再听。

思来想去，千挑万选，吴氏跟婢女逛了大半天还是两手空空，什么也没买到。

正在这时，人头攒动的"人才"市场传来了叫卖声，当然了，此"人才市场"非彼人才市场，这里是专门贩卖奴婢的市场。

宋代的奴婢还是有一定的进步性的。在唐代，奴婢就是贱民，是没有丝毫社会地位可言的，属于主人家的私有财产。到了宋代，就在法律上取消了贱民，奴婢和主人家变为经济结合关系，相当于近代资本主义雇佣关系。

而吴氏经过的这个奴婢市场，里面大多是因为欠债或其他经济关系而不得不得被迫卖身的。

本来也没什么好奇的，可在吴氏一转头的瞬间，看到了一个貌美如花的姑娘。明眸皓齿，眉目如画，真是我见犹怜，连吴氏这个大美人都被迷住了，不由得多看了两眼。

果然，有美女的地方围观群众，油光满面的小贩看到围观的群众越来越多，不由得笑开了花，价钱也越提越高。

"七十万钱一次！七十万钱两次！"小贩的叫卖声不自觉地透露着些喜气，今天赚到了！

"九十万钱！"不大不小的声音，却很有穿透力，是吴氏。

原本热闹的人群立马安静下来，"九十万钱一次！九十万钱两次！九十万钱三次！成交！"小贩两眼放光地和吴氏成交了这笔生意。

刚才万众瞩目的姑娘认命地跟着吴氏回家了，直觉告诉她，跟着这个大手笔的夫人，待遇肯定不会差。

吴氏到家后便让人给这个姑娘好好打扮了一番，并嘱咐她晚上好好伺候王安石。本来就只是想买个礼物给丈夫做升职贺礼的，鬼使神差的她竟然买了个小妾回来。

哪有人自己给丈夫找"小三"的，古时候女子的思想境界真的很难理解，或许吴氏只是想解救姑娘于水火中，又或许她只是想考考王安石。"女人心海底针"，果然如此，别去猜测女人在想什么，因为你永远也猜不准！

王安石下班回家照常回到自己的屋子，他还完全不知情，就连屋子里多了一个女人都没发现。真是没见过这么忽视人的，这姑娘想了想下午夫人的嘱托，就主动走了过去。

王安石突然看到一个陌生的女子朝自己走来，吓了一跳，问她："你是谁？"

这纯属问了一句废话，大半夜出现在你屋子里的女人，还能是谁？

这要揣别人，估计心中早已了然，王安石显然是个特例。

女人只好老实回答："是夫人让我来服侍的。"

"你是哪家的姑娘？"很显然，王安石此刻并不想谈情说爱，他只想搞清楚这个女人是什么来头？

听到这个问题，女人不禁悲从中来，她看王安石不像坏人，便把自己的身世一股脑全倒了出来："我本是一个军中官员的妻子，不料，丈夫监督运粮时，船翻了，变卖了家中全部财产还不够赔偿，所以只好把我卖了来补偿。"说罢，早已是泪流满面。

王安石一听到女子的遭遇，便心生怜悯，问道："夫人花了多少钱买你？"

"九十万钱。"王安石一听，心里又忍不住感叹，女人花钱就是大手大脚。

宋朝的官员工资还是很可观的，虽然这对他来说也不是一笔小钱，但是他心里已经决定帮助这个可怜的女人。

于是，他把夫人叫过来商量，就放女子回家和丈夫团圆了，并给了他们一些钱，最后还不忘对女子的丈夫教育一番："生活再困难，也不能卖老婆！"

吴氏在心里默默崇拜了一下自己的丈夫，鉴定完毕：有善心，不花心！

在肯定王安石的好行为时，也不能忘了与他同时期的司马光，这个从小以"砸缸英雄"的名号出道，后来又成为他头号政敌的男人。

宋真宗天禧五年（1021 年），王安石出生，这一年司马光两岁多。虽然在政治上两个人的代沟很深，但是生活作风上还是有很多相似点的，比如坚持一生只娶一个妻子。

司马光的妻子终生未育，她和吴氏一样，想到了找小妾的办法，但结果是一样的，被拒绝了。两个人只好领养了哥哥司马旦的儿子司马康作为过继子抚养。最后他的妻子去世，他也没有再娶，其对待爱情竟专一到如此地步。

这样看来，司马光和王安石还是有很多相似之处的，这点后文会继续交代。

既然王安石对风花雪月之事没兴趣，那么对待吃的态度又是怎样呢？或许王安石是个吃货也说不定。

我不是吃货

恐怕又让大家失望了，吃货这个词和他更搭不上边。

如果王安石真是个吃货，他的妻子吴氏就不会那么发愁了，虽说丈夫平时勤俭节约，但好歹也算是上流社会的人了，总该享享福，平时对自己也不错，从不在外拈花惹草，自己这个做妻子的也该多尽尽心。

吴氏是想着法儿地服侍王安石，但效果却总是不近人意。精挑细选买回来的衣服总是被唠叨，说是什么衣服也不缺；鼓起勇气买了个小妾，结果还被退回去了，好好的一场风花雪月到头来变成了行善。

她知道丈夫不追求这些外在的东西，就放弃了为他置办身外之物的想法。吴氏也想通了，只要丈夫健健康康，一家人和和睦睦比什么都好，所以她就把心思全放在了王安石的生活起居上。

俗话说，民以食为天，上至君王权臣，下至黎民百姓，总是离不开个"吃"字。吴氏贤惠，知道丈夫上班回家一定累坏了，就要做点美味犒劳一下。何为美味？合胃口即为美味。

总不好直接问王安石喜欢吃什么吧？以他的性子，一定会说什么都好。这样还不如不问，自己观察一下就好了。

一连观察了好几天，吴氏都没观察出个所以然来，实在是太伤自尊了。所以，这件事就被吴氏晾在一边了，不是她没毅力，实在是对她来说太不容易了。

过了许久，一次王安石的一位朋友偶遇吴氏，闲聊了几句，刚好说到王安石喜欢吃鹿肉丝一事。吴氏一听，很是惊讶。鹿肉是个好东西，算得上是当下的大菜了，王安石何时有这么奢侈的爱好，自己怎么没发现？

鹿肉在物质丰富的现代，自然没什么好稀罕的，可是在古代，可是

很昂贵的，所以也难怪吴氏这么惊讶了。

"我不太相信，不瞒你说我观察了他好久，发现他对吃向来不很注重，怎么会突然喜欢吃鹿肉丝了？你是怎么知道的？"

朋友嘿嘿一笑，说道："上次我们大家一起吃饭，发现老王什么菜都没动，只把一盘鹿肉丝吃个精光，我这才知道的。"

"那盘鹿肉丝摆在什么位置？"吴氏不甘心地追问。

朋友很奇怪，位置很重要吗？"如果我没记错的话，就在他正前方。"

吴氏顿时明白了点什么，就建议朋友第二天再和王安石吃饭时，桌上照样放一盘鹿肉丝，只是要在他面前摆一盘其他的菜。

第二天吃饭时，朋友照做了。结果王安石只吃了自己面前摆的菜，根本没发现桌上有一盘他"最爱"的鹿肉丝。

这下，朋友终于恍然大悟，不由得在心底佩服挚友的淡然之态。吴氏也终于摸清了他的吃饭之道，为了防止这样的吃法造成他营养偏科，吴氏每次都把各种有营养的菜摆在王安石面前。

既然你懒得选择，就让我帮你选择。

虽然王安石不是吃货，但是少他一个不少，这个世界上从来最不缺的就是吃货。就算是再资深的吃货，肚皮也都不是麻袋做的，嘴巴还饿，胃早已饱了，所以浪费行为就越来越严重。

抛开普通老百姓不说，他们填饱肚子还困难呢，更别说浪费了。就说说这些富豪官员家，那是不愁吃不愁穿，娇生惯养惯了，但是他们不知道人间疾苦，体会不到食物的来之不易。

作为一个一心想要提高百姓生活水平的有志之士，浪费这种事，王安石是做不出来的。从小他就会背一首诗："锄禾日当午，汗滴禾下土。谁知盘中餐，粒粒皆辛苦。"

不仅他自己不会浪费粮食，也绝对不会希望别人浪费粮食。

但是，偏偏就有人撞枪口上了。

在宋代笔记小说《独醒杂志》中曾经记载了这样一件事：这件事发生在他后来当宰相之后。有一天，他儿媳妇的亲戚萧氏之子到达京城，暂且称之为萧公子，萧公子心想我好歹还有个当宰相的亲戚，到了京城，自然要去拜访一下。

　　拜见之后，王安石约他第二天到府上吃饭。看把萧公子高兴的，心想这次终于可以扬眉吐气一次了，于是穿上了自己最华丽的衣服，美滋滋去了，以为宰相大人一定会盛宴款待自己一番。

　　结果到了宰相府，聊了一会天，愣是连个饭前水果、点心之类的都没见，过了中午，萧公子早已饥饿难耐了，只是碍于面子一直忍着没说，又不敢离开，只好等着，又过了许久，王安石才请他在餐桌前坐下。

　　饥肠辘辘的萧公子终于盼来这桌姗姗来迟的午饭，可当他看清桌上的食物时，顿时傻眼了：果品蔬菜都没有，只有一壶酒，两块胡饼，寥寥四份切成小块的肉，过了一会，又上了饭和菜汤。

　　萧公子平时骄奢放纵，哪吃过这样的饭菜？他心里一定在想，堂堂一国宰相，竟是这样的待客之道，怎么说也是一人之下万人之上的身份，在吃饭问题上怎么这么不讲究呢？

　　于是乎，他和王安石喝了几杯酒，然后只吃了胡饼（胡饼就像是现在的新疆馕，或者是类似于北方的烧饼）的中间部分，留下了四个边。心里想着等会要去京城大饭馆里好好吃一顿，好好犒劳一下自己的胃。

　　正在这时，发生了一件让萧公子终身难忘的事，王安石把他吃剩下的四个边拿过来自己吃了。萧公子的表情从惊讶到惊悚最后转为羞愧，只好匆匆告别，再也没有要去吃大餐的心思了。

　　能做出这样的事，真乃神人！求此刻萧公子的心理阴影面积？

　　至于王安石心中所想，我们是不能得知了，但是猜测一下还是可以的。或许他也没想那么多，只是不习惯萧公子这样明目张胆的浪费行为，所以顺手就塞进自己嘴里了。又或许是他早已知晓萧公子的奢靡，所以故意摆出简单的饭食，然后又故意吃了剩下的胡饼边，以达到教育的目的。

　　王安石很穷吗？恰恰相反，前文提到，宋朝官员的工资还是很可观的。有人曾经算过一笔账，按照一两黄金＝十两白银＝十贯铜钱＝一万文铜钱的算法，王安石当宰相时的月俸相当于九万人民币左右了，

就是放在物价飞涨的现代也是一笔不小的资产了。

所以结论就是：王安石根本不穷！

但是他过得确实也不是富人的生活，单从前面两个事迹就能看出来，这分明就是拿着土豪的工资，过着贫民的生活。

这也没什么好奇怪的，只能说明他两袖清风，即使处于权利的顶峰时期也自律甚严，着实让人佩服。

不过，他这么做也不是没有道理。想想杨贵妃的哥哥杨国忠吧，提到他，大概人们想到的就是专权误国、贪赃害民，最后被乱刀砍死，连杨贵妃也命丧马嵬坡；还有那个声名狼藉的严嵩，最后也家败人亡，下场凄惨；最著名的就是家财万贯的古代第一贪和珅了，说他家财万贯还是少的呢，他家的财产顶上国家十年的收入了，最后不还是被抄了家乖乖充缴国库了。

爬得越高摔得越惨，一个人到了位极人臣、富甲天下的地位，就要谨言慎行，否则一个不小心跌下来，非得粉身碎骨不可。

王安石的做法够聪明。一来是他胸怀大志，本也没把荣华富贵放在心上；二来是严于律己、明哲保身才是上上策。

他从小就有为人民服务的梦想，他是最深知百姓的苦和难的，所以，他根本不会去做贪赃枉法、危害百姓的事情。

用生命拒绝贿赂

拿人家的手短，吃人家的嘴软。王安石就是一直这样告诫自己的。

官场上收受贿赂是见怪不怪的常事，王安石身处高位，不是不明白这个道理，但是他很不屑。

有些官员明面上高喊拒绝贿赂的口号，暗地里多少还是会收点，遇上厚道点的就少收点意思意思，不厚道的就大肆敛财。王安石对这种行为一向是没什么好感。你们敛财敛痛快了，手指一勾，大把大把的银子就到手了，苦的都是老百姓。银子也不是自己长出来的，还不是要从百姓身上压榨。

他为官清廉，刚正不阿，这在历史上可是有口碑的。

王安石有一个小爱好，就是收藏文房四宝。身为一代大文学家，喜欢收藏文房四宝，那是再正常不过的一件事了，但是如果让心怀不轨的人利用去了，好事也会变成坏事。

就比如王安石的这个爱好，不知怎么就被一个想巴结他的官员知道了。其实想知道也不是什么难事，身居高位，你的一举一动自然都在别人的眼皮子底下，人家想打听一下你的爱好也不是什么难事。无间道不管是在现代还是古代都是存在的。

所以王安石就被人赤裸裸地无间道了。这小官员也是倒霉，你说你要打听人家爱好，也打听全套，没打听清楚就敢来"投其所好"。但是有钱难买早知道，这个地方小官还是屁颠屁颠地带着一方名砚来找王安石了，一路上还哼着小曲，心想这下前途光明了。

王安石一听地方官来访，赶紧招待，以为是地方有难，百姓的事情就是大事。没想到，这个小官见了他话还没说两句，就喜滋滋地从袖口里拿出了早已准备好的名砚，并在王安石面前全力夸赞了一番："大人有所不知……我这方宝砚，呵之即可得水……"他只顾着喷口水了，全然没有注意到王安石越变越绿的脸色。

忍无可忍无需再忍！

王安石终于忍不住了。他努力调整了一下脸色，笑着反问："纵得一提水，又能值几何？"漂亮的反击。

可怜那个小官员没想到自己碰了一鼻子灰，此时再不明智地告辞，那他才是真的傻！

非吾所有，虽一毫而莫取。

沈括的《梦溪笔谈》中记载了这么一篇故事——王荆公拒收紫团参。

在王安石任宰相期间，得了气喘病，大夫为他开的药方里，有一味紫团山参的药，但是这味药十分稀有，家人为此走访京城各大药房也没有买到。宰相家有一点风吹草动，就有一百双眼睛在盯着，所以很快就有人打听到王安石要找紫团参的事情了，然后，宰相需要紫团参的事情就顺理成章地传开了。

与他同朝为官的薛向刚从河东还朝，听说了此事。恰巧他家中收藏了此参，于是"赠予荆公几两"。

结果不用想都知道，一定是被拒绝了。

就连王安石的朋友们都不理解了，拒绝古玩名砚，是他高风亮节的表现，这个没话说。但是紫团参是为了治病，算是"人命关天"的事情了，怎么也如此执拗？所以他们劝说王安石接受紫团参："你治病这味药必不可缺，找了这么久都没有找到，现在有人送上门了，又何必拘泥于这些小事！"

王安石非但没有听，还义正词严地回答："我这一辈子也没吃过紫团山参，不照样好好活到了今天？不吃又不会死人！"听者竟无言以对。

简直是用生命在拒绝贿赂，生命都不在乎了，外貌对他来说还会重要吗？

王安石生来面色黑，他的门人担心有损宰相的脸面，便代他去咨询名医。医生说："这本不是病，是出汗后积累留下的污垢。"门人知道王安石平日里不会在自己的外表上多花心思，于是向他进献了一种澡豆（古代用来供洗涤用的粉剂，以豆末配合其他药物制成，用来洗脸洗手，据说可以使皮肤光洁润滑），供他洗脸。

可是王安石却说："上天赐给我一副黑面孔，澡豆又能奈我何？"

他在某方面的倔强脾气，真是一般人奈何不了的。

正是这个脾气，让他在官场甚至在家里，都保持着正直和清廉。

有一次，王安石患了重病，他以为自己快要死了，就把住宅捐给了寺庙，可没想到，大病未死，但他也没再为自己购置宅院，而是租房子居住。

以廉为宝，方能生威。

但权力在握，容易招致小人的依附。

比如邓绾，他曾上表皇帝为王安石的弟子和女婿谋求官职，还上书皇帝，阿谀奉承王安石。但是王安石深恶此事，不仅公布他的行为，还对皇帝直言此人有伤国体，应该罢黜。

这不是恩将仇报，而是他心中有一杆秤，衡量人心，也时常衡量提醒自己的心。

他一生为官清廉的事迹很多，甚至连攻击他的政敌，也不得不承认他"素有德行"，"平生行止，无一污点"。

他的清廉近乎严苛，这个"严"是对自己而言，在追求名利的官场中非常难能可贵。古往今来能真正做到这点的又有几人呢？

小小回顾了一下王安石生平的行为品性，不禁对荆公又多了一份敬畏之心。本书继续进入正轨，沿着他的一生深入了解这位"拗相公"曲折的人生。

第四章　王安石"辞职"记

康庄大道偏不走

前文说到，王安石因为"孺子其朋"四个字被降为第四名的事情，虽说错失了状元，跌出了前三甲，但好歹也是全国第四，自然会得个一官半职。

果不其然，他签书淮南节度判官，按当时的制度，任职期满后，就可以混个京官当当，即通过京试入馆阁（分掌图书经籍和编修国史等事务）。多少人削尖了脑袋都想得到的肥差，却遭受了王安石的白眼。

他放弃了眼前的大好机会，二十七岁时，被调任为鄞县知县。王安石你是不是傻？放着京城的美差不做，却甘心窝在小县城里做一个县长？

有人说了，知县多高端啊，那可是父母官。馆阁有什么好的，不就是编撰国史吗？搁到现在就是一图书研究员，顶多是国家图书馆级别的，是服务行业。县长虽说是个芝麻小官，但好歹也算是领导级别的吧！

此言差矣，千万别小看了这个馆阁的职位，在宋代，馆阁可是读书人眼中仕途高升的垫脚石。想了解馆阁的重要性，就要先来了解一下宋代皇帝的喜好。

宋代是一个重文轻武的时代，从宋太祖的"杯酒释兵权"开始，就注定了这个朝代要走的路线不一般。

宋太祖作为一个重视文教的皇帝，非常重视读书。他对图书的收藏、管理、编撰、校勘都十分到位，开辟了宋代皇帝的文化风气，也为官方藏书机构的完善作出了巨大贡献。

宋太宗珍惜图书，当他视察昭文馆、集贤院和史馆三馆时，觉得三馆的建筑比较简陋，便发出"是岂足以蓄天下图书，待天下之贤俊耶"的感叹，遂命人在左升龙门东北旧东辂院重新建立三馆，并亲临现场设计督办。

工匠们奉命夜以继日工作，仅花了一年的时间就建好了，这在古代已然是神速了。由皇帝亲自督办，肯定不是豆腐渣工程。

图书私藏也是不好的，所以虽说是国家图书馆的藏书，却也是可以外借的。皇帝什么都不缺，自然大方，这样才能弘扬传播传统文化。

可是渐渐就有了借出去的书有去无还的现象，到了宋真宗时期，这种不文明现象越演越烈。真宗听说了这个事情，非常愤怒，下令采取措施加强管理，以防止此类事件再次发生。

皇帝如此重视国家图书馆，对图书馆的工作人员一定也是极为重视的。管理皇帝"心肝宝贝"的人地位很高，还不是一般高。

别看这个职位不怎么起眼，在皇帝面前的出场率还是很高的。皇帝议事时，他们在场；皇帝接见新科进士，他们在场；连游园宴会时，他们也在场。

宋仁宗曾说过"设三馆以育才""馆职以待英俊"。宋英宗也说过类似的话。可见，三馆根本就是培养储备高级人才的大熔炉。宋代要提拔当宰相的人都会先在三馆工作一段时间，相当于现在的实习。

这就不是一般人随随便便就能进的地方，对人才素质的要求必然很高，进了这里，身价就会蹭蹭往上涨。

所以说，馆阁在宋代还真是一个十分吃香的职位。有前例为证，柳宗元在考中进士之后，在集贤院任职，之后平步青云去了礼部；还有欧阳修，他最初做校理（校勘整理宫中藏书）的工作，后来也顺利升了官。

宋代最是重文轻武，职位高一点的官员几乎都是文官，大官也都是由才高八斗的文人担当。进入馆阁，就相当于拿到一本才干认证的证书，莫大的殊荣。更重要的是，容易被皇帝注意到，更有机会出头。

可是，王安石就是这么与众不同，放弃了这个机会，毅然决然地"下乡"了。王安石，你不会已经把你远大的志向忘到了九霄云外去了吧？说好的利国利民呢？说好的兴利除弊呢？

难道不是攀上高位才能更好地实行吗？此言确实差矣，不要忘了实践的重要性。理想再丰满，没有打好地基，也会如同蚁蚀的大堤，一触即溃。

才二十多的王安石便明白了这个道理，他要从基层做起。他真不在乎高升的机会吗？二十多岁，是一个人血气方刚的时候，要说他志不在此，也不可尽信。但是他是个聪明人，知道自己想要的究竟是什么，怕是有了想要贪图享乐的心思也会强压下去。

进入馆阁确实是条近道，但是这和他心中所想不符。馆阁的工作是与上位者打交道，虽然能经常接触最高领导人是件无上殊荣的事情，但王安石明白，离上位者更进一步，就意味着离下面的百姓更远了一步。为了保持初心，他毫不犹豫地选择了后者。

他知道自己最缺乏的就是到基层去了解一下民生民情，好为自己的理想再做更深一步的计划。毕竟自己初涉官场，跟那些老臣相比还是嫩了点，多历练一下也好，免得失了足，一切都会玩完。

更何况官场上的人常常是各怀鬼胎，人人都在猜测上位者的心思，互相攀比，堪比热衷于"宫心计"的皇帝后宫，简直就是男版的"甄嬛传"。所以他还是决定在还没有能力之前，远离是非才是明哲保身之道。

在各种复杂的因素推动下和众人不解的目光中，他心甘情愿地下乡上岗了。

其实王安石的做法是对的。常言道"理想很丰满，现实却骨感"，他知道自己的想法再缜密，也要经过实践的拷打，不然经受不住现实的考验。

他的想法其实只是母腹中的婴孩，还未完全成型。他当下最需要的便是这样一个供他磨炼的机会，所以他毫不犹豫放弃了馆阁这个香饽饽。

学过政治的同学一定对一句话不陌生："坚持群众路线，夯实群众基础。"这句话在现在几乎是人人都懂的道理，在皇权专制、人权卑微的古代可就没有这么普及了。但是早在一千多年前，王安石已经明白了这个道理，可见他的思想是多么超前和超时代。

鄞县在任的四年，他没有当花瓶，因为他深知自己不是来享受生活的。在这四年里，他兴修水利、扩办学校、兴除利弊，为当地百姓做了许多贡献。

在这期间，甚至连他自己可能都没有发现，他的志向开始慢慢变得立体。最初他只是因为看不得百姓受苦，所以想要做一些利国利民的好事，但具体怎么做，心中并无头绪。

但是现在一切正在悄悄改变，在为政期间，他慢慢开始深入了解宋朝的社会，想要改革的念头悄悄地在他心底生根发芽。

他自己琢磨出了一些门道，很好解决了百姓遇到的困难。惊喜之余，也引来了他对自己人生之路的再次思索。

至于他在为政期间到底做了什么好事？对他又产生了什么启发？这些会在后面的章节做详细讲解。

总之，我们的"拗相公"踏上了基层之路，顺势向外宣告他的志向不在于眼前。康庄大道不走，偏要反其道而行，那么朝廷会善罢甘休吗？

宰相的面子不够大

以王安石才华，朝廷自然不会放过他，这样不就造成人才流失了吗？

21世纪最稀缺的是什么？是人才。宋代最不稀缺的是什么？也是人才。

这下有人要困惑了，既然宋代不缺人才，那朝廷较什么劲？

我们来了解一下宋代为何人才众多。首先是其教育机制十分发达，这就为人才的涌现创造了优良的硬件基础；其次是选拔制度，即取士的规模扩大和途径增多，这也得益于科举考试。科举考试始于隋，兴于唐，完善于宋。以往科举只录取二三十人，但宋太宗即位后，便开始大规模增加录取人数。

林子大了什么鸟都有，那么考生人数增多了，问题也会有，比如考试作弊。

就算是在一千年前的宋朝，作弊也是个很棘手的问题，别看现在和宋代相差了一千多年，除了现代的高科技以外，实际上平常的作案手段都是大同小异。比如缩印书、夹带小抄、找代笔、买通考官、飞鸽传书等等。

你们古代人真会玩！恐怕有人要为朝廷担心了，古代没有摄像头也没有金属探测仪这些高科技，岂不是让这些作弊之人得逞了。

别担心，正所谓兵来将挡，水来土掩。我们来看看北宋究竟有哪些反作弊的对策？

北宋的防舞弊手段主要分为五大措施：第一是临定"知贡举"制度；第二是"锁院"制度；第三是"糊名"制度；第四是"誊录"制度；第五是"牒试"制度。

宋代健全完善的科举考试制度和先进的防舞弊措施，使得人才的筛选更加公平有效，这也是造成宋代人才辈出局面的原因之一。

最后一点也是最重要的一点，即皇帝的喜好及大势所趋。

唐朝灭亡的教训和唐末五代的割据局面他们是最不会忘的，所以才有了赵匡胤杯酒释兵权的故事，才会有了宋代重文轻武的风气。这其实是一朝被蛇咬，十年怕井绳的心态。

宋太宗也继承了他哥哥的主张，大力推行文官制，扩大科举考试的规模。正是由于这两位皇帝的为政措施，才使得"偃武修文"成为宋代皇帝们人人遵守的一条神圣的祖宗之法。

如此看来，宋朝人才济济的现象最主要的还是得益于统治者们重文轻武的治国方针。既然人才济济，那么王安石又怎么能在人群中脱颖而出，做了那个鹤立鸡群的凤凰呢？

必定是有其过人之处，才会让他一下对了宰相文彦博的眼。王安石固然有文采，但这并不是他赢得青眼的全部原因。

文彦博这个名字很多人不甚熟悉，但是不熟悉不代表他没名。他可是北宋著名的四朝宰相，堪称朝堂上的常春树。

单看文彦博身边的朋友，就能粗略推测出他是个怎样的人。物以类聚，人以群分的说法还是有几分可信度的。他素来与包拯交好，二人又是在同期考取进士，这友情绝对没话说。

什么？你问我包拯是谁？没读过历史还没看过电视剧吗？就是那个脸黑如炭、头顶月牙的开封府尹包青天！百姓们都称他为青天大老爷，举贤任能、为民请命，可谓是一代杰出的清官代表。

由此及彼，文彦博虽位居高位，但是他礼贤下士，为百姓做了不少好事。他正是看上了王安石的淡泊名利，又看他勤政爱民、政绩甚佳，这才向宋仁宗举荐了他。谁又能想到，今日的欣赏举荐会变成明日的针锋相对？

但是，王安石拒绝了文彦博的举荐。他竟然敢拂了宰相的面子，宰相搁在现在也相当于总理的位置了。换做是别人，早就欢天喜地地接受了，可王安石偏偏反其道而行。他觉得如果自己接受了，就是开了越级提拔的风气，不利于培养官场上的正气。

这个解释未免有点太官方了，王安石心里的小九九可不是这么想的。前文说了他是一个不走康庄大道的拗相公，从得到宰相的举荐来看，他确实是个不可多得人才，或者说天才。天才的想法和一般人的想法总是有些不同的，不然就不是天才了。

所以王安石的考虑是，平步青云对自己来说未必是件好事，生活不能太一帆风顺。他曾写过一篇文章叫《伤仲永》，讲述了主人公方仲永从一个人人赞赏的"小神童"沦为父亲的赚钱工具，最后变成一无是处的普通人的故事，强调了后天教育和学习的重要性。

其实小仲永的处境和王安石现在所面对的是有一点相似的。王安石深知，过早的出头对自己有利也有弊，但是他无法保证自己有能力让利大于弊。即使他已在基层摸爬滚打多年，但是他仍觉得自己历练不够。

他也会担心，担心即将赴任的舒州通判会对自己无益。天才也有为自己考虑的时候，也并不是每时每刻都怀揣着为国为民的伟大梦想，谨记于心，丝毫不懈怠。他也有软弱迷茫的时候，有诗为证。这是他写给同行弟弟的《到舒州次韵答平甫》：

夜别江船晓解骖，秋城气象亦潭潭。

山从树外青争出，水向沙边绿半涵。

行问耆夫多不记，坐论公瑾少能谈。

只愁地僻无宾客，旧学从谁得指南？

字里行间都透露这他对一个未知环境的困惑和担忧，尤其是最后两句"只愁地僻无宾客，旧学从谁得指南"。原来他也是担心的，担心自己在这个地方无人交往，学问不得长进。

但是这些担心也只是短暂的，因为他很快就放下了感性的思想，恢复了理智，毅然决然踏上了这片未知的土地。

为了实现心中已然生根发芽的念头，他需要把自己放在这样一个环境里去打磨。

事实证明，是不虚此行，他在这里尽情地发挥他的才能，似乎这里已经成为他留恋的一个地方了。

越是不想出头的人，越是容易冒尖。王安石一直低调做人，但现实显然没有按照他想象的轨道发展，殊不知他的低调看在别人眼里，慢慢变得高调起来。

这个别人就是欧阳修，一个对他来说亦师亦友的人。此时欧阳修的出场很重要。他比王安石大十几岁，可以算作是忘年交。二人又同为唐宋八大家之一，缘分不可谓不深。

欧阳修出生于 1007 年，王安石尚在襁褓中之时，他已经是束发（古代男子十五岁成为"束发"）的翩翩少年。

皇祐年间，王安石任舒州通判，彼时欧阳修是翰林学士，他向宋仁宗举荐王安石为谏官。这一次，王安石会同意吗？

历史总是惊人相似

俗话说"三年一代沟"，王安石和欧阳修相差十五岁，这是五个代沟啊！这两个人是怎么相识的呢？

多亏了曾巩，就是那个同为唐宋八大家之一的曾巩。唐宋八大家聚齐了三家，这个故事变得更有趣了。

还有趣的是，"三苏"（即唐宋八大家之苏洵、苏轼、苏辙）同欧阳修的关系也非同一般。

一下出场了这么多大神，差点没 Hold 住，还是赶快理清人物关系吧！

唐宋八大家中宋朝就占了百分之七十五，而且这百分之七十五势力的关系是剪不断理还乱。真是不想不知道，一想吓一跳，这就是所谓的历史的巧合？

首先从连接这个关系网的焦点人物欧阳修说起。提起欧阳修，大多数人都会想到那句妇孺皆知的名句："醉翁之意不在酒，在乎山水之间也。"醉翁似乎也成了他的代名词。

醉翁欧阳修最大的特点就是赏识人才，充当的是伯乐的角色。总的来说，这个伯乐当得还是很成功的，看看他提拔起来的人就知道。

嘉祐二年（1057 年），这一年科举考试中进士及第的有三个重要人物，就是苏轼、苏辙和曾巩。三个人的碰撞，注定了他们一生会纠缠不清。

暂且抛开曾巩不说，苏轼、苏辙两兄弟同时高中，最高兴的就是他们的父亲苏洵了。父子三人在京城一时名声大振。

让人意想不到的是，他们的事迹能在短时间内轰动京城的幕后推手竟是欧阳修。换个说法，"三苏"一夜爆红，成为万众瞩目的大明星，凭借的是经纪人欧阳修的功劳。

经纪人功劳固然大，但是艺人自己也要有高颜值才行。不同于现代的大明星，对于他们来说，文采就代表他们的颜值。人们常说"千里马常有而伯乐不常有"，但你必须是个千里马才会有伯乐找上门。显然，他们当之无愧是有颜值有担当的千里马。

苏轼清新洒脱、敢于创新的文风，直接震动了主考官欧阳修的心。震动的效果就是，身为翰林学士的欧阳修大加赞叹了苏轼的文笔，称他的文章"他日必独步天下"。

在这之前，"三苏"虽然才华横溢，但是在文坛鲜有人知。幸运的是遇到了欧阳修，托这个经纪人兼宣传总监的福，他们的知名度以开挂的速度疯涨。

欧阳修本就是文坛的巨星，能看到后生的才华已属难得，又能不遗余力为之宣传，少有人能做到如此地步了。

欧阳修宽大的胸怀，深情的期勉，以及对于年轻人才能的褒奖，是一种难得的胸襟。

再说说他的弟子曾巩，他和王安石是如何相识的呢？

宋仁宗景佑四年（1037年），曾巩的父亲和王安石的父亲不约而同来到了京城，而他们都带上了自己的儿子。所以只相差两岁多、又没有代沟的两个少年相遇了，他们因文相遇、因文相识、因文相惜。

从此两人是挚友。

曾巩很欣赏王安石的文章，就拿给老师欧阳修点评，为什么要拿给欧阳修点评呢？因为他够权威啊！曾经看到过这样一句形容欧阳修的话："为文不识欧阳修，便称名士也枉然。"当时我看到这句话时，觉得这句对欧阳修的评价过于夸张了，只以为是他的狂热粉丝为宣传他用的噱头。

但是现在想来，倒是当时的自己肤浅了，前文讲到，"三苏"的知名度就是他给打出去的。

在某些方面，欧阳修更像是个权威专家，能得到他的认可，就好比拿到了权威认证。曾巩便是带着王安石的文章到了欧阳专家那里，为好友谋求权威认证，事情果然如他所料，他对自己的挚友是有绝对信心的。欧阳修果真对王安石的文章赞叹不已，恐怕这个名字从此就被他记在心里了。

为了鼓励王安石，欧阳修还写了一首诗赠予他：

翰林风月三千首，吏部文章二百年。

老去自怜心尚在，后来谁与子争先。

朱门歌舞争新态，绿绮尘埃拂旧弦。

常恨闻名不相识，相逢樽酒盍留连？

希望他能像李白那样有才华。谁知，王安石看后诚惶诚恐，惶恐而又耿直。所以我们的王耿直连忙附和诗一首，表达自己受到重视和赞赏后深感惶恐的心情：

欲传道义心犹在，强学文章力已穷。
他日若能窥孟子，终身何敢望韩公。
抠衣最出诸生后，倒屣尝倾广座中。
只恐虚名因此得，嘉篇为贶岂宜蒙。

他说自己实在是浪得虚名，欧阳修给的高度评价他实在不敢当。他当真觉得欧阳修的诗太过抬举自己吗？

另外还有原因。我们说过，王安石最喜欢的唐代诗人是杜甫，他喜欢杜甫的"安得广厦千万间，大庇天下寒士俱欢颜"。杜甫的诗歌风格大多是沉郁顿挫、忧国忧民，这和王安石的思想是达成统一的。

杜甫是现实主义诗人，而相反的，李白是浪漫主义诗人，但欧阳修却把王安石比作李白，实际上与王安石心中所想有差别。他一方面敬重李白的才华，一方面又对李白不食人间烟火的心态不屑一顾。所以，他们不是一条道上的人。

他对关心民情、人间疾苦事的杜甫是心下向往景仰之。众所周知，杜甫的诗更加贴近生活，在他的许多作品中深刻揭露了社会的黑暗，对身处社会底层的生民给予深切的同情。

青年王安石的思想境界，在不知不觉之中跨越了达则兼济天下，穷则独善其身的前代窠臼。同龄人还沉浸在花花世界无法自拔的时候，他已经以经世致用、以天下事为己任了。让他做一个逍遥世外的散仙、无视天下苍生疾苦，显然不可能。他的作为将远超过欧阳修的期许，虽然王安石的文章、诗词也是成就斐然，但王安石志不在此。

这个志向从小就在他的心里生了根，现在又发了芽，自然很难再改变。

介绍完欧阳修和王安石的相识过程后，就要回答前文的问题了：欧阳修向皇帝举荐王安石做官，此时在地方任上的王安石，会同意吗？

历史总是惊人相似，故事好像永远没有悬念。

欧阳修被拒绝了，就像文彦博一样。

宋仁宗皇祐三年（1051年）的秋天，王安石来到了舒州，这个将要陪伴他三年的地方。从最初的"只愁地僻无宾客，旧学从谁得指南"，到后来的难舍难分，这其中一定有很多鲜为人知的感情积淀。

舒州位于现在的安徽省西南部，浣河上游，千百年来，在这片土地上流传了许多动人的传说故事。还记得中国最早的叙事长诗《孔雀东南飞》吗？这个故事就发生在这片土地。

故事中的男女主人公刘兰芝和焦仲卿婚后，相亲相爱，感情深厚。本以为这一生两人就此白头，可狗血剧情总是会反复上演。刘兰芝终究没有搞定"世界上最难搞的关系"——婆媳关系。大概天下母亲都会吃儿媳的醋，所以焦母才会这般对待刘兰芝。可是她也不想想儿子总不能一辈子跟在母亲身边吧，总是要成家立业的。

显然焦母并没有完全明白这个道理。她不仅对刘兰芝百般挑剔，还逼儿子赶走她。焦仲卿夹在中间左右为难，一边是生养自己的老母，一边是自己深爱的妻子，两边都得罪不了。无奈他只好与刘兰芝商量，让她先回娘家避避风头，日后他再想办法把她接回来。

没想到一步错满盘皆输。刘兰芝回家后，他的哥哥逼她嫁给太守的儿子。她是个刚烈的女子，自是不从，结婚当日便跳河自尽了。焦仲卿闻讯，自知再无从相见，也殉情而死。

"君当作磐石，妾当作蒲苇。蒲苇纫如丝，磐石无转移"的誓言似乎还在这片土地上飘荡。

有动人故事的地方一定也有动人的风景。王安石是爱这片土地的，虽然他只在这里待了三年，但是人的感情都是很微妙的。这里的人、这里的景还有朴素的民风，这几年他是乐在其中，所以当他听说欧阳修推荐自己为谏官时，便想尽办法推辞。

这等好事若是发生在别人身上，肯定会登门谢恩，感激不尽。王安石倒是不怕他人诟病，是真不想。推辞不成，只好再搬出了老母亲，说母亲年事已高，不愿这般折腾。此话也不假，王安石是出了名的大孝子。

自己若要入京做了谏官，就不能安心照顾母亲了。但是用这样的理由推辞任职还是略微牵强了，毕竟谁家没有需要奉养的老人。用"我上有八十岁的老母，下有嗷嗷待哺的孩子"这样的老梗，是忽悠不了人的。

欧阳修也不吃那一套，活了大半辈子了，这种话听多了，不予考虑。你是人才，我就要把你挖出来为国家效力。

欧阳修又以王安石养家困难为由上书朝廷，任命他为群牧判官。王安石此时心里一定很郁闷，我不就想老老实实当个地方官吗？你们这些大人物怎么老是抓着我不放呢？

回到正题，这群牧判官是个什么官职？这可是个肥差。顾名思义，就是群牧司的判官，群牧司是统管全国马政的部门，说白了，就是管马的。有人要笑了，这算哪门子的肥差啊？这大概很容易让人想到《西游记》中孙猴子被封为弼马温的情节吧。

不过，你还真别笑，这两个官职可不能相提并论，想想马在古代是什么地位？那可是当时的主要交通工具，相当于现在的汽车，还不是一般的汽车，是官车。奔驰、宝马的价格有多不菲，不用多说大家都心知肚明。

读到这里就能想象出这个差事有多肥了吧！但是别忘了王安石的禀性，他是断然看不上这些官职的，对自己未来计划无用的，一概不考虑。

但是，这个时候必须要做点什么了。一而再再而三拂了朝廷的美意，朝廷也不是吃素的。适可而止，见好就收才是上策。王安石这下终于开了金口，请求朝廷任命自己为常州知州。

知州就是"权知某军州事"，也就是说，王安石选择的这个官职是管理常州厢军和民政的。说到这里就让人恍然大悟了，挑来挑去还是离不开这个"民"字。

王安石虽然年轻，但他心中始终横着一杆秤，他知道自己的路该怎么走，所以，他的选择都是为自己的未来做打算。

这些年，日异月殊，时光如白驹过隙稍纵即逝，转眼间，王安石已在基层摸爬滚打多年，也是个老手了。那么他究竟是怎样过的，又过得怎么样呢？

第五章　我是基层一把手

当洁癖遇上邋遢

王安石屡次拒绝京官的任职，如愿以偿地在地方上混迹多年，这么多年来，他可是过得快乐？有没有什么有趣的事情发生呢？

就说他进士及第后，签书淮南判官，这可不是地方上的一把手，充其量算是个二把手，就是辅佐人家做事的。彼时韩琦任扬州知府，是王安石的上司，他是大名鼎鼎的"庆历新政"的发动者之一。

韩琦比王安石大十几岁，也不似他那般年轻，但他却是个爱干净的主。这不禁让人想到王安石的不拘小节，这二位共事，会擦出怎样的火花来？

《辨奸论》曾这样描述王安石："囚首丧面而谈诗书，此岂情也哉？"囚首丧面的意思是头不梳如囚犯，脸不洗如居丧。除了《辨奸论》中的描述，王安石不羁的形象也是众所周知的。总结一下就是两个字"邋遢"，为什么这么说呢？

可能是王安石平时太忙了，心中总装着国家和人民，没有时间考虑自身的这些小事，形象可能是差了些，但是说囚首丧面未免有些过了。

事情说来就来。王安石素喜读书，虽然才是二十出头的小伙子，但是对书的着迷程度是不能以年龄评判的。二十出头的男子放在现代就是大学生或者是大学毕业，瞅瞅现在大学里的男生，哪个不是打游戏、谈恋爱、吃饭睡觉三点一线的转，很少见泡在图书馆的。更何况王安石还是一地地道道的"官二代"，虽说他父亲不是什么大官，可好歹也是个官。

也少见哪个"官二代"泡在图书馆看书的，更别说是像王安石这种废寝忘食的读书法。俗话说有对比才会有发现，他此时正是血气方刚，贪玩点不会有人说什么，但是他没有，纵使花花世界诱惑良多，他也仍能沉下心来专心读书。

可是，韩琦不了解他。

王安石在任期间经常废寝忘食地读书，常常到了后半夜才会惊觉错过了睡眠时间。就像现在追韩剧、看小说的女生一样，常常不知不觉看到了凌晨，王安石和她们相比，有过之而无不及。

晚上睡得晚，第二天就会没精神，这就是所谓的连锁反应。王安石就是这样，经常因为前一天晚上通宵达旦读书导致睡眠不足，早上就起床晚了。为了上班不迟到，来不及洗漱收拾，就匆匆忙忙去上班了。万一路上遇到个堵车什么的，上班免不了迟到。

所以有时候风风火火地赶过来，好像赶了几公里路似的，没有一点为官之人的威风。韩琦又是个素来体面整洁之人，最看不得王安石这个样子。他自然是不知道王安石打扮不周的原因，以为年轻人一向喜欢风花雪月之事，王安石这样一定也是夜夜寻欢作乐所致，心里不免有了异样。

最初还只是忍着不言，后来实在觉得不像话了，就婉言劝告王安石："年轻人，要多读书，不要只想着玩！"

这下王安石是丈二和尚摸不着头脑了，他不知道自己到底哪里得罪上司了，从此更加谨言慎行，但是读书依旧。人心隔肚皮，他当然不知道韩琦心里的真实想法，不然还不得气炸了。

韩琦见温言劝告对王安石没起什么作用，就单独找他谈话了："小王啊，我知道你年轻，想玩的地方还多着呢！但是也得收收心了。"王安石心下疑惑不已，不知道韩琦此番谈话是什么意思，便皱眉不语。

韩琦见他悟性不高，索性放开说了。反正皇上那儿都敢直言相谏，我还顾虑小小的王安石不成。便用教导主任的口吻说道："我也就直说了吧，最近见你上班时总是精神不济、形象不佳，所以我琢磨着是不是

晚上总去包夜唱歌、找妹子？这样是不对的，要有节制，不能荒废读书啊！"说着叹了口气。

听罢，王安石嘴角抽了抽，明白原来是韩琦误解自己了。但是他没有解释，只是后来讪讪地说道："韩公不懂我！"

那时的王安石该是多么苦闷，他无奈只是个听命令的下级，很多事情都不能做决定，还要请示上级，这和他的初衷是相悖的。

彪悍的人生不需要解释，四年来，他手里没有握住大事的决定权。但凡一个心有大志的人，不会想做别人决策的实行者，而是要成为一个决策者！身怀韬略，却不能施展，这是最不能忍的。但是王安石忍住了。孔子曰：巧言乱德，小不忍则乱大谋。

这句话围绕着一个"忍"字，实际上说的是个人修养。

《圣经》里有这样一句话："凡事包容，凡事相信，凡事盼望，凡事忍耐。"忍耐是个看似简单，实则是很难做到的功课。

还记得越王勾践吗？那绝对可以算作是忍耐中的最高境界。我们来看看最高境界的这个男人。

春秋战国时期，各国混战，天下并不太平。在这样的环境下，一切都有变数，即使抓在手里也不一定属于你，比如权力和地位。在这个什么都可能发生的年代，人就极容易跌落高位。体验高度落差的滋味是很难受的，轻则抑郁，重则自杀。

越王勾践就是这个不小心跌下来的人，但他没有抑郁也没有自杀，他选择了——忍。忍到什么程度呢？

忍到对吴王夫差俯首称臣，忍到为夫差喂养马匹，忍到夫差患病时，亲自为他尝粪便以"判断病情"。一个曾经威风凛凛的王，却低三下四地为敌国君主尝粪的情景，简直不忍直视。

再难堪，他也忍了。这样做的结果就是夫差信任他了，觉得他不过是个贪生怕死的懦夫，成不了气候，所以就放他回国了。夫差的掉以轻心，成就了勾践，也让吴亡了国，赔了夫人又折兵，令人叹息。

像勾践这么能忍的人已经不多了，但是反面教材倒是不少。比如纸上谈兵的赵括，因为受不了白起的屡次挑衅贸然出兵，中了白起的计谋，导致赵兵几十万大军被活埋，他自己也中箭而亡。一个没忍住，丢了自己的性命害了国家，赵括，你这是何苦？

勾践、赵括的情况和王安石不太一样，他们"忍"或"不忍"关乎性命和国家命运，王安石的"忍"关乎的是个人的前途问题。虽有所不同，但本质无差，只是勾践和赵括的情况一般人很少遇到。

生活又何尝不是这个道理，比如你的上司对你颇有微词，你就得忍住自己的小脾气。要是忍不下去，炒了老板的鱿鱼，就得不偿失了，说不定还会影响你以后在这个行业的发展。

王安石是明白这个道理的。他知道韩琦不是他的伯乐，所以他也不恼韩琦的误解，而是专心读书，养精蓄锐，蓄势待发。

这几年的隐忍让他更加稳重沉着，也更加坚定了心中的抱负。那个从小在他心中生根发芽的理想抱负，他从来也没有忘记。

况且他初入官场，是个职场新人，很多事情还不懂规矩，想做却无从下手，再加上他并不是一把手，人微言轻，无奈，只好卑作风语。很多事情不是不想做而是不能做，权力不够，要请示上级，请示了也不一定批准，束手束脚的，难成大事。

所以这几年，王安石差不多也只是静观其变，并无太大作为，反而让人替他干着急，觉得他是空有一颗报国济世的心，却做着无所事事的闲官。

事实上，他的这种没有作为没持续多久，终于熬出头了。

抬高米价度荒年

在扬州任职期满后，王安石放弃了进京任职的机会，调为鄞县知县。在这期间，北宋发生了一件大事。宋仁宗庆历七年（1047 年），素来被称为"人间天堂"的杭州一夜间沦为地狱。这到底是怎么回事？

八九月份，正是庄稼收割的季节，江南却阴雨连绵数月。虽说是夏日酷暑带来了清凉，可却让百姓们遭了殃，田间几乎颗粒无收。杭州也不例外，灾情甚重。

鱼米之乡没米了，这可是天大的事，仅仅一个月，米价就从原来的四百文一石涨到一千五百文一石，足足涨了三倍还多，且米价仍朝着不可控的方向疯涨。

这绝对不是皇帝想要看到的结果，于是下发公文，要求各地方把每石米的价格控制在五百文左右，违者就地斩首。

常常是上位者的一句话，下面官员的人就要忙成一团。只想着人命关天的事情，轻视不得，不仅是灾民的性命攸关，自己也小命难保。所以不管三七二十一，照着上头的指示做便是了，也不考虑对缓解灾情是否有效。

这个时候最着急的就是杭州知府吕向高了，关乎自己性命的事情谁会不重视呢？他悄悄派出自己的心腹到各县巡查打探灾情，回来的探子声情并茂地哭诉："大人，不好了，各县灾民不减反增，饿死者不计其数啊，您快想想办法啊！"

哪里有办法，他也不过是按上面的指示办事，不过心中倒是产生了疑惑。按理说，米价被压下来，灾民就该减少才对，怎么会出现不减反增的情况呢？

吕知府是百思不得其解，不过这也不怪他，毕竟他只是一介文官，充其量算是个政治家，经济学他还是知之甚少。

原来，自从朝廷下发了控制米价的公文后，米商都不愿意把米拿出来卖了。商人是什么，无利不成商，就像吃货们的无肉不欢，他们是无利不欢，一样的道理。虽然五百文每石的价格较之以往丰年的四百文每石已然是高价了，但显然是前段时间米价疯涨到一千五百文让这些米商们尝到了一点甜头，现在突然降价的心理落差，就像是天上掉下一块馅饼而你没吃到一样难受。

这样市场上无米可卖的情况持续了不久，街头巷尾灾民涌现，江南早已是饿殍遍野了。

朝廷的公文不管用，商人不愿卖米，灾民饿死者无数。这要是上头怪罪下来，条条都能要了吕向高的命。

他已经向朝廷求援三次了，朝廷回信说陕甘大旱，国库供应不上，让他自己想办法，相信他可以解决问题。北旱南涝，这都什么事呀？屋漏偏逢连夜雨说得就是当下的情况。

吕向高急得团团转，可是半点法子也没有。想办法，想办法！办法就不能自己找上门吗？

等等，说了这么多，我们的主人公王安石哪里去了？别着急，王县长马上就出场。

正在吕向高全力用自己已阵亡大半的脑细胞作战之时，一个前往鄞县的探子回来了，鄞县不就是王安石所管辖的县吗？

没错，此时的王安石就是鄞县知县，是地地道道的鄞县一把手。接任这个位置，王安石还是心下暗爽的。之前当的淮南节度判官，对他来说就是个闲职，害得他根本没有当官的感觉，更别提自己的宏图伟业了。

虽说现在的职位只是小小七品芝麻官，但总算是属于自己的一片小天地，一个县衙总共管事的就没多少人，所以县里面的大小事情他基本上亲自过问，不怕有事情，就怕天天没事干。

真是想啥来啥，事情就这么来了。

镜头回转，看看从鄞县回来的探子都向吕大人汇报了什么？

"大……大人，不好了，鄞县出大事了！"探子一进门就扑倒在地。

又不逢年不过节的，你磕什么头啊？吕向高犯起了嘀咕："还能有什么大事，能比我摊上的事还大吗？"

在吕向高的催促下，探子终于把舌头捋直了，说："王县长抗旨不遵，公开发布告允许米价上涨，现在鄞县的大米已经涨到三千文每石了！"说着还小心翼翼地从身上掏出了一张盖着印章的告示。

人证物证俱全，看来并不是奸人从中作梗冤枉于他。这下王安石摊上大事了。

只见吕向高勃然大怒，一把掀了桌子，道："这个王安石真是吃了熊心豹子胆！竟敢在太岁头上动土！"

今夜，吕大人注定是无眠了，他狠狠地把王安石腹诽了一通："你官二代了不起啊！仗着自己有点墨水，得到过名师推荐，就敢违抗圣

明，此番就算朝廷里的人再维护你，你这也是杀头的大罪！"

王安石，我必须找你算账去！

这吕大人也是高效，隔天就风风火火地带着一票人马去找王安石了。

王安石收到消息，早就和手下的人在城门口候着了。此时的王安石神情自若，哪里有一丝担忧，一副大局在握的样子。

吕向高老远就看到王安石的师爷匆匆忙忙跑到他身边耳语了几句，不由得怒了，当着我的面还敢咬耳朵！心想着，便加快了脚下的步子。

"王安石，你可知罪！"然后还不忘瞥了眼站在一旁的师爷，"将死之人，有什么话还不能当面说出来！"

师爷哆哆嗦嗦地看了一眼王安石，得到默许后，才说道："吕大人，事情是这样的……"

师爷吧啦吧啦说了好一会，吕向高算是听明白了。自从鄞县米价上涨后，就不断地有米商涌进鄞县售米，可谓是大发横财，所以为了表达对王安石的感激之情，纷纷向他送红包递银两。可是前几天有一个外地米商不懂规矩，没有送礼，王安石便派人去向米商索要，这会人也已经到了。

吕向高早已怒不可遏，好不容易扳回一点理智，就命人把米商带上来。米商的证实让吕向高顿时又失去了理智："大胆！王安石，你故意抬高米价，搜刮民脂，大发国难之财！罪不可恕！"

这个王安石到底是怎么回事，不是心怀大志，要造福一方吗？为何此时做了这等糊涂事。

再看立于一旁久未说话的王安石，竟是一副事不关己、高高挂起的淡漠模样，好像还有一种看好戏的意味，完全没有一丝惊慌。莫非事情有转机？

吕向高倒是没有注意到王安石的神情，一心只想从师爷这再套些有用的料，便问道："这些贿款可有账目？"

师爷忙回："有！"

吕向高听罢，便令手下押解王安石回县衙后再细细审理。由于是城门口，回县衙的路漫长了点，一路上走过不少繁华热闹的集市和戏台。

等一下，繁华！热闹！吕向高终于察觉出异样，正值灾年，哪个县不是哀鸿遍野，一片萧条落魄，怎么鄞县人民如此好兴致，竟唱起戏来了？

来不及细想，便有一大波百姓围了上来，纷纷为王安石喊冤："为何绑了我们王县长？""快放了我们老大！""王县长可是好官！"

呼喊声此起彼伏，吕向高忙下轿向百姓们解释："我是杭州知府吕向高，来这里视察灾情的。"见大家仍有不满，连忙补充了一句，"你们王县长犯了死罪，我正要审理此案！"

众人听后更是不满，纷纷要求放了王安石，还质问他王安石何罪之有。吕向高见众人越聚越多，此番下去必定不好收拾，便命人松绑，又安慰了百姓几句，方匆匆离场，几番波折，终于到了府衙。

吕向高也不做耽误，开始审问王安石。

没想到王安石上来就反问他："吕大人，朝廷虽是下令严格控制米价，但是如果这样做，还会有哪个米商愿意售米？"

吕向高也知这是实情，但也不能任性地抬高米价呀，便问道："可是米价这么高，老百姓买得起吗？"

王安石似是早就知道他会如此问，便娓娓道来："江南自古便是富贾巨商的聚集之地，普通百姓家里也多少有些积蓄。这米价虽高，但是节俭一些，日子也能将就着过。至于那些贫苦人家，我差人按人数发了救济款，生活是不成问题的。"

吕向高正想着王安石哪来这么多钱？难道买彩票中奖了？王安石倒像是会读心术似的说明他心中所想："大人方才也知晓一二了。我下发了允许涨价的公文后，这些米商们小发了一笔财，于是对我感激涕零，纷纷送钱想要贿赂我。我自然是不会让他们白发国难之财，退回又不能对他们造成损失，不如把这些钱用到有用的地方去。便一一收下，再分拨给贫困买不起粮的人家。这钱款我全都命人登记造册，一分不少。"

然后吕向高手上就多了一个账本，上面的收入支出，每一笔救济款的收受人姓名等等一应俱全，清清楚楚。

吕向高恍然大悟，这才发现王安石治理县政的高明之处，不由对眼前这个尚还年轻的小县长刮目相看。

这以后，鄞县的灾情越发缓和，因为其他地区的米商见鄞县的米价甚高，便纷纷运粮到这里，想发笔大财。但是他们不懂得经济学中市场最忌讳一哄而上的道理，物以稀为贵，卖米商人的多了，供大于求，价格自然下跌。但这些外地商人远道而来又不好再运回去，只好降价售卖。

王安石的做法在今天精通经济学的人看来，怕是不值得一提。连小孩子都懂得量多价贱的道理，但是在经济学远没有发展起来的宋朝，王安石就能明白这个道理，并解了灾年的危机，实在是智慧之举。

在这里，王安石的政治能力已初露端倪，的确是可塑之才。此举不仅锻炼了他的执政能力，也赢得了民心，为他以后的路铺陈了不可忽视的一笔。

改革"试验田"

虽说王安石才能初显，但也只是"小荷才露尖尖角"，离他的宏图大业还差了点气候。有道是，革命尚未成功，同志仍需努力。

事实证明，王安石不仅非常努力，还小有卓效。好不容易到了自己可以大展拳脚的时候，他绝不会放过这个大好机会。他下定决心，打算把多年来心中所想付诸实践。

鄞县位于现在的宁波市，宁波是个历史文化名城，著名的国际化港口城市。但在宋代，鄞县还远没有现代这样发达，百姓们要靠每日辛勤劳作才得糊口，王安石责任重大。

这一年，王安石二十七岁，还只是刚来这里，是个年轻的县里的领头人，用现在的话来说就是资历尚浅，尽管那个时候他作为堂堂县长已有这样的成绩。瞧瞧现在的官员，极少有年轻者上任。有句话说"不怕官员太年轻，就怕官员有背景"，王安石是既年轻，又没有背景。虽说是个官二代，但是父亲早已不在人世，帮不上他了，所以他全凭自己的才华和能力一步一步走到这个位置。

别小瞧这个七品芝麻官，百姓们哪个不期盼自己过上好日子，所以人人盼着能出一个好的地方父母官。咦，难道不是应该盼着有个圣明的皇帝吗？

没听过有一句话叫做天高皇帝远吗？一个好的皇帝固然重要，但是皇帝远居深宫，就算伸长了胳膊，也不可能照应到所有的百姓。所以一个清明的地方官对于百姓来说，才是最重要的。

王安石的到来，对鄞县的老百姓来说，绝对是个福音。他打小就有利国利民、兴利除弊的想法，如今他身居此位，一定不会让百姓失望的。

除了应对突发灾情，上任后，他做了很多事。他从开始就着手打听鄞县现状。爱一个人就要先了解他，爱一群人也是这样。他早已摒弃了上任之前的担忧，深爱着这片土地，这里的百姓。

这不打听不知道，一打听吓一跳，原来百姓们生活得并不如意。如今天下太平，几十年无一事，太静了，静得诡异，殊不知这一潭死水下，早已泛起波澜。

找出这些细微的波澜，王安石还是费了一番工夫的。人人都知道历史上的皇帝们喜欢微服私访，却不知王县长也喜欢，他是冲着民生民情去的。

为了考察了解当地的民情，王安石亲自出马了。堂堂县长竟然连打探消息也要亲力亲为吗？前面交代过，小小的县政府本身也没多少人，很多事情都要亲自抓。更何况他是新官上任，手底下没有什么得力的助手。这微服私访、接触百姓的差事，他也乐得做，何乐而不为呢？

就这样，乡里田间的百姓都知道了，王安石不顾舟车劳顿，走访周边乡镇为期十二天，遍察民情。大家都说，这个才来不久的王县长好像还挺靠谱！

他确实靠谱，他在这十二天里，衣不解带、食不果腹地劳碌奔波，一路上也不摆县长的架子，时而亲切地与路边老妇交谈，时而下地向老农询问庄稼情况。俗话说，认真的男人最有魅力，王安石一本正经地在田间与老汉研究农作物的样子，还真是挺有魅力的！

有魅力的男人也绝不会给别人造成困扰。王安石在寻访期间几乎都是住在寺院里，绝不扰民，一路上也是翻山越岭，风餐露宿。每到一处地方，他都减少随从，尽量不给当地百姓带去困扰。如此为民着想，怎

会不受人爱戴?

他很快就在当地百姓的帮助下得到了第一手资料，这么多的辛苦总算没有白费。其后，他把考察所得上报两浙转运使，上书陈述了兴修水利的重要性，得到批准后，便开始着手兴修水利的事宜。不知道王安石是否为了心中所想钻研过水利知识，抑或他本就有傲人的才干，总之在修水利这件事上他成功地向前了一步。在鄞县时，他尤其在东钱湖的政绩最为突出。

他为何对兴修水利如此重视? 还不辞辛苦地走访考察? 他在《上林学士言开河书》中为我们做了解答:"鄞之地邑，跨负江海，水有所去，故人无水忧。"有实践才有发言权，通过考察王安石发现，这里的老百姓怕的就是遇上旱灾。而抵抗旱灾最有力的武器便是修缮水利工程。

想了这么久的事业，在这一刻才真正来临，王安石再也不是那个束手束脚的幕僚了。终于可以挽起袖子大干一场了，他几乎是怀着雀跃的心情开始了他的工作。毕竟这些想法原先只能是在心中构思，现在却有机会亲自实行，这怎能不让人激动呢?

东钱湖古时被称为"万金湖"，是宁波（鄞县所在地）的重要水利工程。东钱湖的工程不容小觑，因此王安石制定了周密的工程计划，像模像样地开工了，疏通水道、划分湖界、修缮工事……最后，水利工程圆满落幕，做得一点不比专家差。王安石给后人留下了一片水清岸绿的湖水，因此被称为宁波历史上的治水功臣。今天的东钱湖畔也有一个王安石水利公园。

至此，当地百姓"大暑甚旱，而卒不知有凶年之忧"。这件事情暂时告一段落，王安石的好名声算是打出去了，大家都知道鄞县出了个好县长。

但是好名声并没有让王安石冲昏头脑，他知道自己做得远远不够，还有好多事情等着他去解决。

不久后，王安石就发现了另外的问题。生活在基层就这点好处，离老百姓近，随时能发现问题，更何况他本来就是个善于发现问题的人。他深切体会到生活在下层的老百姓生活得很艰难，即使在丰年也是拮据度日，一年到头是紧巴巴地过，少有大餐。不像现在的日子，出去吃个饭还要苦恼，到底是吃中餐还是西餐？吃日料还是韩餐？

到底是好日子过久了，想象不出来古代下层老百姓的日子是怎么过的，别说下馆子了，能在家痛痛快快吃一顿大白米饭就不错了。

这说的还是丰年，若是遇上个荒年，特别是青黄不接的季节，百姓的日子可就苦了。王安石身为一县之长，可谓是看在眼里疼在心里，所谓父母官就是把百姓当做自己的孩子一样宠爱着，哪个父母看到自己的儿女吃不饱饭会不心疼呢？

没有钱，不能饿着吧，于是乎，民间就出了一个组织，姑且叫做"信用社"。这个"信用社"看似帮助贫苦人家度过了困难，实际上是披着羊皮的高利贷，多少人因此而倾家荡产。

为了打击这种不良现象，王安石想了一个办法，即"货谷与民"。其实这个办法多少也借贷了一些前人的做法。就是在青黄不接的时节里，把县政府粮仓里储备的存粮拿出来借贷给百姓，在秋收之后庄稼成熟时，再在借贷的存粮上略加少量利息，还给乡政府。这样一来便是一举两得，不仅解决了百姓的燃眉之急，也让县政府的存粮轻松易陈更新。

王安石怎么也不会想到，他今天的小试牛刀，竟然为以后铺垫了一层坚实的地基。

"货谷与民"便是后来"青苗法"的前身，如此看来，很多想法已经在王安石心中粗具雏形了。不知道他是不是早已按捺不住心中的想法？

不管王安石能否预知未来的路，但事情似乎总是顺利地朝着他预定的方向发展着。兴修水利的卓有成效，货谷与民的小试牛刀，鄞县在王安石眼中俨然已成为一块风水宝地，也冥冥之中成为他后来改革成就的试验田。

许是对这片土地极为热爱吧！所以才会花了心思地爱护着。王安石作为一代大文学家，他深知文化底蕴对一个地方的重要性。文化是鄞县的根、是魂，缺什么不能缺了文化。

于是，他在这里创立了鄞县历史上第一个县学——鄞县县学。这一

举措可不得了。当初没看错人，王安石果然是好眼光，兴办县学这件事对鄞县以后的发展产生了不可估量的影响。

南宋词人张孝祥成为"甬上第一状元"，明代哲学家王阳明在心学上取得大成就，还有明末清初五大家之一的黄宗羲，这三个"成功人士"都是鄞县人。不能断言他们的成就都归功于王安石，但王安石对这一带的文化发展贡献颇深。吃水不忘挖井人，王安石这个挖井人，就是没有功劳也有苦劳。

自从当了这个县长之后，王安石算是一门心思扑在工作上，所说男人以事业为重是好事，但是重此便会轻彼。事业有成了，家庭却撂下了。他有一个可爱的女儿，姓名不知道，出生地不知道，只知道这个孩子仅一岁多的生命就终结在这里。

当然这不能说是王安石的错，但或许他能在家庭上多分分身，会不会就没有那么遗憾？王安石一心扑在工作上，很少在家，但是可以看出，他对自己的女儿是疼爱的。在他忙碌工作的时候，女儿因病离世了，说不悲痛都是假的。

他亲自为女儿写了一篇墓志铭："鄞女者，知鄞县事、临川王安石之女也。庆历七年四月壬戌，前日出而生；明年六月辛巳，后日入而死。壬午日出，葬崇法院之西北。吾女慧异甚，吾固疑其成之难也。噫！"

这篇墓志铭，王安石好像说了很多，又好像什么也没说，没有人能理解他此时心中的痛苦。

他把自己的女儿叫做"鄞女"，我猜测这是"鄞县女儿"的寓意，也可以略微察觉出他的左右两难。一边是自己聪慧可爱的女儿，一边是水深火热中等待他去帮助的老百姓，他哪一边也不愿意放下，可他终究还是亏欠她的女儿。还记得她刚刚学会叫爹爹，只要见到他就会含糊不清地喊个不停，都说女儿是父亲前世的情人，但他却没能护她周全。这该是为人父母怎么样的凄凉？

他心系百姓，却把遗憾留给了亲人，但是他相信自己的女儿聪慧如他，一定会支持他的选择。他失去了一个女儿，却收获了一群儿女，鄞县的百姓就像是他的孩子，等着他来养育。

为官一任，造福一方，说的就是王安石。在鄞县的这一段经历，对他来说无疑是一段里程碑性的经历，他在这片土地上做的一切都不是无用功。王安石一生的事业就像是盖房子，鄞县的经验就好比重要的地基，不可或缺，这里就是他日后改革的"试验田"。

万言书石沉大海了

天下没有不散的筵席，王安石心里清楚。他纵使再喜欢鄞县，也不可能一辈子待在这里。

皇祐三年（1051年），他被调任舒州通判。上一章提到他去舒州之前是忐忑的，他是在担心吧，担心自己不能很好地适应新环境的民风和民情。

人大抵都是这样的，对未知的新环境充满了胆怯和不确定。行为心理学研究表明，一个人二十一天会养成一个习惯，九十天养成一个稳定的习惯，更何况他已在鄞县执政那么多年，这样的习惯已然入骨。鄞县的一切都是熟悉的，熟悉的百姓、熟悉的民情、熟悉的工作，突然有一天要离开这些熟悉，去一个陌生的地方，这就意味着他要重新开始，不担心才是奇怪吧！

但是这样的担心似乎并没有持续多久，王安石就已经意气风发地踏上了全新的征途，眼里没有一丝一毫的犹豫。

成大事者，不纠结。

天将降大任于斯人也，必先苦其心志，劳其筋骨，饿其体肤，空乏其身，行拂乱其所为，所以动心忍性，增益其所不能。

王安石很快明白过来，这于自己又是一个锻炼的机会，不同的环境考验也不尽相同，为了成就一番大事，地基打得深厚一些是有好处的。他一直都是聪明的，所以请别低估他的智商，他的人生正一点一点地步入正轨。

他来到舒州之后，发现这里山清水秀，空气宜人，一切甚好。但是这都是表面现象，环境优美不代表百姓安居乐业。

很快他就发现了这里的百姓虽身处山水风光的美景之中，但是在表面的风光之下，却是生活在水深火热之中。

以诗为证，"三年佐荒州，市有弃饿婴。"这是王安石的诗《发廪》中的句子。舒州这块土地本应该是"良田养人"，但是由于官商勾结，垄断市场，兼并土地，造成百姓苦不堪言、无处申冤的状况。

王安石最是厌恶官商勾结危害百姓的行为。他常常写诗表达他对这种现象的不满："贱子昔在野，心哀此黔首。丰年不饱食，水旱尚何有。""朅来佐荒郡，懔懔常惭疚。"

写诗有什么用？行动胜于说空话啊！王安石你不是最怜惜百姓吗？赶快把这些坏蛋都关起来啊！

无动于衷？不，不是无动于衷，而是无可奈何。

先来了解一下王安石在舒州担任的官职：舒州通判。前半部分没有问题，舒州作为一个州府自然比县府权力更大；后半部分的通判，即宋代为了加强控制地方而设置于各州、府，辅佐知州或知府处理政务的官职，有监察官吏之权。说白了，就是有中央特派员的意思。

虽说之前只是在一方县城里做个小县长，自是不能和州府的通判相比，但那好歹也是一把手，说话还是顶用的，重要决定也由自己做主。但在这里他充其量算个副官，很多事情都是身不由己。

想为而不能为，这样才是最痛苦的。眼睁睁地看着自己最在乎的百姓受苦，自己却无能为力，他常常暗暗在心底埋下志愿，一面不动声色地深入了解社会现状。

越了解，真相越是触目惊心，王安石的心里的想法就越坚定。这种坐以待毙的日子他过够了！

一定要有所行动了，这个想法自他在舒州时便有了，细细算来，已有五六年之久了，如今天看来，应该是时机成熟了。

嘉祐三年（1058年）这一年，王安石做了一件轰轰烈烈的大事。

这时的王安石已经从舒州通判做到了提点江东刑狱，并且在任职期满，被调为度支判官进京述职时，他上书了一封《上仁宗皇帝言事书》。这篇文章洋洋洒洒写了将近一万字，所以又被称为"万言书"。这万言书可不是谁说想写就能写的，这其中所言皆是王安石耗费时间、精力实践以及多年来思考所得，可谓是呕心沥血。

在皇帝面前自然要谨言慎行，万一哪句话说得不对，丢了小命可就不好了。为了保全性命，要先把皇帝哄高兴了才好谈正事，拍马屁也是需要技巧的好吗？

所以，文章一开头，王安石就先赞扬了一下当今圣上的英明神武，大致意思是说：皇上啊，微臣愚钝，全凭皇上的赏识，赐了好差事才得糊口。您素来节俭恭谦，您有颜值却偏偏靠才华，虽然贵为天子，但又夙兴夜寐，没有一丝懈怠，常常忧心天下。本来拥有天下，可以到处游玩观赏，纵情歌舞，但是这些您都没有。而是爱民爱国，心系天下苍生，不亲近小人。实在是英明神武，一代圣君！

夸了这么多，其实就是个引子。写到这里，不由得感叹古人的艰难，想表达一些自己的想法都这么麻烦，哪怕是为国担忧，也要先说上些言不由衷的话。再想想现在的舆论自由，人人都能表达自己的想法，途径更是多之又多，微博、博客、朋友圈，随手一发就散播出去了，以至于网上的口舌大战从未停止过。看来言论封闭不好，言论太过自由也不好，要是把网上喜欢散播流言的人放在古代，恐怕是有十个脑袋也不够砍的。

可怜王安石本不喜这些虚言，但也得为了自己脖子上脑袋身不由己。不然，连小命都没了，还谈什么宏图大业。

保住了小命，就该切入正题了。既然开始说正事了，王安石也不再含糊，直中要害："现在国家的财政一天不比一天，社会风气也日渐败落，五湖四海的有志之士常常为陛下担忧，恐天下不能长治久安。"

这段话打了对折来听都让人心惊了。虽说这是实情，但是王安石你忘了吗？你的小命可还握在皇帝的手中，真佩服你的勇气！

不过这几句话，字字珠玑，一针见血地指出了当下时弊，确可看出王安石的不凡之处。这短短的几句话恐怕也是思索了几年才得来的结论。

接下来的论点，就是王安石这么多年积累的思考了，不可谓不用心，也不可谓不精准。

"然则方今之急，在于人才而已"，这第一个论点就准确无误地射中了靶心。看来这些年在基层的确没白干，厚积薄发之后，这座埋藏在心里多年的活火山终于爆发了。他没有说错，当下北宋最要紧的是培养人才。这么一看，王安石的思想确实是比较超前的，他的这个观点是不是有点类似于现代发展观的以人为本。

就好比对于一个企业而言，快速发展经济效益和制定完善的管理制度固然重要，但是有一个大前提，就是这些都需要有适合的人才去完成，所以培养人才是当务之急。早在一千多年前，王安石就已经深谙"以人为本"的道理，还真的挺时髦的，应了那句话：日光之下，并无新事。所以现今的思想，古代人未必想不到。

培养人才怎么做到呢？首先让人想到的就是学校。孔子主张创办私学，从而使私学有了很大的发展。但是王安石是反对私学的，他认为"私学乱治"，主张废除私学。不知道孔子地下有知，会不会气炸？

王安石是一个推崇官学的人，而孔子提倡创办私学主张有教无类。所以说，把这两个人放在一起就像是一个大力主张创办私立学校，而另一个崇尚公立学校。正所谓道不同不相为谋，原因不外乎王安石推崇的是孟子而非孔子。

另一方面，王安石认为选拔人才就要"宜""久""专"，即要选适合的人、能久干的人、专业的人。这和现今社会企业选拔人才的原则有异曲同工之妙，这套理论倒是无论古今都不会过时。

接下来王安石谈到了非常重要的一点，饶之以财。用现在的话来说就是薪资待遇要跟上。虽说谈钱伤感情，但是王安石很大胆地跟皇帝谈了。钱不是万能的，但是这个社会现状就是没有钱就吃不起饭，而他认为当下的工资水平比较低，希望仁宗能提高国家薪资水平。

这就相当于一个普通的小职员，对大 boss 说，公司发的工资太低了，这样是留不住人的，容易导致跳槽现象。你猜大 boss 会不会炒你鱿鱼？更何况王安石面对的还是一个国家的终极 boss，真可谓是勇气之最。

用财把人才留住之后，可别想着就万事大吉了，能留住也要能管住。这便是王安石接下来论述的"约之以礼""裁之以法"，也就是要建立健全的管理制度，并用法律加以约束。总结下来就是，留住他，管理他，最后要是不听话就刑罚伺候！

虽然听起来比较严格，但在政治权力高度集中的宋代来说，这种培养管理人才的办法还是有很强的现实意义的。

总而言之，王安石的这个万言书还是很有针砭时弊的效果的——通过一系列对社会的考察实践，得出的一整套"教、养、取、任"的原则和措施，形成了一幅改革吏治的完美蓝图。真想说一句：老王啊，国家没白培养你！

但是万言书竟然石沉大海了，宋仁宗难道并不认可？这到底是怎么回事？

王安石的变法主张确实无可挑剔，但是用理智的眼光来看，王安石选择在这个时候提出变法事宜实在是时机不对啊。这一年是嘉祐三年（1058 年），距离失败的庆历新政（庆历三年，即 1043 年）仅仅过去十几年的时间。十几年的时光说短也不算短，但是覆盖在帝王心中的阴影哪是那么容易除掉的？

不得不说，王安石撞枪口上了，用严肃点的口气说就是：不识好歹！宋仁宗刚刚经历了失败的庆历新政，大气都还没缓过来，王安石就把想要再次改革的想法提上日程，仁宗当然是不能接受。但是不是还有其他因素使坏，我们就不得而知了。有道是帝王心海底针，皇帝的心思岂是一般人所能猜透的。

或许真的是时机不够成熟，改革并非小事一桩，也是需要天时地利人和的。有了这些，即在成功之路上。天时是伯乐和机遇，也就是上位者的决定；地利是社会环境和条件，也就是改革是否符合当下社会需求；人和就是王安石的综合实力。三个因素缺一不可，现在的情况明显是缺少了某些因素导致的。

那么，现在就乘着时光机器一起到宋代去看看，改革是否真的迫在眉睫？

第六章　百年宋朝烂摊子

化敌为友

　　宋真宗景德元年（1004 年），辽国的第六位皇帝辽圣宗耶律隆绪和萧太后萧绰率军南下，大举伐宋，让一个女人上战场，听起来有点不可思议，虽然小说中经常出现帝后亲征的情节，但是这在现实中是很难发生的。

　　更何况这里亲征的不是皇后而是太后，这一年萧太后五十二岁，可以说是一把老骨头了，你可以说她都这把年纪了还去战场上添什么乱啊！但你不能否定她的卓尔不群。一起来看看萧绰的人生轨迹：

　　萧绰的聪明伶俐从小就显露出来了，小时候父亲让她们姐妹几个做家务，小孩子嘛，总是喜欢偷懒的，其他几个姐妹总是应付了事，只有萧绰努力把父亲交代的事情做好，她从小就知道善始善终，所以最得父亲萧思温的宠爱。萧思温也一直知道自己的这个小女儿将来必成大事。

　　后来萧思温辅佐辽景宗耶律贤登上皇位，萧绰也因此而应召进宫，刚进宫就晋升贵妃，两个月后又封为皇后，这后门走得可真是明目张胆。事实上辽景宗没有看错人。

　　进宫的第二年，父亲随辽景宗外出行猎被刺杀。年仅十七岁的萧绰在经历了短暂的悲伤过后，开始慢慢走向成熟和坚强。

　　辽景宗体弱多病，常常在料理朝政上力不从心，天生聪明的萧绰便常常协助他料理朝政。渐渐的，萧绰做决定的国家大事越来越多。国家政事也处理得越来越得心应手，但是她并不独裁专横，遇到她不擅长的领域，比如军事，就会招来各部大臣商议共同决定。有了萧绰的辅佐，辽景宗便能安心养病。

有此一人，夫复何求。

保宁八年（976年）初，辽景宗把他年仅二十二岁的皇后萧绰升至和自己同等尊贵的地位，这也是她应得的。

帝后和谐，相亲相爱，皇后在案几上批阅奏折，皇帝坐在一边静静看着他的皇后，画面感超美有没有？就这样相濡以沫、同舟共济地过日子不也挺好，但是故事情节的发展往往不近人意，

辽景宗乾亨四年（982年）九月，辽景宗在打猎途中，不幸病逝，年仅三十五岁。临终前匆匆留下了遗诏："梁王隆绪嗣位，军国大事听皇后命"。

打猎场似乎是萧绰的幸福终结地，父亲和丈夫这两个对自己最重要的男人都死于这里。她才二十九岁，可是她瘦小的肩膀就要扛起一个国家的责任，坚强的性格让她咬牙扛过来了。

扶持十二岁的耶律隆绪登基，总摄国家政事，她要做的事还有很多。她没有时间伤春悲秋，只能努力让自己变得更加坚强。

辽圣宗（即耶律隆绪）登基后，萧绰被封为"承天皇太后"，面对内政不稳，外交动荡的棘手局面，她必须要做点什么了！

为了控制住手中的权力，她对一个男人说出了一句惊世骇俗的话："吾常许嫁子，愿谐旧好，则幼主当国，亦汝子也！"意思就是说，我曾经许配给你，现在我愿意和你重拾旧情，那么当今的小皇帝就是你的儿子了。

这个男人就是韩德让，南院枢密使（汉族人枢密使，分管"汉事"），是辽朝权势最大的汉族人朝官。韩德让的辅佐下，辽国进行了一系列有利的改革，使得内政呈现了一片兴旺的景象。

接下来历史上发生一件大事——宋朝对辽国发动了雍熙北伐。萧绰亲自上阵，竟大败宋军，连忠烈勇将杨业也在这场战役中被活捉，最终绝食而亡。

她真是一个奇女子，奇到根本无法让人忽视她的存在。或许是这场战役的胜利，让她有了更强烈的征服欲，所以就有了文章的开头她和辽圣宗耶律隆绪亲征伐宋的场面。

但是这一次胜利没有眷顾她，辽军节节败退，即将陷入腹背受敌的境地。萧绰纵使再想胜利，也知此次是大势已去。她早已做好两全的准备，不能胜就和。她紧紧抓住宋真宗讨厌穷兵黩武的心态，派使者前去谈和。

果然，宋真宗赵恒早就有此想法，一拍即合，立即派了曹利用前去谈判。赵恒倒是个财大气粗的主，他对曹利用说："只要不割地，多少钱咱都出得起！事情办得好，回来后重重有赏！"他虽这么说，但曹利用也不敢真的这么想，聪明地问皇上最高能接受多少钱。赵恒大手一挥，便道："如果事情不顺利的话，一百万也是可以的。"

宰相寇准听说了这番话，大吃一惊，心想："就算你是一国之主，也不能这么败家啊！"当然，也只是在心里想想，他可不敢直接对皇上说这么大逆不道的话，除非脑袋不想要了。

所以寇准悄悄地把曹利用叫过来，对他说："虽然皇上跟你说一百万也可以，但要是超过了三十万，看我不要了你的小命！"曹利用扶额连连称是。做个使臣难啊，不仅要满足皇帝的愿望，还要满足辽国的愿望，最后连宰相的愿望也不能少。

不过幸运的是，曹利用谈成归来了，当时赵恒正在用膳，急忙问他谈了多少。曹利用来不及说话就比了三个手指。赵恒差点一口饭喷出来："什么！三百万！太多了，太多了！"曹利用一看皇上连连摇头的样子，急忙解释道："皇上，是三十万银绢！"赵恒一听松了口气，心想，才三十万，这点钱还是出得起的。

自此宋辽结束了长达几十年的战争状态，著名的"檀渊之盟"也就此出世。盟约内容大概是说：

宋朝和辽国成为兄弟之国，由于辽圣宗耶律隆绪年纪较小，所以称宋真宗为兄长；双方从国界处撤兵，以后有越界逃窜的盗贼逆犯，不得藏匿；宋朝每年向辽提供白银十万两、绢二十万匹的军旅费；两国边境设置榷场（指在接界地点设置的互市市场），开展贸易往来。

檀渊之盟的缔结，结束了两国长期交战的局面，不仅节省了巨额的战争开支，而且促进了辽宋的经济交流和文化往来。这对于国家对于老百姓来说都是一件好事。

可凡事有利就会有弊，两者往往是携手亮相，不分你我。檀渊之盟后，国家进入了和平之年，但这并不一定是好事。

国虽大，好战必亡；天下虽安，忘战必危。

前半句很好理解，一个国家再大再强盛，一味地好战，结果将会是打着打着国家就灭亡了。后半句可以理解为天下虽然安定了，但也不能乐不思蜀，如果一个国家因为贪图享受，而荒废了国防战备，就会产生意想不到的危机。

事实上，檀渊之盟签订后，宋朝三朝忘战去兵，河北军和京师军几乎武功全废，只剩下陕西军可用。出现了文臣掌握军队支配权、武臣被排挤的局面。

这样的局面不是一个好兆头，看似繁盛安定的景象下，实际上隐藏着重重危机。而这些危机背后偏偏有个财大气粗的老板——宋真宗赵恒。

不知道财大气粗的宋真宗在檀渊之盟之后，又会做出什么闹剧呢？

败家的封禅

檀渊之盟之后，从积极的眼光看，国家安平，人民安居乐业，朝野上下无不觉得这是宰相寇准前期积极抗敌的功劳。

有人得意就有人失意，这个失意的人就是王钦若。王钦若是个主和派代表，向来喜欢迎合帝意，为人奸邪险伪。他与寇准立场不一，这次寇准出了这么大的风头，他更是恨得咬牙切齿。

于是，一场政治阴谋开始了。历史从来不乏小人的出现，王钦若就在这场政治斗争中出场了。

宋真宗痴迷神仙鬼神，王钦若便投其所好，经常用神仙来"吹捧"他。这正和了宋真宗的意，所以对王钦若的话自然会多信三分。

一次退朝之后，王钦若留堂和宋真宗讨论起了檀渊之盟。本来宋真宗还对自己签订檀渊之盟的事情沾沾自喜呢，结果王钦若冷不丁地问道："皇上对寇准恩重如山，是觉得他功劳很大吗？"

宋真宗没有听出王钦若话里的意思，理所应当地肯定了寇准的功劳。王钦若要的就是这样的反应，他装作很惊讶的样子问道："皇上为什么会这样想呢？檀渊之盟，皇上不以之为耻，反而觉得寇准有功？我实在想不明白。"

宋真宗被他的一番话说得一愣一愣的，完全不明白这是什么意思了。王钦若最擅长察言观色，他看皇上复杂的表情就知道时机差不多了，可以进入正题了。

他一本正经地对宋真宗说："皇上，城下之盟素来被视为耻辱，而檀渊之盟不正是城下之盟吗？"

宋真宗被人泼了一盆冷水，原本的自豪感立马转变为怒气了，帝王向来是翻脸比翻书还快。王钦若没有放过宋真宗表情的细节变化，趁热打铁地接着说下去："当时的檀渊之战，寇准力排众议主张出战，还劝您亲征，这是在拿您的性命在赌博啊，这得亏是赢了，可万一要是输了，不就……"

王钦若没有继续说下去，他知道有些话点到为止即可。他是洞察人心的高手，所以他很清楚，此次谈话之后，宋真宗必定会和寇准产生隔阂。这样他的第一步就大功告成了。

果然如他所料，帝王的心思最是细腻，细腻到容不得身边人对自己有半分不利。宋真宗越想越后怕，想到自己当时曾经陷入到如此危险的境地，不知不觉地便对寇准冷淡起来。

帝王和臣子之间有了嫌隙，如果不及时弥补，这条缝隙就会越裂越大，最终崩溃。可是王钦若和宋真宗之间的谈话是私房话，寇准就无从得知了，再加上他本就刚直的性子，给了王钦若一派想扳倒他的人很大的便利。

最终这条缝隙还是走到了崩溃的地步，宋真宗景德三年（1006 年）二月，寇准被赶下了宰相的位子，贬为陕州知州。

寇准的下台，让王钦若等人更加得宠。每次看到王钦若，宋真宗总是会想起澶渊之盟的耻辱，自觉脸上无光。当初怎么那么冲动，不仅仅是寇准让他身陷危险，还有当时明明宋军是占有很大优势的，怎么偏偏一时冲动，就答应了和谈呢？还是我朝每年出岁币。

这么一想，宋真宗就有点担忧了，自己闹了一出笑话，会不会地位不保？会不会遭来非议？这么胡乱想了一通，心情就更糟糕了。王钦若此时最得他心，自然寻了他来出主意。

用手指头想也知道不是什么好主意，果然，王钦若的"好主意"就是泰山封禅。

泰山封禅，一般人一听都会觉得这是一件风光无限的事情，数算一下历代举办过封禅的皇帝：秦始皇、汉武帝、汉光武帝、唐玄宗、唐高宗。想想就是一件很洋气的事，这就是君权神授的思想。皇帝的权力很大，老百姓都要俯伏在他的脚下，但是凭什么啊，凭什么你一人独大。为了让这种权力变得更加名正言顺，就有了封禅的举动，就是昭告天下："我的权力是天注定的，这都是命！"

这些举动都是为了巩固皇权。但是表面的风光，必定会耗费大量的人力物力财力。国家的财政收入哪儿来的？羊毛出自羊身上，还不是从老百姓身上得来的。

封禅可不是一件小事。皇帝出趟门，是要花钱的，贵为天子，走到哪不得豪车游艇开着，山珍美味伺候着，随行人员哪个不要吃不要喝的。这可都是白花花的银子啊，虽说皇帝花钱不需要向老百姓汇报，但是百姓可是皇帝的收入来源啊。要花钱也要花得顺理成章，不能遭人诟病不是？

古代的人都是很相信"老天爷"的，所以我们最熟悉的圣旨开头就是"奉天承运，皇帝诏曰"。真的是上天的旨意吗？谁知道呢，三人成虎，五人成章，话说得次数多了，假的也会变成真的。

所以什么"天降祥瑞""紫气东来"都是唬人的，是当权者利用少见的自然现象或是人为因素骗骗无知的百姓，好让他们乖乖臣服于他。

为了能顺利封禅，王钦若又出场了。他对皇帝说："天瑞安可必得？

前代盖有以人力为之者，惟人主深信而崇之，以明示天下，则与天瑞无异也。"意思是说这些噱头是可以靠人力而为之的，宋真宗点头称是。

其实王钦若只不过是会揣摩圣意罢了，他知道皇帝早有此想法，只是需要一个人给他个台阶下。不然宋真宗又不傻，王钦若只是提了个建议，他干嘛答应得那么快？

所以，宋真宗就理所应当地造了假。冬日里的一天，宋真宗故意在大臣们面前说起自己做了一个梦，皇帝做了一个梦可不是什么鸡毛蒜皮的小事，其中必有玄机。于是大臣们纷纷竖起耳朵认真地听，真宗看到大家好奇的表情很满意，开始讲梦。说是梦到一个神人，对他说将会有天书《大中祥符》降世。又说这个事情像梦又不像梦，好像真实发生过一样。

过了一个月，果然在承天门上发现了一个黄帛，上面写着："赵受命，兴于宋，付于眘。居其器，守于正。世七百，九九定。"真是把他夸上天了。明明就是宋真宗自己叫人搞的鬼，不过做戏还要做全套。于是他还像模像样地诵了一遍并跪着接受，好像真的是上天给他颁发的荣誉证书一样。不得不说，宋真宗完全可以成为一个好演员，只可惜皇帝这个行业没有跳槽这一说。

就这样，在宋真宗精心策划下，一封伪造的"天书"横空出世了。终于可以名正言顺地准备封禅事宜了。

封禅这个事说白了，宋真宗就是总导演，王钦若充其量算是个编剧。还有一个人，就是宣传总监——王旦。

一部剧演得再好，宣传力度不到位，没有收视率可不行。而此时，我们的宣传总监基本处于罢工状态。

当朝宰相王旦为人正直，自然是不赞同封禅这么高消费的事情。真宗知道他的性子，就怕他不答应，于是就给他下了个套，请他喝酒。

王旦明明知道这是个鸿门宴，可是皇帝请客不得不去，于是在战战兢兢中熬过了这场酒宴。可是除了喝酒，好像也没发生什么事，难道是他多虑了。酒足饭饱之余，真宗还赏给他一樽酒，说是上等佳酿，让带回家同家人一起享用。好像真的只是喝酒聊天，多余的话一个字儿也没提。

王旦喝得晕乎乎地回到家，高兴地打开酒樽给家人查看。打开后发现，这里面哪里有酒，满满全是珠宝。这下王旦傻眼了，一下子就醒了，连醒酒汤都省了。奈何天下没有后悔药，收了皇上的礼可没有退回去的道理，王旦只好放弃反对封禅的念头，违心地联名上书要求封禅。

宋真宗很高兴，封王旦为天书仪仗使和封禅大礼使，浩浩荡荡的封禅队伍就这样出发了。

皇帝一生气，遭殃的可是百姓；皇帝一高兴，受苦受累的还是百姓。凭什么你的喜怒哀乐全都要建立在国家子民的痛苦之上？真是不公平！封禅，真是美了皇帝，苦了百姓。

准备了这么久，戏份做得也很足，宣传力度也到位，一切准备就绪，最后一场重头戏——封禅终于开拍了。

皇帝的仪仗浩浩荡荡地出发了，可谓气派十足：太常寺有三百二十五人、兵部五百六十六人、司天监三十七人……共计二千一百三十八人。

而且这还是保守估计，还没算上随从人员，比如厨师、化妆师、造型师、音响师（当然这些有的只是天马行空的杜撰，反正是有很多这样的人），再加上没计入总数的地方官员、少数民族使团和周边国家的使臣，几千人马的团队吃的喝的用的，经费少不了。

另外，这么大的阵仗，围观人群肯定不少。这个时候最容易出乱子，万一人群中遇到什么不法分子或是真宗的狂热粉丝，那么皇帝安全就成了问题。现在明星出门都有一大群保安护驾呢！皇帝的保安也绝对不能少。他们是最辛苦的，无论刮风下雨还是艳阳天，都要为皇帝拦住热情的百姓、心怀叵测的刺客以及蠢蠢欲动的送花少女。这种活往往是出力不讨好，弄不好不仅会挨骂还会被揩油。这么辛苦，好处是不能少的，这又是一笔巨大的开销。

我们来算一笔账。宋真宗时期的国家首都是汴京，即河南开封；而封禅仪式的举行地在泰山，位于山东省中部。在科技及交通发达的今天，从开封到泰山全程约四百公里，自驾费时五个小时，走的还是高速，坐火车约需七个小时，坐的还是快车。

那么在交通不便，没有高速公路没有火车的情况下，宋真宗坐着行驶速度并不快的马车（因为走得太快，恐惊扰圣驾），拖家带口带几千人从汴京赶去遥远的泰山，路上费时少说也要四五十天。

这几十天，皇上要吃要喝，随行的几千人也要吃喝，马儿也要吃喝。其他人就不说了，盒饭的水准也就能打发了。皇上和皇亲国戚、权臣外使们必须要吃得好吃得有营养吧！而且旅途漫长，路上的时间也是很无聊的，难免需要点娱乐活动，听个小曲儿、看个戏啊，这都是最基本的了。想想看，这哪一样不要花钱。

几十天下来，仅皇帝一个人的经费就已经够多了，更别说还有这么庞大的团队呢？花钱如流水说的就是宋真宗。他这次导演的封禅大剧总共花费了多少钱，数学不好的真心算不过来了，结果倒是能猜出来，就是劳民伤财。

最后再来说说那个可怜的宰相王旦。前面说到他因为收了皇帝的一樽珠宝从而对封禅一事不再有异议，而且还被封了天书仪仗使和封禅大礼使，难道王旦真的因为这些珠宝就屈服了吗？他真的对封禅没有异议了吗？我们来看看他临死时的景况。

人言道："人之将死，其言也善。"

他在临死前，对自己的儿子说："你爹我的一生没有犯过什么错，只有一件事令我耿耿于怀，就是没有阻拦天书的事情，这是我的过错，已经没办法赎回了。只希望我死之后，你帮我剃发，穿上僧人的衣服，按照僧道的规格入葬吧！"

不知道王旦的儿子听到父亲的临终遗言会作何感想？一般父亲临终不是都会说："孩子，我还有三万块钱藏在枕头里，你记得取出来！"或者是说："我有一个秘密的宅院在城东，留给你以备不时之需！"或者是……什么吗？

但是王旦临终了，想的却是自己不劝谏天书的事情没有弥补的机会了，可见这件事对他的心理造成了多大的阴影。

人没了，就什么都没了。现在说这些，恐怕是永远也弥补不了王旦心中的悔意了，只能抱憾终生。

说到底，这都是封禅惹的祸！害人害己，蠹国害民。一个泰山封禅花费了那么多，国家财政不出现赤字才怪！

你的结局就是我的未来

到了宋仁宗时期，国家的内忧外患和社会危机已经很严重了，百姓的负担也越来越重，藏在浮华背后的危机最容易爆发，朝堂上下提倡改革的呼声日渐高涨。

呼声再高，搞不搞改革的决定权握在皇帝手中。幸运的是，宋仁宗决定改革了。什么事都是有原因的，宋仁宗做这个决定的原因是什么呢？

在宋仁宗二十八岁那一年（即 1038 年），党项族人李元昊在兴庆（今宁夏银川）称帝，国号大夏（史称西夏）。俗话说，一山不容二虎，一个辽国已经够让他头疼的了，现在又蹦出来一个大夏，想想就让人恼火。

与此同时，宋朝内部的情况也不容乐观，阶级矛盾恶化，农民起义不断，社会危机不断加深。这些内忧外患加起来就足以让宋仁宗一个头两个大了。

老虎不发威你当我是病猫呢？是时候该做点什么了，响应改革才是当务之急。改革不是小事，人选很重要，总不能像选秀大赛那样举办一次海选吧。当然不会，皇帝是很忙的，他才没有那个闲工夫搞什么海选。

这个时候，"先天下之忧而忧，后天下之乐而乐"的范仲淹出场了，范仲淹无疑是最合适的人选，范仲淹可以算作是此次改革重头人物了，还有一个人，就是富弼。自从定了人选后，仁宗就对这件事格外上心，时不时地恩赏一下，总之就是要他们赶快拿出一套像样的方案出来。

富弼是一个很有才华的人，因为出生在洛阳，被人称为"洛阳才子"。范仲淹也对他十分赏识，认为他有"王佐之才"，还把他推荐给了晏殊。他此番被仁宗选中，自有一番道理。

他和范仲淹搭配，大概是很好的选择。再说说范仲淹，从最为用人单位看重的资历问题来看，绝对的够格，二十多年的从政经验不是白混的。

人品更是好得没话说，他的名作《岳阳楼记》大家都知道吧。"不以物喜，不以己悲；居庙堂之高则忧其民，处江湖之远则忧其君。"这样的千古名句不是随随便便就能写出来，必定是发自内心而言。

就连几十年后的朱熹也对他评价颇高："有史以来天地间第一流人物。"看，连儒学大家朱熹都这么说了，还有什么好质疑的呢？

在多方压力之下，范仲淹的改革方案很快就呈给了宋仁宗，即《答手诏条陈十事》，里面陈述了十项改革方案。宋仁宗十分满意，当下采纳了大部分的方案。这一年是庆历三年，一场还不算太晚的改革正式拉开帷幕，故历史给这次改革起名为"庆历新政"。

范仲淹是个很有眼光的人，他认为当前最重要的问题是改革吏治，所以便理所当然地把整顿吏治作为改革的首要目标。

关于整顿吏治，范仲淹洋洋洒洒写下了五条措施：

一是"明黜陟"。也就是要对官吏的升降制度有一个明确的规定。规则是个好东西，可以督促人向前。在这之前，一直采取的是"磨勘"的制度，比较看重工龄，有一定的弊端。范仲淹趁机提出了完善的制度，保证政绩考核的明确有效，有罪或是不称职的官员就出局。

二是"抑侥幸"。宋朝初期实行的恩荫制，导致官员贵胄泛滥的局面。恩荫是指因上辈有功而给予下辈入学任官的待遇，实际上就是变相的世袭制。这在当时着实引起了一股"拼爹"风，很多寒门士子就是这样输在了起跑线上。范仲淹提出这项改革措施，很大程度上抑制了这种风气。抑制就相当于得罪，范仲淹一定得罪了不少官二代。

三是"精贡举"。原来科举考试有一项内容是明经科，什么是明经科？简单点说就相当于我们现代的语文考试中的名句背默题，这道题简直是考生们的瓶颈。这项措施，就是要求把以前明经科死记硬背的模式改为翻译和评论。而且这项规定更加重视考生的实操能力。不能只会纸上谈兵，要有真才实学才可以。

四是"择长官"。当时地方长官出现了"不务正业"的现象。官虽微，责任却不容小觑，他们虽在官场的基层，确是最接近百姓的。百姓是一个国家的根本，地方官员不称职，遭殃的就是百姓。百姓不好过，这个国家就不会好到哪里，所以这些看似地位不高的地方长官恰恰是最重要的。范仲淹灵敏地嗅出了这里的味道，于是规定选拔升迁官吏要严格遵守考察制度。干得好就奖励，干不好就可以拜拜了。

五是"均公田"。公田是宋朝官员收入的一部分，但是公田的分配往往高低不均。所以范仲淹提出这一条，是要朝廷均衡一下公田的分配，以督促官员严明治政、公正廉洁、恪尽职守。其实这也是典型的诱之以利、动之以情。俗话说吃饱了才有力气干活，同样的，没有生活的压力，官员才会有精力为朝廷分忧。均公田一定程度上促进了廉洁执政的风气。

看来范仲淹几十年的官场没白混。这些问题虽然不难看到，但是能系统地提出应对措施和全面总结的人并不多，而且整顿官吏这样的事，不是随随便便就能做的。

官场上的道道复杂得很。就像一个炸弹，人人都知道放在这里会出问题会爆炸，但是没有几个人敢去挪开，因为不知道会不会在走上前的一瞬间就爆炸了。谁也不愿引火上身。

范仲淹和富弼这次不仅仅碰了改革这颗炸弹，而且是怀着厉行改革的心态。除了核心内容整顿吏治外，还包括富国强兵、厉行法治等一系列措施。

在农业上，提出重农桑、轻徭役的措施，力求大力发展农业，改善老百姓的生活水平。中国是一个农业大国，现在是，古时也是，所以农民理所当然是人口最多的。富国先富民。荀子曾经说过："下贫则上贫，下富则上富。"一个国家要想强大，绝对不能亏待你的国民，否则百姓们来个窝里反可真不是闹着玩的。

在军事上，提出了修武备。倡导朝廷寓兵于农，兵农合一，即对农民进行一定的军事训练，战时参战，平时务农。其实这个制度是个节省军费开支的好办法，这样既不耽误农民务农又不影响朝廷招兵，可谓是一举两得。可惜这条措施后来被否决了。

第六章 百年宋朝烂摊子

另外在厉行法治问题上提出重命令和推恩信。一个国家的事物是很多的，事情一多就比较容易产生混乱。比如某条法令反复发布反复修改却没有执行，或者本该对百姓实施的恩惠政策没有上通下达等等。给人希望再令人失望比没有希望更痛苦。为了避免皇恩阻断的现象，范仲淹提出了这两项整改措施，以保证朝廷的法令不会经常变更，督促惠民政策的顺利实行。

措施在精不在多，范仲淹和富弼提出的这十条改革措施，虽然并不多，但每一点都恰中肯綮。宋仁宗看后十分满意，显然二位爱卿费了一番心思。改革的信念一下子就坚定了起来。

为了响应改革，宋仁宗很给力地做了一番人员调动，配合地支持了整顿吏治措施中择长官的制度。范仲淹看到宋仁宗明确的态度，高兴得不亦乐乎，没有什么比得到皇帝的支持更来劲了。范仲淹就像是公司的项目经理。皇帝是大总裁，范经理写了一份企划书，被总裁批准了，那种心情是无与伦比的。

范仲淹很兴奋地调来了朝廷在职人员的花名册，看到有不称职的官员，就一笔勾掉，没有一丝的犹豫。富弼在一边看得目瞪口呆，范仲淹却划得不亦乐乎。富弼坐不住了，虽然划掉的名字不是他，但是他也着实看着肉疼。他小心地问道："老范啊，你这不会是在划着玩吧？"

范仲淹知道他是担忧了，于是义正词严地说道："当然不是，这些人本就不该留！"

富弼接着说："你这一笔勾下去，不知道要哭晕多少人家啊！"

"一家人哭也总比一个县或是一座城的百姓哭好！"看来范仲淹是铁了心。但是这样的雷厉风行必定为他招致不少仇家。人心复杂，有些人是得罪不得的，可范仲淹偏偏得罪了一堆，不禁让人担心这样下去改革会不会遇到麻烦？

先抛开这些担忧不谈，他的改革方案还是有成效的。由于他的整改和人事变动，使得朝中人员个个都谨言慎行，不敢造次。再加上一些碌碌无为的官员被罢免或是调任，也算是达到了以儆效尤的效果。

虽然多少搞得有点人心惶惶，但是总算是把朝廷官吏带出了一片生机勃勃的清明景象。但凡想要真正为国家为百姓做些实事的官员，都是额手称庆，无不觉得大宋朝终于有救了。

但是这些高兴都是短暂的，麻烦事还是来了，有些人坐不住了。

改革就是改变旧事物和旧制度，使旧的、不合理的变得更加完善或是合理，这样势必会触犯到一部分人的利益。比如守旧派，范仲淹改正革新的正是他们头顶的树枝。这样的感觉就像被人掀掉了自家房顶一样难受，守旧派当然不会放过他了。如此看来，范仲淹的处境是危险重重。

果然，守旧派开始蠢蠢欲动，想要抓住范仲淹的小尾巴。可这也不是一件容易事，范仲淹一向清廉正直，提出的改革方案也是为国为民的衷心建议，没有一丝私心。所以小辫子，是没有的。

可他们岂会这样轻易放过他，欲加之罪，何患无辞。

于是范仲淹就遭遇了他人生中的"朋党之祸"。他们诬陷范仲淹等新政官员互结朋党，专权跋扈，有损皇威。这一招实在是狠，众所周知，历来上位执政者最忌讳的就是结党营私。虽然欧阳修竭力撰写《朋党论》上书宋仁宗，文中阐述小人之党和君子之党的区别，劝仁宗借鉴前代治乱兴亡的例子，不要错怪无辜。但是无论有心无心，一旦被扣上这顶帽子，便再难翻身。

说到底，反对分子正是抓住了帝王眼中容不得沙子的关键点，成功引起了宋仁宗对范仲淹的猜忌。

到了庆历五年（1045 年）初，反对变革的呼声日渐高涨，范仲淹清楚，新政恐怕是无法继续实行下去了。他看出了仁宗的为难，识时务者为俊杰，于是他向仁宗请命出任邠州（今陕西彬县、长武、旬邑、永寿四县地）知州。宋仁宗准奏并罢免了他参知政事的职务，改任资政殿学士、知邠州、兼陕西四路缘边安抚使。同一天，富弼也被罢免了枢密副使的职务，改任京东西路安抚使和知郓州（故址在山东东平县）。

两个人同时被罢免，这就不是一次偶然事件了。随着范仲淹和富弼的相继离京，庆历新政也画上了句点。

是年三月，变法的领头人物全部被逐，科举的新政措施被废除，恢复旧制。庆历新政这个新生儿也被扼杀在摇篮里，仅仅一年多，便

彻底失败。

真是让人唏嘘不已，庆历新政就像是昙花一现，还来不及绽放，就已经凋零。但是改革失败不能全都怪守旧派的反对，实在也是范仲淹操之过急，改革的后续问题还没有考虑完善。比如前期的宣传工作没有做好，虽说酒香不怕巷子深，但是前期宣传和思想动员工作做好了，岂不更省事？

还有被罢黜的官员没有得到安置。你断了人家的仕途，又不给人家留个后路，这不是摆明了要得罪人。另外新政中的一些措施所说是利于农业发展对农民有益的，但是这些措施没有让农民能看到吹糠见米般的效果，未免让人失望。

至此，在各种因素的聚集下，新政夭折。但是宋朝的社会现状没有改变，社会矛盾依然存在，冗军的问题也日渐严重。

社会现状如此，改革了遭人反对，不改革又不行。不过失败了也要拍拍土从头再来，改革势在必行，或许这次失败的经历是在酝酿一次更大的行动？

这时我们的主人翁王安石还在基层打滚。庆历新政虽历时不久，但王安石一定会有所耳闻，此时的他又会作何感想呢？视之为冲锋枪响抑或可为学习的前车之鉴？

皇帝的"中南海保镖"们

庆历新政失败了，社会现状又这么糟糕，是不是该有所行动了？别着急，我们的主人公还在基层摸爬滚打呢，距离他出场还有一些年日。那么这一节我们就来讲讲皇帝的"中南海保镖"们？

中南海保镖，乍一听是不是觉得很帅？是不是脑海里一下子浮现出一群帅哥，穿着黑西装、白衬衣，擦得锃光发亮的皮鞋，外加一副帅得流油的墨镜，嘴角露着一丝冷峻。快别做梦了，醒醒吧！是不是电视看多了？

这里说的中南海保镖也就是北宋皇帝的禁军，俗名国家正规军，是有编制和证书的。

我们知道，北宋的开国皇帝宋太祖赵匡胤就是禁军统领出身。他演了一出"黄袍加身"的戏码，不废一兵一卒便控制了后周的都城开封。正是因为自己做过这样的事，才更怕别人也用同样的方法把他搞下去，所以才会有杯"酒释兵权"的戏份。

这还不够，他还解除了禁军将领的兵权，调任为实际上没有实权的节度使。把禁军统领的权利一分为三，使其三权分立，相互辖制，最终达到禁军直接对皇帝负责的目的。

其实不管归谁管，对于这些禁军来说，没有太大的影响，只要能养家糊口就行了。但是有一点就是，他们似乎得到了更大的殊荣。当然这些殊荣也不是那么容易得到的。禁军都是通过海选、复试、终审层层选拔出来的，一个个都是精英。

任何事情都不是随随便便就能达成的。想当保镖简单，身手矫健就行，相当皇帝身边的保镖可就不那么容易了。首先要武功高强、身体健壮，然后家世清白，档案里没有案底，还得是琵琶腿和车轴身。什么和什么呀？不懂了是吧。这是赵匡胤在选拔禁军时罗列的报名条件，"琵琶腿"就是粗壮的大腿，"车轴身"就是肩宽细腰，且身高为五尺五寸到五尺八寸（大概是一米八三到一米九三之间）。

简直彻底颠覆了大家对保镖的幻想，哪里是大长腿黑西装的帅欧巴？明明是一群非常非常强壮的"绿巨人"！

这些还都是客观条件，后面还有更严格的选拔。如果你没有琵琶腿和车轴身，那么对不起，海选都没门。但即使符合了条件，还要看身体素质，能不能拉开一石五斗的弓？拉不开，那对不起还是出局。一石五斗的弓大概相当于现在的一百二十多公斤的拉力。这样的臂力，一般人还真的难以过关。而且即使拉开了也会面临出局的危险，因为箭在弦上，岂能不发？所以还要射中才行，在六十步之内，六箭要射中三箭才行。不由让人感叹，在北宋当个皇帝保镖太难了！

禁军大多是从"厢兵"和"乡兵"中选拔出来的，所以禁军可以说是收录了全国各地精英的主力部队。在皇上身边做事可不一样，不仅高

人一等，而且俸禄更加优厚，谁不愿拿高薪为自己和家人改善改善生活呢？这就像现在的求职者争先恐后要挤进大公司、名企业一样，因为薪资福利好啊，在别人面前说起来也有面子。

就这么挤啊挤的，禁军的数量越来越多，战斗力越来越精良。禁军数量之大，到了宋仁宗时期甚至达到了历朝历代之最。

看过《水浒传》的同学大概都知道，林冲是八十万禁军教头。这就反映了北宋的一个社会现状，禁军庞大，禁军教头应该不止林冲一个。这样一推测，禁军的数量实在令人咂舌。虽说《水浒传》只是一部小说，内容没有太大的真实性，但是小说都是在一定的社会基础上创作的。抱着对文学严谨的态度，林冲八十万禁军教头的人物设定，不像是施耐庵头脑一热凭空杜撰出来的，一定是有社会依据的。虽然这个数字夸张了点，我们也不能从中推测出禁军的具体数目，但是可以肯定，一定是数量惊人。

赵匡胤这个时候就开始思考了，数量强大、战斗力惊人的禁军可以保护他的身家性命，自然也能威胁他的身家性命。不怪他会这么想，毕竟这条路他亲身经历过，所以他不得不防。

不单单是"杯酒释兵权"的举动，他还采纳宰相赵普的建议，实行了一种兵役制度——更戍法。

"更戍法"又称出戍法，即以禁军入驻京师与外郡，采用内外轮换的方式，定期回驻京师。简单的解释，就是军队经常外出移动，美其名曰移兵至粮草充足的地方供养，或是为了练习以防他们没有战事就怠惰了。

通常出戍期限设为三年轮换，出戍到环境恶劣的边远地区，则人性化地设为半年轮换。实际上禁军的更戍跟将领无关，将领们一般都是原岗待命，意图很明显，就是为了杜绝将领专权的现象出现。

这样就形成了一种局面，兵不识将，将不识兵；兵无常帅，帅无常师。互相之间都不认识，还谈什么勾结？恐怕随便找一个人问他的领导是谁，他估计都喊不上名字。上一任的名字刚记住，就换领导了，长此以往，以后也就懒得记了。

将领的心态更是如此，反正手下的这些兵又不属于我，训练有素有什么用？反正最后还要到别人手下，可能辛辛苦苦调教出来精兵，最后上了战场，就没我的份了。别说功劳了，连苦劳也没有。

人人都抱着这样的心态练兵的话，那么这些禁军从精英沦落为普通人也就是一朝一夕的事情，根本不利于战斗力的提高。默契是磨合出来的。如果兵将相互间都不熟悉的话，那么真正上了战场，就会出现不协调、没有默契的现象，战斗力就会大大削弱。

可是没有办法，皇帝的命令只能执行没有质疑的份。这些更戍一般都被冠以屯驻、驻泊、就粮的名目。屯驻和驻泊是军事或政治上的移兵行为，就粮就是经济上的移兵行为了。前面说到，把禁军迁移到粮草充足的地方供养，屯驻和驻泊是不可以带家属的，但是就粮却可以。

其实无论哪一种弊端都极大。先说说不让带家属的两种，这就意味着他们会经常性和家人分开。人都是有感情的，谁愿意和自己的妻子儿女分开，整日跟一群大男人待在一起。还没有结婚的小伙子，根本没有条件去相亲，一不小心就成了大龄剩男。在这样的情况下，谁还有心思努力工作，没有战斗意志的士兵不是好士兵，战斗力自然大大减弱。

就粮是可以携带家属，这样就没问题了吧？当然不是，有经济问题，事实上更戍本身就是一个耗资巨大的工程，无论是以什么样的名目，都将是一个"烧钱"的过程。

这是一个干什么都要花钱的社会。不要以为皇帝的保镖出门就不用花钱了，皇帝出门都要自己花钱（虽然花的是公款），谁也没有义务为你提供免费的午餐，所以这么庞大的一支队伍出行是需要巨额资金的。说是巨额，一点也不夸张，这么多人这么多张嘴，总是要吃饭的。况且行伍之人的饭量都很大的，这就相当于带着一大群大胃王在赶路。不知道当时他们的经费是多少钱，但是按照现在的算法来算，一个人一天吃饭保守估算为二十元，一万人就需要二十万，三万人就要六十万。这还是一天的花费，人数也只是保守的推测，剩下的可以自行脑补一下。

钱根本就不耐用，这么多人在路上吃饭肯定是吃不好的。在古代也

没有那么多饭馆供这么多人消费，交通不便利，也不是到了饭店就能遇到卖饭的，有时候只能吃住在老百姓的家里。虽然说乐于助人是中华民族的传统美德，但是对于穷苦的底层老百姓来说，这些就成了沉重的负担。自家人有时候都吃不饱饭呢，哪里还有闲粮供给别人？

这还只是吃饭这样最基本的问题，还有住宿行路等其他问题呢，不是都需要用钱来解决吗？即使国家富强，国库盈满，也禁不起这样大的耗费。

长此以往，冗军、冗费的问题就形成了。这对国家财政来说是个大考验，前期的花费这么大，后面的财政就会出现危机。

国家财政出现危机可不是什么小事，不是说扛一扛就能过去的。毕竟还有大量士兵和官员都是靠国家养活，再加上冗军、冗官的问题更加重了国家的负担，工资发不出来可如何是好？一个企业如果拖欠了员工的工资，就容易造成企业的人才流失。那么试想一下，一个国家拖欠工资会出现什么问题？

比如说军队，国家军饷吃紧是件大事。其实古人没有现代人这样强烈的保卫国土观念，因为在中国的土地上还有辽、金、西夏等王朝。在哪里生活不一样，这些人当兵不就是为了拿军饷好养活自己和一家人，如果国家连连克扣军饷，那么就会有很多士兵想要跳槽。虽说当逃兵不好，但是为了生活，很多人还是选择了跑路。

这样就引发了一个问题——吃空饷。有逃兵就要抓回来，抓回来就要军法处置，抓不回来也要努力抓回来。随着士兵逃亡的现象越来越严重，抓逃兵这种吃力不讨好的事情越来越难做，那就干脆不做吧！禁军统领们看到有士兵逃亡的现象而坐视不管，除了懒得管，还有一方面原因，就是有钱拿，何乐而不为呢？常常有逃兵逃走了，没有抓回来也没有注销姓名，这样发放下来的军饷就被统领收入囊中了。有了第一个吃螃蟹的人，就不怕后面的人不跟风。渐渐的，吃空饷的腐败军风开始盛行。

禁军队伍里闻其名却不见人、有其人而非其名的现象越来越严重。禁军的数量从庞大的冗军变为空有其名，可能一个队伍里上报五百人，其实连二百人都不到。腐化之风竟到了如此地步，北宋朝廷实在前途堪忧。

所以说，一个好的政策有多重要。常常皇帝的一个决策，带来的影响和隐藏可能是巨大的。粉饰太平不是真太平，望梅止渴也不能真的吃到梅子，虚浮的背后隐藏着不容忽视的危机。

有问题就要解决，解决问题还需有人出来主持大局才行，这个时候，还在基层打拼的王安石就要出山了。

变法名相：王安石

第七章 对的眼神对的人

少年皇帝闪亮登场

在庆历新政失败后的第三年，也就是庆历八年（1048年），有一个人出生了，他就是宋神宗赵顼。不是说他的出生有多伟大，而是他对王安石来说很重要。这一年，王安石二十七岁，他还在鄞县搞"试验田"呢！

一个在基层岗位上搞水利工事，一个含着金汤勺出生在皇室，一时很难看出相差二十多岁、身世天差地别的这两个男人有什么联系？

先不管有什么联系，随着日子一天天过去，宋神宗也慢慢长大了，从一个懵懂无知的婴孩变成了意气风发的翩翩少年。人生最痛苦的事情有三件：幼年丧父，中年丧偶，晚年丧子。在他二十岁这年（即1067年），他遭遇了丧父之痛，可是现实没有给他疗伤的时间，就要面临接手一个国家的重任。

他是长子，又是皇太子，当皇帝是早晚的事，只是没想到来得这么快。他的父亲英宗皇帝年仅三十六岁，正当壮年，一切来得那么仓促，但他来不及悲伤，便要整装待发。

宋神宗继位后，发生了一件怪事，王安石接受了朝廷的任用，成了一个地地道道的京官。这事儿真是怪了，态度来了个三百六十度大翻转，之前无论朝廷如何任命，差事有多肥，他不是都坚持留在基层吗？莫非已经学成归来了？

事情没有那么简单，不是因为王安石意识到宋神宗的不一样，意识到属于他自己的时代来临了。要想彻底弄明白王安石转变的原因，是需要有一番探索的。解铃还需系铃人，首先要对宋神宗做一个人物大起底。

其实宋神宗的身世比较复杂，他的父亲宋英宗其实并不是他的爷爷宋仁宗的亲生儿子，而是养子。难道这又是一部大型家庭伦理剧的狗血剧情？

没有钩心斗角，没有明枪暗箭，更没有什么狗血剧情，而是事出有因，事情缘于宋仁宗的不幸。

怎么会不幸呢？身为皇帝，荣华富贵不用说，而且他还是宋朝在位时间最长的皇帝。在位四十二年，收到的好评如潮，称他仁孝忠义、为人和善。连有"十全老人"之称的乾隆都对他赞叹有加，称他为自己最佩服的三个皇帝之一：一个是他的爷爷康熙帝；一个是唐太宗李世民；另一个就是宋仁宗赵祯了。

赵祯待人宽厚，这从他的谥号"仁"就能看出来。这是他的帝王魅力，从生活中的小事就能了解。

他有一个宠妃张贵妃，伯父兼养父名叫张尧佐，托贵妃的福，他深受宋仁宗重用。朝中大臣认为张尧佐是个庸才，难当大任，于是纷纷上奏弹劾，并在朝堂上争论不休。包拯是个"老愤青"了，更是激动地喋喋不休，唾沫星子飞得仁宗满脸都是。这让仁宗大为恼火，他身为一国之主，却受了大臣这般待遇，当下就生气了拂袖离去。

这下包拯傻眼了，心里那叫一个后悔啊，谏言归谏言，自己怎么会这么不小心，把唾沫星子飞到皇帝脸上去呢？所以他就这么战战兢兢地等了又等。

结果，宋仁宗回宫后，并没有对包拯治罪，反而是跑到张贵妃的寝宫，对她发脾气说："你整天为你的伯父向我要官，怎么不为我想想呢？难道你不知道现在的御史是包拯吗？"

一个当朝天子，百般容忍他的臣子，不仅没有治包拯大不敬之罪，而且还自己宽恕容忍了下来，这真是个啼笑皆非的结局。

还有著名的奉旨填词柳三变的故事，也是出自宋仁宗之手。柳永是

个民间的写词高手，却在科举考试中连连落榜，心中愤懑，于是写下了《鹤冲天》这首词：

"黄金榜上，偶失龙头望。明代暂遗贤，如何向。未遂风云便，争不恣游狂荡。何须论得丧？才子词人，自是白衣卿相。

烟花巷陌，依约丹青屏障。幸有意中人，堪寻访。且恁偎红倚翠，风流事，平生畅。青春都一饷。忍把浮名，换了浅斟低唱！"

大概意思是说：我只不过是意外失去了金榜题名的机会，就算是在清明的朝代，君王错失贤才的事情也时有发生。我既然没有这样好的机遇，还是随心所欲游乐人间好了！何必因为功名利禄斤斤计较，我享受和歌姬风流快活的日子，青春很短暂，为何不把功名利禄换成手中的一杯酒和耳边悠扬婉转的歌唱呢？

柳永的意思很明白了，不就是说宋仁宗慧眼不识珠，这些功名在他眼中根本不值一提，还不如和歌姬们逍遥快活来的自在。换做任何一个统治者，都不能容忍这些满腹牢骚的字眼。

但是宋仁宗怎么做了呢？结果是柳永又一次华丽丽地落榜了，还得到了宋仁宗特别赠送的一句亲笔批语："且去浅酌低唱，何要浮名！"

所以柳永就自称"奉旨填词柳三变"，继续在烟花柳巷逍遥自在。柳永虽然落榜了，但是不能说是宋仁宗不仁。试想一下，如果把柳永放在清朝，估计早给弄个文字狱整死了，哪还能流连于坊曲之间？

说了这么多就是为了证明宋仁宗的仁义和宽厚。可是他温良的品德并没有为他带来太多的福报，在他弥留之际，甚至连一个可以继承皇位的儿子都没有。

没有儿子，但也总不能把皇位拱手让给外人吧，所以就有了宋英宗这个养子。宋英宗原名赵宗实，是宋太宗赵光义的曾孙，嘉祐七年（1062 年）被立为皇子，赐名赵曙。

赵曙是个天性节俭的人，从小就酷爱读书，为人十分孝顺。最初在被立为皇子时，他推迟再三，经众人调解才答应下来，但还是吩咐自己的舍人为他守好房屋，计划着等仁宗有了子嗣，他就立马回到自己的地方，可是他终究没有等到这一天。

嘉祐八年（1063 年），也就是他被立为皇子的第二年，宋仁宗驾崩，膝下无子，赵曙也正式成为北宋的第五位皇帝宋英宗。

宋仁宗至死也终究没有留下一个儿子，他曾有的几个儿子都是未及成年而夭折，个中原因很难推测，或许是他自己的身体原因，又或许是后宫的内斗造成。

后一种的可能性倒是更大一些。永远别小看后宫的女人们，为了权力，为了地位，抑或是为了帝王之爱，她们随时随地能在历史上掀起一场血雨腥风。

但是这样的不幸并没有结束，儿子没有保住，就连养子也没有活得太久。治平四年（1067 年），才过了三十五岁的赵曙逝世，仅在位五年，连龙椅都还没焐热，就匆匆离去了。他貌似和"五"这个数字很有缘。

正是因为宋英宗早逝，才使得宋神宗过早地登上了政治舞台。英宗驾崩后，宋神宗赵顼登上皇位。这一年他还未满二十岁，是一个名副其实的少年皇帝。

那么年纪轻轻的他，能否担起国家的重任呢？年龄和资历从来都不是判断人才的标准，神宗赵顼虽然年龄不大，但自太子时就喜欢法家的著作，对富国强兵之道颇有一番见地。甚至他还看过王安石的《上仁宗皇帝言事书》，十分欣赏他的革新理念。看来他们之间的缘分在那个时候就冥冥之中有所显露了。

宋神宗的登基，也意味着朝廷的某些政治方向发生着一些变化。比如改革，并不是所有的皇帝都喜欢改革，改革就意味着要改变旧的制度和政策，这不是一件简单的事。人都是恋旧的，不是所有的皇帝都有改革的勇气，宋真宗没有，宋英宗也没有。

但是凡事无绝对，同一件事情，不同性格的人看法不同，不同年龄段的人想法也不一样。相比前几任皇帝，宋神宗的优势就是年轻、有想法。

这个名副其实的少年皇帝并不想庸庸碌碌地平静度日，那样的人生太枯燥太乏味，不是他想要的。也许人只有在没有人生阅历限制的少年

时期，才会有义无反顾实现抱负的勇气，宋神宗正处于这个时期。

他从小就是个聪慧的孩子，年龄虽小，却有一腔理想和抱负。国家的现状他看在眼里，他为上位者的不作为而感到担忧，所以他誓要有一番作为。

他继位的时候，宋朝在赵氏一族的统治下已经过去一百多年了。从宋太祖赵匡胤到神宗的父亲宋英宗，已经经历了五任皇帝。这位皇帝一直严格遵守太祖、太宗制定的"祖宗之法"（此称谓为宋人所言），实在是循规守旧。

其实所谓的祖宗之法并不是什么锦囊妙计也不是神机妙策，就是在太祖太宗执政期间制定的原则和政策法规，起的是防微杜渐、防患于未然的作用。

本来这些逐渐制定起来的"祖宗之法"是为了江山社稷更好地发展，但是不是所有的事物都是一成不变的？一百多年过去了，社会人情世态千变万化，执政者也换了一代又一代，环境在变，旧的政策岂能以不变应万变。

可是几任皇帝皆将其列为治国法宝，用现代的话来说，就是基本国策，很快弊端就出现了。神宗年龄虽小，但他即位后，很快就嗅到宋朝的危机气息。他开始对"祖宗之法"产生质疑：祖宗留下来的就真的是好的吗？真的适用于现在的朝政吗？

他年轻，善于思考，敢于打破传统，这就是宋神宗。他相信事在人为，总有办法解决问题，而他目前最强烈的想法就是——改革。

他身边的人知道他这个想法也惊叹不已。真是一鸣惊人，看来是要有一番作为。在这样的惊叹中，宋神宗隆重登场。

人海中选中你

改革并不是一件容易事，虽说皇权至上，但是宋神宗也不得不考虑大臣们的意见。水能载舟，亦能覆舟，朝中大臣们俨然就是他的水。

宋神宗再强大，也只不过是个刚满二十岁的少年，虽然从小就身处宫墙之内，对朝政并不陌生，但真的接手时，反倒有些不适应。到底是年轻，很多事情还是谨慎点好。

所以初出茅庐的他选择了听取大臣们的意见，下诏广开言路。大臣们一听都兴奋了，争先恐后的献上自己的建议，宋神宗也是认认真真仔细听取意见。

首先是富弼，大宋名相，是朝中数一数二的元老级人物，宋神宗自然最想知道他的想法。

但是富弼上了年纪，又身体不好，所以宋神宗特别准许他坐轿子到殿门，并且命他不需跪拜。这是何等的殊荣，显出了神宗极大的诚意。富弼见状，心里自然是高兴。他对宋神宗的态度还是比较满意的，所以真诚地向宋神宗提出了自己建议：一是要隐藏自己的喜好，避免小人的逢迎；二是赏罚分明，按照实情判定奖惩。

宋神宗听后面露喜色，心想："富弼会是我要找的人吗？"接着便问富弼对边疆安定问题的看法。富弼说："皇上刚刚接手大宋江山，一切都还不成熟，应该广施恩惠，希望您二十年都不要提用兵的事情。"

听到这里，宋神宗神情慢慢转冷，默默在心里叹了口气："看来这人还是要再找找。"

很显然，富弼希望按兵不动维持和平的想法并不对宋神宗的口味。神宗一心想要改变朝中现状，想要有一番作为，而不是安于现状，所以富弼就被他排除在外了。

这时候宋神宗又想到了司马光，同样是元老级大臣，他能提出有用的建议吗？宋神宗很看好他，希望司马光能辅佐他成就一番大事，所以对他的建议也更多了一丝期待。

司马光历经宋仁宗、宋英宗两任皇帝，这期间许多大事都少不了他的谏言。当年仁宗无后，为了让宋英宗顺利继位，消除太后和英宗之间的隔阂，司马光前前后后上书十几次，在其中起到的作用是无可指摘的。宋神宗能当上皇帝，司马光是有一定的间接功劳的。神宗对他的情感除了欣赏外，还有感激的意味。

司马光是自信的，他信心满满地道出了自己对政治的看法建议：首

先是修身养性。关于修身养性，有三大点：仁、明、武。"仁"就是仁政，宽厚待民、争取民心；"明"就是劝神宗明辨是非，远小人、亲贤臣；"武"即用人不疑，知人善任。司马光的建议听起来很了不得，先从皇帝自身下手，解决主观问题。

客观问题在于治国，治国也有三方面：任官、信赏、必罚。这个很好理解，就是说任用称职合适的官员，对于奖惩也要言出必行。

不可否认的是，司马光的建议确实很棒，说明他是个治国从政的精英人物。但是，他提出的这几点建议并没有说到宋神宗的心里，这六点要是搁在太平盛世，倒是很有效的点子，差就差在，宋朝现在的境况已经是今非昔比了。尖锐的社会矛盾、严重的"三冗"问题，都在昭示着改革的迫切性。

所以司马光不温不火的六条建议，并不能从根本上解决当下政治环境的根本问题。

宋神宗有点受打击了，看来富弼和司马光不能成为他的左膀右臂。他们不添乱就不错了，那么谁才能助他一臂之力呢？

皇帝广开言路就像著名杂志征稿一样，提建议的人必定是争先恐后的。谁也不想平淡无所作为，除了富弼和司马光等重要人物的建议，其他大臣也是跃跃欲试。其中不乏有抱着侥幸心理想借此在神宗那儿混个脸熟的，当然也有诚心诚意献计的，御史中丞王陶是一个，被称为"铁面御史"的赵抃也是一个，但是这些建议对宋神宗来说都太过平凡了。

这不是他想要的结果，他是要干大事的人。他注定要做一个好皇帝，所以他们的回答他不满意，一个都不满意。但是怎么办？

他有心当伯乐，可他的千里马却迟迟不肯出现，想有一番作为难道就那么难吗？

这时，事情有了转机，带来这个转机的关键人物就是韩维。韩维是一个很有才气的人，馆职时期与王安石、司马光、吕公著关系匪浅，被称为"嘉祐四友"。后来因为父荫为官，在神宗还是太子的时候，陪侍在侧。

神宗登基前，韩维陪他读书，总是能头头是道地说出一大串特别的理论，让神宗颇为侧目，对他赞赏不已，毫不犹豫地夸赞他。但是韩维是个诚实的人，他知道这并不是自己的原创理论，不敢擅自居功，连忙推辞道："太子殿下，不瞒您说，这些思想并不是我的想法，都是受了我的好朋友王安石的影响。"

作为东宫旧臣，随着宋神宗的登基，韩维很顺利地得到了升迁，都是近臣要职，在皇帝身边的机会自然比较多。

正在神宗为寻找适合自己的千里马烦恼不已的时候，他看到了身边的韩维，然后就忽然想起了王安石。对于王安石，他并不陌生，在他还是太子的时候就已经读过王安石的《上仁宗皇帝言事书》。对于王安石，他还是很欣赏的，所以，立马兴奋起来，这不正是自己要找的千里马吗？

于是宋神宗兴冲冲地问韩维："王安石现在在哪呢？"韩维老老实实地回答："王安石母亲去世了，在江宁老家守孝呢。"谁不知道王安石是出了名的大孝子，宋英宗时期，他就是用这个理由拒绝入朝的。

宋神宗求才心切，在安排王安石的问题上还是很贴心的。得知他人在江宁，为了方便他处理家里的事情，便下诏任命他为江宁知府。江宁是个大郡，又受了皇帝的亲自照顾，这该是何等的殊荣，搁在一般人身上早就雀跃不已了吧！

但是别忘了，王安石可是有多次辞官前科的人，这头千里马不是轻易可以调动的。这一次，宋神宗能如愿以偿吗？

结果，王安石在宋神宗满怀期待的目光中拒绝了他，神宗一下子就火了。他可是当今的皇上，他如此求贤若渴还小心翼翼地为王安石周全考虑，王安石竟然一点面子都不给他，蹬鼻子上脸了是不是？

这件事很快就闹得朝野上下无人不晓，一场激烈的争辩是少不了的。大臣们对王安石的评价更是有褒有贬。宋神宗听得头疼，也没见他们吵出个所以然来，干脆不理他们，又把韩维找来了。

可算是问对人了，韩维是了解王安石的。他知道王安石是一个很有原则很稳重的人，不会轻易被调动，之前辞官行为是这样，现在也是如此。再加上自其母亲去世后，他的身体也确实不好，宋神宗突然给了他这么大的官职，他更加不会轻易接受。

王安石有他自己的骄傲，他不是贪图权力富贵之人，所以他拒绝。不知道的人大概会觉得这是自恃清高，了解他的人都知道，他是心思细密，不愿意让人以为他轻率不严肃。

宋神宗了然，看来是自己的诚意不够，于是诏王安石为翰林学士。翰林学士这个职务对王安石来说太重要了，它就相当于皇帝办公室的秘书部，起到了参谋的作用。王安石终于不再辞谢，而是呈上了谢表，大概就是说自己何德何能，竟得到皇上的提拔，并表明了他辅佐宋神宗的决心。

不开始则以，一旦决定开始，就会付诸真心，这就是王安石的原则。最高兴的当是宋神宗了，寻寻觅觅这么久，终于找到了属于自己的千里马。最大的功臣好像是韩维，他果然是了解王安石的。

韩维的说辞到底是不是王安石内心的真实世界，我们不得而知，或许对，但应该不是全部。

王安石是个很有想法的人。为了他从未想过放弃的目标和理想，他对于扶持对象的眼光甚至是挑剔的，他很清楚自己到底有几把刷子，也很明白想要的到底是什么，所以，他一直在等待一个机会。

之前多次的辞官，是因为他知道时机还没有到。想想宋仁宗期间进行的那场轰轰烈烈的庆历新政最后的结局，再想想范仲淹等变法人员的下场，他就知道自己当年辞官的决定没有错。

但是，宋神宗是不一样的，他们有着相似的抱负和野心。虽然两人年龄差距很大，不知道隔了多少辈的代沟，二十七岁的年龄差并没有影响到这对君臣的关系。

王安石不会再隐蔽了，他在基层打拼了那么久，为的不就是今天吗？虽然他之前多次辞官，但都是因为没有遇到一个真正懂自己的皇帝。俗话说"酒逢知己千杯少，话不投机半句多"，宋神宗是他的伯乐，所以他这匹无拘无束的千里马打算停下游荡的蹄子，实现自己的价值。

虽说两人在某个方向上已经达成了默契，王安石接到了宋神宗的诏书，宋神宗也见到了王安石的谢表，但是这样的相互了解方式总给人一种网上交友的感觉。现实中没有见面，这样的了解都是虚拟的、不全面的。

其实宋神宗早就想见王安石一面了，他有太多的话想要跟王安石探讨。可是二人见面的愿望也受到一点小阻隔，按照规矩，两人见面是越了规矩的。古代的制度就是麻烦，皇帝想跟自己的臣子见个面也不能随心所欲。

但是宋神宗可管不了那么多了，于是便有了王安石"越次入对"的事情。宋神宗借解决政治经济危机和辽、西夏侵犯不断问题刻不容缓，正式召见了王安石。

一个是英姿飒爽的少年皇帝，一个是沉稳淡定的中年臣子，终于见到了。没有相见泪奔，也没有激动亢奋，只有两人默契地相视一笑，就注定了身份悬殊、年龄悬殊的两人紧紧地连在了一条船上。

王安石的机会来了

这相视一笑之后，没有过多的客气和拘谨，两人的谈话就直奔主题而去。

王安石很明确地向宋神宗表明自己的看法："治国之道，首先在于要确定革新方法。"一句话直入人心，宋神宗更加确定自己没有看错人，这也正是他所想的。

王安石毫无保留地把自己多年来的理想蓝图用语言简单的描绘出来，并且勉励宋神宗应该效法尧舜的做法——简明法制。

不知道说了多久，也许是很久，但王安石仍然没有觉得倾吐畅快，有些事情并不是单靠语言就能说清楚的。

回去之后，王安石立刻着手写下了《本朝百年无事札子》呈给宋神宗。这个奏札真的很重要，王安石是花了一番心血的。他耗费了许多笔墨分析宋仁宗时期政治上的得失弊病，表面上看是说的是宋朝"百年无事"的道理，但实际上是在总结百年来积弱积贫的历史教训。

奏札开头第一句说："臣前蒙陛下问及本朝所以享国百年，天下无事之故。"这句话点名了这封奏札并不是平白无故写的，而是为了回答神宗的问题。

原来神宗虽破格接见了他，但是皇帝的时间总是有限的，两个人的谈话时间也受到一定的限制。虽然神宗贵为天子，他想见谁自然有他的自由，可是他们之间要探讨的问题实在是太多了。

如果两个人真在房间里呆上一天来探讨问题，恐怕一夜之间便会流言四起了。宫里的人们常年过着枯燥拘束的生活，虽然生活无忧无虑，但比起民间仍然少了许多乐趣。没有乐趣就要去挖掘乐趣，所以宫里的任何风吹草动都逃不过他们的眼睛，流言就是这样形成的。

流言是把无情的匕首，不长眼睛的，所以人人都小心翼翼地生活着。在这样的环境下，宋神宗和王安石的谈话自然畅快不起来。

神宗倒没觉得什么，毕竟他从小生在这深宫之中，有些事情早已习惯了。但王安石可不是这么想的，他回家后，总是感到很不安。他想到神宗对他如此信任，可是自己却连一个问题都没来得及回答。

怀着满心的抱负以及对改革变法的渴望，王安石写下了《本朝百年无事札子》。他是一名出色的文人，玩转文字是他最擅长的。这个问题的答案早已在他心底叫嚣了无数次，所以，行云流水，一气呵成。他很懂得运用笔墨，知道如何用文字把具体的思想形象的表现出来。

文中的开头，王安石首先提到了宋太祖。本来他是想批评的，可是宋太祖毕竟是宋神宗的先祖，祖宗怎么是他能想批评就批评的？弄不好就会被治个"大不敬"之罪，别理想还没实现，先把小命搭上了。

为了自己的生命着想，王安石果断地夸赞了太祖一番。夸人谁不会，不就是拍马屁吗？只要不影响自己阐述的关键点，偶尔卖乖也是可以的。

王安石咬咬牙，下笔写道："伏惟太祖躬上智独见之明。"太祖真是有很高的智慧和独到的见解。这句话绝对是赤裸裸的夸赞，没有用太多华丽的辞藻，反而更有效果。

又接着写，太祖能明辨是非，可以轻松地选拔任命人才，做到人尽其才，制定的变革措施也能合理适宜。不仅如此太祖也是个能文能武的了不起的人，他可以驰骋沙场，练兵育将，平定动乱，尽显男儿热血。

宋太祖这样的英雄形象大概惹来许多少女心的泛滥，不知道成为多少男子心中的偶像。但是，这样的人物对普通老百姓而言是遥不可及的，他是高高在上的皇帝。

宋太祖并未亏待他的百姓，废除苛捐杂税、禁止酷刑、铲除藩镇势力、诛杀贪官污吏，并且自身俭朴，为天下人做出榜样。这是一个有魅力的君王，他所制定的准则和政策都是以百姓的利益为出发点的，百姓给了他爱戴，他也并未辜负天下人。这就是王安石笔下的宋太祖。

然后他接着写，太宗有当年太祖的聪明勇武，真宗保持了太祖的仁爱谦恭，到了仁宗和英宗时期，也没有失德的事情。果然是一个不落的全夸了，最后施施然地总结：这就是宋朝统治百年来天下太平的原因。

这么快就证明了结论，难道这就完了？当然不是，这些赞赏只是一个起铺垫作用的前戏，好戏还在后面呢。他要着重分析宋仁宗的执政理念。

这本奏书的思想毋庸置疑，就是在揭示宋朝的政治"黑洞"。在理想面前他不愿意委曲求全，即便他要批评的对象是皇帝，他也没有一丝犹豫。但是王安石是有分寸的，否定可以，但不能全盘否定，所以他用了"褒中带贬"的手法，不可谓不高明。

他知道这样的写法宋神宗是可以接受的。虽然宋仁宗时期的弊病神宗未必不知，但是宋仁宗再不济也是先皇，有些话不能从他这个皇帝口中说出，他需要有人帮他。王安石是懂他的，或者说他们本就是一类人。

所以这个奏札宋神宗一定是格外重视，私下里不知道读了多少遍呢！王安石说了，仁宗皇帝在位时间最久，当时他曾是皇帝的侍从官，所以仁宗皇帝的所作所为他很清楚，对于这点他是很有发言权的。

在王安石眼中，宋仁宗一定是被尊重的，前文介绍的宋仁宗就是一个被包拯喷唾沫星子也不恼、被柳永冒犯也不杀的仁慈皇帝。王安石也认为他是一个宽厚仁爱、爱护百姓的仁君。

在这封奏札的第二部分他列举了宋仁宗的善举和仁政。宋仁宗贵为一国之君，没有贪图享乐、肆意挥霍，反而勤俭谦恭。在他的手下，没有随意兴办过一项工程，也没有轻易杀过一个人，更是恨恶官员欺凌百姓的行为。

因为爱护百姓，不愿他们受战乱之苦，他宁可委曲求全送岁币给辽和西夏，也不愿轻易开战。边境的老百姓能够安居乐业的生活，不至于在战乱中流亡，正是宋仁宗的政策成效。

如果这些是纯粹的表扬，那后面的话就有些玄妙了。

他说宋仁宗身边的王宫宠臣、皇亲国戚，没有一个人敢强横犯法。他们谨守自身，甚至活得比平民还小心翼翼，这是刑罚轻缓公正的结果。

招募百万士兵都是从天下枭雄强横奸诈之徒中挑选出来的，并且没有优良的将领来统帅他们，然而意图谋反叛乱的人很快就会败落。

从天下人身上聚集而来的财务，立了账册交给府吏管理，即使没有有才能的管理来考察核验，贪污盗窃的人还是会被揭发出来。

遇上水灾旱灾的时候，逃荒的人数太多，把道路都堵死了，以至于尸横遍野，即使这样，趁乱抢夺财物的强盗很快也会被抓捕。这就是国家赏赐优厚和言而有信的结果。

皇帝的身边人，就是那些王公大臣、皇亲国戚和身边的侍从官吏，没有人可以放肆受贿，一旦做了不法之事，立刻就会被报告到上级。

贪婪邪恶蛮横狡猾的人，即使被启用，也不会长久，这是皇上广开言路，听从了谏官御史建议，而没有被谗言所迷惑的结果。

被选拔任用的官员，不论官位大小，虽然不能全部得到升迁，但是有才能的人很少有被埋没的，这是通过众人的眼光选拔推荐关系疏远的能人而伴随着相坐之法的结果。

正是因为上面的这些，宋仁宗驾崩的那一天，引来天下人的哀恸痛哭，就像在哭死去的父母一样。这是宋仁宗一生宽厚仁爱、本性善良的结果。

上面这些内容王安石洋洋洒洒写了一大段，表面上看他真的是把宋仁宗夸上天了，但是往深里探究一下就会发现，没有那么简单。别忘了王安石写这个奏札的目的是什么，可不是单纯地为了拍马屁，如果是为了拍马屁，他就完全没有必要这么大费周章了。

细细琢磨就会发现，在王安石毫无保留歌功颂德的笔锋之下，隐藏着他对危机的揭示——吏治问题。清朝的储欣曾在《唐宋十大家全集录》中这样评价:"上褒美,下讥切。日累世,并太祖亦在其中。"表面上看他确实是在赞扬,实际上是在无情地揭露政治的黑暗面:官吏考核制度不完善、结党营私、徭役繁重、兵痞盛行等等。真相让人心惊,换一种说法就是看似安静平和的环境其实暗藏危机。王安石选用了一种最温和的方式让宋神宗清清楚楚看到了这个危机。

虽然是以宋仁宗为例子展开的说明,却不能把这个错完全归根在宋仁宗身上,这些危机并不是在一朝一夕间形成的。宋太祖时期,为了巩固皇权,他通过"杯酒释兵权"解除了禁军统领的实权,又削弱藩镇势力的兵权、财权和行政权,把全国的精兵都集中在中央,便于他掌控。

到了宋太宗时期,更是制定了一系列限制宗室权势防止其作乱的"祖宗家法",通过改革科举制度、削弱节度使权力的手段,进一步加强了中央集权。

及至宋真宗掌权时期,便开始了无为治天下。他多次向臣子表明,国家一切大政方针照旧,而他重用的宰相吕端、王旦等人,都是黄老的无为而治的追捧者。这就导致整个朝廷固守祖宗之法,没有一丝生机。

到了宋仁宗时期危机已经渐渐浮上水面了,然而庆历新政的失败,让原本抱有一丝希望清明人士的心一下子就沉了下去。这大概也是王安石赖在基层迟迟不愿到中央任职的原因吧。

仁宗驾崩后,宋英宗继位,除旧革新的愿望又被放在了宋英宗的身上。谁知好景不长,宋英宗仅在位五年就英年早逝了。

宋神宗的登基就像初升的太阳,带着生动的活力和希望,王安石就是怀着这份希望写下了这篇文章。他痛心疾首地阐述:"然本朝累世因循末俗之弊,而无亲友群臣之议。人君朝夕与处,不过宦官女子;出而视事,又不过有司之细故。未尝如古大有力之君,与学士大夫讨论先王之法,以措之天下也。"等到皇上终于有机会上朝或外出处理政务,却又是各种琐事,早已没了先辈中英明有为的君王那样和学者臣子们探讨治国策略的激情。

天子不努力,臣子也不努力,一切听之任之,不做修正。这样的状态下,即使心里有千万种治国的好想法,最终也只是闷死在心里。

这些文字很直白，直白得近乎尖锐。前面铺陈了这么多，王安石知道必须用这种深刻地剖析才能一语惊醒梦中人。

他深知宋朝是一个重文轻武的时代，所以身居要职的文人大多是通过科举中的诗词歌赋选拔出来的，以科举考试的成绩排名定朝中职位。这种方式并不是错，错就错在官吏考核制度的缺失。仅仅通过一纸试卷就决定了职位，这样选拔进来的官员，能力到底强不强？没有人知道。

在现代最起码还有个实习期或者试用期什么的，可是那个时候就是彻底看考试的时代。在这样的情况下，有贤能的人没有被重用，善于笼络人心的人得到升迁的事情时有发生。

不是皇帝昏庸，而是制度的缺失。国家虽然有选拔人才的路子，但没有合理的制度使之完善有效，朝廷有管理财政的部门，却没有管理的法度。这样导致的结果就是皇帝生活节俭适度，但百姓却没有得到富足；执政者勤勉执政，国家却始终不够强大。

这就是问题的所在了，到了英宗时期财政甚至出现严重的赤字现象。这样想来，危机一触即发。可是好像又没道理，既然危险，又何来百年无事一说？

这只能说这个朝代是真的很幸运。宋朝百年以来，少有大的暴乱和战事，也没有发生严重的水涝灾害，可以说是上天的恩赐。或许是几代皇帝的英明仁厚感动了造物者，所以得到了安定的护佑。

天下之事处于时时刻刻的变化之中，如若继续这样放置，宋朝的命运便会如温水煮青蛙中的那只不知危险的青蛙一样，自食恶果。

"入则无法家拂士，出则无敌国外患者，国恒亡。然后知生于忧患，而死于安乐也。"

孟子的这个理论何尝不是对王安石《本朝百年无事札子》的最好诠释。

写到这里，王安石已深知宋神宗必然已经懂得其中利害了，所以在文章的最后很自然地把宋神宗推了出来。

此刻，王安石心里反而多了一丝坦然，他已经无所顾忌了。憋了这么多年的话，终于一口气抒发出来，王安石感到前所未有的畅快。他有预感，他多年来酝酿勾画的理想蓝图快要面世了。

第八章　逆风而行

公开课大战

王安石没有料错，宋神宗果然对《本朝百年无事札子》很感兴趣，反反复复看了好几遍，正反映出他现在的心情，激动、亢奋，他一心想要改变国家现状，王安石是真的说到他心坎儿里去了。

宋神宗急忙又召见了王安石，像个孩子一样要求王安石再给他具体讲讲课。讲课？对了，前面说了，宋神宗为了表示自己的诚意而给了王安石翰林学士这么一个重要的官职，忘了说，除了翰林学士，还附带了侍讲学士的职务，这简直就是买一送一。

这个侍讲学士的主要职位就是为皇帝讲读书史，讲解经义，以备顾问时应对，类似于老师的专业了。所以宋神宗让王安石讲课是合情合理的。

可是在这个激动人心的时刻，王安石却退缩了。到底怎么回事？王安石不是迫不及待想要实现抱负吗？现在这么好的机会怎么不把握呢？

原来是宋神宗急了，他一看王安石这么合自己心意，便迫切地想要他讲讲改革的举措，意料之外地没有得到王安石本人的回应，只有他唯唯诺诺的敷衍退场。

宋神宗有点纳闷了，不是你说想要改革的吗？不就是让你讲解一下改革举措，就吓成这个样子？难道自己看错了人，王安石其实是个不成气候的花瓶？

王安石是花瓶？这个结论太离谱了，他付出了多少努力大家伙都看

着呢。在基层摸爬滚打这么多年为的不就是今天吗，他怎么会在最后一刻放弃？其实不是他怯懦，而是他还不确定。

虽然宋神宗支持改革，自己为了这一天也吃了不少苦头，但是王安石还是不敢这样轻易地袒露。君王心深似海，总是神宗是个小他二十多岁的少年，但越是人畜无害，越是不能小看。

变数太多，不确定因素太多。如果自己全盘托出，宋神宗真的会不遗余力地站在自己这一边吗？

他深刻地明白一个道理，就是在大家统一思想之前，他不适合轻举妄动。当下的朝廷恐怕还不能完全接受他的改革思想。朝野上下，连带宋神宗在内，对变法的目的、内容和实施办法，都只了解了个大概，具体的事宜都不是十分清楚。虽然现在还没有人公然强烈反对，但是有些事情他心知肚明，朝廷里一定存在着相当强大的反对势力。要想顺利地进行改革变法，可不是那么容易！

他心里有很多顾虑，但是这场讲课是逃不掉了。宋神宗毕竟是皇帝，天子一言，谁敢不听？所以他认命地开始准备这场"公开课"了，却不知，一场风波正在等着他。

这天讲课时，王安石给宋神宗提了一个建议，可以让坐着讲课。在过去，规矩就是给皇上讲课时，皇帝位尊，当然要坐着听的，陪着听的为了持恒也会赐座坐着听，唯独讲课的是站着讲。这就有点不大公平了。本来讲课的人就累，每天准备那么多教案，大脑处于高速运转状态，还要整节课站着承受身体的整个重量。为了尊重老师，能不能让全部都坐下？

这个建议不是什么大事，也就是宋神宗一点头的事。本来就没什么，尊重师长本来就是中华民族的传统美德。

这个建议恐怕很多人都想过，只是没人敢提出来罢了。这时王安石提了出来，自然有不少大臣附和。更有人提出，不仅仅是讲课，和皇上谈事情的时候也要赐座。

这种事情并不是没有开过先河。从前宋太祖听大臣讲课的时候，就给讲课的大臣赐过座。宋太宗也做过同样的事情，有一次他视察时，看到讲课的老师身边有座椅，就请他坐下授课。在场的大臣们看到大老板在场，都不敢入座，宋太宗看出他们的顾虑，就命他们全部坐着听讲。

两位先祖皇帝都开了这样的先河了，他们尊师重道，现在怎么反而不实行了？皇帝坐着听课，大臣们也坐着听课，只有讲课的人站着，这恐怕不太合适吧，还是都坐着比较好。

这样不就皆大欢喜了吗？可是不行，有人跳出来提反对意见了，其中一个就是刘攽。刘攽是北宋著名的史学家，一生专注研究史学，治学态度十分严谨。大概正是他的这种严谨和执着，让他提出了异议："侍臣在皇上面前讲课，不能坐在座位上，要离开坐席站着讲课，是从古至今的礼法。如果皇上赐座了，那是皇上尊师重道的品格，如果皇上没有命令却自己请示坐下，那就有问题了。"

很显然，刘攽对于王安石自己请命坐下讲课的行为很不满。这段话也是冲着王安石说的，倒显得王安石有点摆架子了。

大家你一言我一语的。大概意思就是说，这样的讲课模式我朝都实行了几十年了，别人讲课都没说什么，怎么反倒是你王安石显摆起来了。不就是个侍讲学士吗？给皇上讲课本就该站着。如果你要坐了，那侍读学士还比侍讲学士地位略高一点呢，他们也坐着吗？这样不就乱了套了。

王安石在一旁听得一愣一愣的，心想我这还没开始讲说改革事宜呢，大家的反应就这么激烈。自己提的这个要求也不算是过分了，不过是小事一桩。很显然，他已经引起了朝堂上一些人的不满，以后的改革之路恐怕不会那么顺利了。

宋神宗这时也挺尴尬的。本来他也觉得王安石的建议没什么大不了的，赐个座而已，又不会损失什么，没想到大家的反应都这么强烈。这些人的世界他真的不懂了，区区小事也能争论半天。

然后他看到身边一直没说话的曾公亮（仕仁宗、英宗、神宗三朝，神宗时期官至太傅）。他可算是老前辈了，问问他好了："您当年也讲过课吧？"曾公亮回答说是。神宗又问："那您当年是站着讲还是坐着讲。"

"站着。"曾公亮如实回答，但多余的字一个也不肯说。事实上他对王安石还是很欣赏的，想来是并不想参与到这场无聊的辩论中来。可是事与愿违，他不想掺和却偏偏无法置身事外，单是他的回答就让气氛一滞。

大家都不说话了，微妙的气流下，大家都看着宋神宗等着他做决定。宋神宗看着这诡异的气氛，只好说："明天你再坐着讲吧！"本来就是为了表示对王安石的尊重，没想到还引起了一阵风波，现在做一点退让就好了吧。

王安石的心里更不是滋味了。本来也不是什么特别重要的事，不就是站着讲课吗，自己还没有到那个老得站不住的地步，真站一两个小时，倒也不会累着。这个事情还是算了吧，宋神宗现在很器重他，他也不想让皇上为难。上位者也有他身居高位的不容易。

虽然这件事没有给王安石造成什么损失，但是却让他渐渐看清了改革这条路的艰辛。患难是人的试金石，虽然这个不大不小的风波还算不上患难，但足以让他看清现实。革命尚未成功，荆公仍需努力呀！

不管别人怎么想，宋神宗是选中王安石了，但是他还年轻又才刚刚登上政治舞台，很多事情都需要大臣们罩着，所以这件事他不敢一声不响地独裁专断。他放出话来，说自己很看重王安石，想要进一步重用他。

这话一放出来，就有人不愿意了，宋神宗这是有心要升王安石为宰相啊！谁都知道，翰林学士是个很吃香的职位，说不定在这个职位上一不小心就中奖混成宰相了，但是没想到这么快，神宗就想给他升职了。但是他们也想了，既然神宗跟他们商量，事情或许有转机，所以反对者是绝对不会放过反对的机会的。

首先是韩琦。这个名字我们不陌生，他们俩是老搭档了。当年在扬州的时候，韩琦就是王安石的上司，当时韩琦就因为王安石的邋遢和不修边幅嫌弃过他。时至当下，好像还是不能认同王安石。

其实宋神宗问韩琦的意见是有道理的，毕竟韩琦已是三朝老相。虽然现在卸任了，但是三朝的经验在那儿摆着呢，再加上庆历新政他也参与过，刚好是给神宗提供建议的最好人选。

问问总是没错的，但是宋神宗大概是还没调查清楚这两个人的关系。韩琦当然不会赞同王安石，不过他还算比较厚道，没有把王安石全盘否定。但是他说了："皇上可要三思啊，王安石这个人很有才能，做翰林学士就挺好的，做皇上您的高级顾问很不错，但是做宰相是不行的，还不够格。"

宋神宗听完倒也没说什么。没想到韩琦会反对，还以为两人当年曾是老搭档，会得到赞成票呢。

宋神宗又找到了吴奎（神宗继位后，任参知政事），问他觉得谁比较适合当宰相。吴奎很聪明，知道既然皇上这么问，心里一定是有了合适的人选。所以他反问宋神宗想用谁，宋神宗问他用王安石如何？

吴奎没有急着回答，跟神宗说："皇上是否有兴趣听我讲个故事？"一下子就把宋神宗的好奇心勾起来了。于是，吴奎就讲了当年王安石判"鹌鹑案"的事情。

事情是这样的，在王安石还是知制诰的时候，一次复核京城案件时，发现了一个案件。

案件的主人公是一个少年。他有一只善斗的鹌鹑，很博人眼球。"不愿意做斗鸡的鹌鹑不是好鹌鹑"，如此善斗的鹌鹑确实少见。好东西就是容易被觊觎，这不，少年的一个好朋友看上了这只鹌鹑。

他让少年把这只鹌鹑送给他，少年自然不会同意。这可是他的宝贝，怎么会轻易送人？可是他的这个好朋友可不这么想，他觉得自己和少年关系这么铁，偷偷拿走也没关系吧。于是他抓了鹌鹑就跑，结果让少年发现了，追着他要抢回鹌鹑。悲剧就在一瞬间发生了，少年失手打死了朋友。

杀人偿命，天经地义。于是开封府判少年为死罪。王安石看了就反驳，说这个案件判得不对。不问自取视为盗，这个少年的朋友没有经过本人的同意就抢了人家的鹌鹑，这就是强盗的行为。少年追赶他属于捕盗行为，误杀虽有罪但罪不至死。

这不等于指着开封府的鼻子说他们误判嘛！开封府当然不服，就把这个案子移交给了大理寺。大理寺驳回王安石的请求，维持了原判。

这件事后来还闹到了宋仁宗那儿。宋仁宗一向宽厚，这次自然也是没惩罚王安石，下诏赦免了王安石的纠察失责之罪。当时王安石并未领情，只是一直说着："我没有错！"

其实当年这个案子王安石有错吗？好像是说不清楚，或许王安石只是想救那个少年，但是谁又能说他的判断有差错呢？难道你与小偷强盗搏斗时失了手也要偿命吗？这个问题无论是放到现在还是古代，都是一个很有争议的话题。

但是吴奎把这个事情翻出来说事儿了，他对神宗说："皇上您知道了吧，王安石的能力我不能否定，但是从当年这个案子来看他是十分固执的，死不认错。而且我曾经和他任群牧判官时共事过，知道他是一个执拗的人，不擅长与人交往，所以和别人关系都处的不好。如此迂腐的人当了宰相，恐怕是会紊乱纲纪啊！"

反对的人很多，但支持王安石的人也并没有绝种，比如曾公亮。他就是很支持王安石改革的，所以宋神宗打算启用王安石这次，他是投了赞成票的。参知政事唐介就不愿意了，他说王安石难以担大任。

神宗纳闷了，王安石有才，文学强，政治才华高，这些难道还不够吗？唐介却一本正经地说："是，王安石确实很有学问，能力也很强，但是太固执迂腐。如果让他管理政事，一定会大幅度地变更传统。"

下朝后，他又对曾公亮说："如果王安石真的得到重用，天下必受其害。"他对王安石的偏见竟到了如此地步，也真是让人骇然。

当然，最郁闷的还是宋神宗了。他似乎有点明白王安石退缩的原因了，因为朝中反对势力太大。王安石恐怕也是担忧自己受到动摇而犹豫不前。

王安石的担忧没有错，路走到这里已经变得有些艰难了。反对的呼声日益高涨，他的心也变得迷茫，到底等着他的还有什么？

亦敌亦友的司马光

说到反对势力，最不能忽视的就是司马光了。对，就是那个砸缸救人的司马光。

少年聪慧，砸缸救人成就千古佳话；三十年心血，著就《资治通鉴》流芳百世。这是司马光。

"墙角数枝梅，凌寒独自开；遥知不是雪，为有暗香来。"这是王安石。

他们是什么关系大概人们还不是很清楚，但是司马光强烈反对王安石变法的事情倒是被人记住了。

他们的关系真的有这么糟糕吗？这个问题先不回答。

最初二人的关系是很融洽的，就像两只孔雀一样相互欣赏。其实深入了解就不难发现，王安石和司马光身上有很多相似之处。

首先说他们俩的年龄，司马光出生于 1019 年，王安石出生于 1021 年，虽说三年一代沟，但是两人三岁的年龄差还是很萌萌哒，玩耍交流毫不影响。两人还很有默契地都去考了进士，司马光中进士那一年是十九岁，王安石中进士的那一年是二十一岁。中进士的年龄和出生年份撞衫，这个巧合也太巧了吧！

除此之外，两个人在生活中的原则问题也是如出一辙。还记得王安石拒绝夫人为他找小妾的故事吗？一夫一妻的忠实追求者，司马光也是呢。这事前面提过，现在就来仔细讲一下。

司马光的夫人张氏是一个知书达理、德才兼备的女子。两人婚后一直恩恩爱爱，相敬如宾，但是美满的日子里总有一些小插曲。

原来张氏嫁给司马光多年，却一直没有孩子。没有孩子岂不是让司马家绝后了，司马光倒没觉得有什么，张氏倒是着急了。她很爱自己的丈夫，断然不会想同另一个女子分享丈夫的爱，但是自己的肚子不争气，总不能让丈夫跟着受委屈吧。

她多次提出让司马光纳妾的想法，都被司马光拒绝了。她心中暗暗感动，却也深知不能再这样拖累他。

于是有一天，她想了一个办法，偷偷去买了一个小妾带回家，还拿出自己的首饰，为这个小妾精心打扮了一番，并细细嘱托一定要把司马光拿下。

教别的女人去勾引自己的丈夫，张氏是心痛的吧。没有人愿意看自己爱的人与他人纠缠，但是她这么做了，就和当年王安石的夫人吴氏一样。

这个小妾谨记张氏的教诲，端着茶水就到司马光的书房去奉茶了。小妾轻轻敲了几下门，听到司马光的一声"进来"，她才走进去。司马光正在专心看书，连头都没抬一下，恐怕还不知道自己的书房里进了一个妙龄女子。

小妾强压下心中的紧张，递上茶水："请喝茶。"司马光接过茶水喝了一口便随手放在桌子上，连眼皮都没抬一下。这下小妾更加慌乱了，想打退堂鼓，又想起夫人恳切的教诲，所以便没有离开。谁知一转身就打翻了书架上的一本书，这次司马光终于抬头了。他看着眼前的女子露出不解的目光，自己府中好像没见过这号丫环。

这不解的目光看在小妾的眼里却被误解了。她心中一喜，以为有戏，连忙弯身捡起掉落的书本问道："不知这是何书？"

"《尚书》，"司马光抬头观察了一会，才猛然明白女子的意图，不由呵斥道，"夫人不在，你在这里干什么！还不速速离去！"

小妾吓得转身就退出屋去，哪知这张氏是在门外把事情的始末看得一清二楚，连忙命人把小妾带下去。

司马光看到夫人进来，就问这是怎么回事？张氏只好和盘托出，司马光听后连连说着："胡闹！简直是胡闹！"于是让张氏把这个女子送回家中，嘱咐夫人再不可做这种傻事。

夫人知道司马光的坚持，泣不成声道："那孩子怎么办，你不能没有孩子！"司马光心中了然，安慰她，以后可以过继一个孩子。养子也是子，这样就没有缺憾了。

司马光是君子一言驷马难追。他果然说到做到，一生一世一双人，与妻子相守一生。即使后来张氏先他一步离世，他也没有再娶。

这个故事和王安石辞妾的故事都表明着两个人在生活问题上是多么相像。不仅如此，不仅仅是生活问题，作风也很像，都节约俭朴，不喜奢靡之风。

司马光最看不惯官场上的奢侈糜烂之风，所以总是独善其身。朝廷有个惯例，就是会为新科进士办喜宴，一来是联络联络感情，二来也是放松犒赏一下大家。宴会上的人都戴着花，以表身份尊贵，但是司马光偏不喜欢。有人抓住他的心理，说这事皇上钦赐的不能不戴，司马光这才勉强戴了一枝。

在王安石和司马光同在群牧司任职的时候，他们的上司包拯请客。本来司马光和王安石都不是喜欢喝酒的人，司马光觉得包拯既然开口了，就不好意思拒绝，盛情难却之下，也能勉强喝几口。但是王安石就执拗了点，不管包拯怎么劝酒，王安石都不会喝一口。这件事也表明了两个人对与生活的态度也基本是一样的。

但是再相像的两个也不可能完全重叠，他们如此相像，却在政治问题上站在了各自的对立面。

他们俩的第一次正式争吵发生在宋神宗刚刚继位的一年。由于政治需要，朝廷要举办一场祭天大典，依照惯例，祭天大典之后都要给文武百官一些奖赏。有可能是银两也有可能是绸缎布匹，美其名曰对各位的辛苦一年的犒劳，实际上也有激励在新的一年更加努力工作的意思，也就相当于当下人们最关心的年终奖或者红包。

站在臣子的角度，这笔钱当然是必不可少了。但是国家正面临一个严重的问题，国库空虚，大臣们的员工奖不就是从国库里拨出来的吗？如果国库告急，那么年终奖从哪儿发呢？总不能让皇帝自掏腰包吧。

在曾公亮等人的建议下，皇帝决定要免去这一项福利。这真的是个很糟糕的事情，不是吗？更糟糕的是，王安石和司马光还为此吵了一架。平时的小吵小闹就不算了，毕竟无伤大雅，但这一次不同，这是他们第一次在公开场合开火。

两个人的争论点当然是围绕国家当下的财政问题。司马光是赞同曾公亮等人的建议的。他认为宋朝连年发生自然灾害，朝廷应该节省开支用来救灾，而这些就要从皇上和朝中官员自身做起。

不知道司马光说这一句话得罪了多少人，虽然朝中不乏积极为民的官员，但是盼着领些年终奖补贴家用或是彰显炫耀的官员也大有人在。不知道他们此时在心里怎样咬牙切齿呢。

腹诽归腹诽，他们恐怕并没有出口反驳的勇气，可王安石有。他可不管掉不掉面子的问题，只要自己有不同意见，必定不会憋在心里。

他说："我不同意，我认为现在国家财力薄弱，根本问题不是朝廷用度奢侈不合理，而是因为没有善于理财的人。"

听起来好像是那么回事，理财很重要，别人只道是王安石的点子多，但司马光却嗅出了不一样的味道。他太了解王安石了，这句话很明显就是在试探变法一事。

倒不是因为司马光有多讨厌变法，而是因为他是一个在思想上比较保守的人。他觉得国家的基本政策都是历朝历代实践下来的，岂能轻易改变。小改小动就可以了，国家经不起大的折腾，看看庆历新政的结局就知道了。而且王安石在他心中的地位是不一样的，虽然政见不同，但也算是君子之交，他并不希望王安石趟这趟浑水。

这么想着，司马光也就不由自主地反驳了一句："说什么善于理财，还不都是从老百姓身上克扣来的！"

王安石哪知道司马光心里在想什么，只觉得司马光是在故意跟他找茬，固执的性子一上来，便与司马光争执起来。你一言我一语，谁也没有退让的意思。这样下来，搞得两个人都气呼呼的，

这个时候可别忘了，他们两个的争执是发生在宋神宗面前的，宋神宗平时很敬重司马光和王安石，一直把他们当成自己的老师一样敬重。可是今天看到自己尊重的两个人吵得热火朝天，成何体统，实在忍不下去了，忍无可忍无需再忍，就严厉地制止了二人的争吵。

这样的争吵有了第一次就还会有第二次。两个人的政治理想不同，思想理念更是天差地别，所以，总是他们两人在生活中是多么相似，都改变不了一步步沦为政敌的命运。

曾经的"嘉祐四友"，现在其中两个已经站在了政治的对立面。政治是一个很奇特的东西，它会让两个完全不相干的人走向一起，从此如同一根绳上的蚂蚱，生可同衾，也可以让两个原本亲密的人走向两个对立面，两个极端。

曾经他们的关系那么羡煞旁人，当年王安石写下了那篇大名鼎鼎的《明妃曲》，司马光随手就和上了《和王介甫明妃曲》。

但那也是曾经，他们终究越走越远，背道而驰了不是吗？

陷入漩涡的女子

就在王安石和司马光渐行渐远的时候，登州发生了一件大案子。说它是大案子，倒不是因为这个案件性质恶劣、涉及人员很多，而是这个案子的篓子捅得挺大，都闹到宋神宗哪儿去了。到底是什么案子这么大面子？竟劳烦皇帝出手！

在登州有一个女子叫阿云。她的命很苦，从小就没了父亲，由母亲一手拉扯长大。但是到了她十几岁这年，母亲也撒手而去，只留孤苦伶仃的阿云一人为母亲守丧并住在亲戚家里。

阿云是个柔弱的小女生，又不会干什么活，养在亲戚家，就只能干巴巴地被养着。在那个老百姓日子都过得紧巴巴的年代，谁家里养了个不会干活的拖油瓶都不会高兴到哪儿去。

万幸的是，阿云倒是生了一副对得起天下苍生的好皮囊。正是十几岁的花季年华，一个女人最美的时候不过此刻，所以亲戚决定把阿云嫁出去。这样既免了自家麻烦有能收到一笔嫁妆，何乐而不为呢？然后他们就找到了韦姓的人家。我们暂且叫阿云的未婚夫为阿韦吧。

只是他们没有料到，简单一个决定就把这样一个美好的妙龄少女推向了深渊。阿云虽然年龄小，但是审美眼光和辨别是非的能力还是有的，所以当她看到自己从前素未谋面的未婚夫时，顿时窘了。虽说她的要求也没那么高，但是眼前这个五大三粗、凶神恶煞的男人到底是什么嘛！这不是摆明了要让她一朵鲜花插在牛粪上吗？

阿云当然誓死不从了，回去跟家中长辈哭闹了好多次也没有成效，不但没有博来同情，反而遭遇一顿痛骂。这下她算是醒悟过来了：长辈们早已视她为累赘了，一心只想把她嫁出去，他们好受彩礼，哪里会管她嫁得好不好。

可是阿云不甘心，她还很年轻。这个年龄的女生，大多都开始憧憬着有一段美好的爱情，有个爱自己男人呵护着，凭什么她这么悲剧！

一想到那个男人的嘴脸，阿云就打寒战。如果嫁给了他，她都能想象出以后的日子该有多艰难。阿云虽然长得柔柔弱弱的，但是她有一颗不愿意向命运屈服的心。狠狠心，她在心底暗暗下了一个决

第八章　逆风而行

109

心——她要杀了他!

连阿云自己都没意识到这个决定有多可怕。但是当人被情感冲昏了头脑的时候就不会想那么多了，所以她暗中观察，在寻找一个机会。

机会很快就来了，在古代，男子耕田过后是会睡在田间的，尤其是在凉爽的夏季，可能是为了防盗防动物。就在阿韦睡着的时候，阿云拿着一把尖刀蹑手蹑脚地靠近了。

可是在古代没有这么好的照明设备，更没有路灯，唯一的光源就是天上的星星和月亮。路又黑，阿云的力气有小，所以即使阿韦睡着了，在光线条件十分不利和力量条件又十分差劲的情况下，十几刀下去，阿云也仅仅是砍掉了阿韦的一根手指。

阿韦感受到手指的痛感，惊醒过来。可是黑灯瞎火的，他根本没有看清作案的是谁，慌乱之中只好要先止血，然后报案到了衙门。

要知道阿云只是一个手无缚鸡之力的少女。那天晚上用尽力气砍了十几刀，才伤到了阿韦一根手指，可想而知她的力气有多小、能力有多弱。虽然史料上没有具体记载，但是这个女子的作案动机后一定另有隐情，若不是她到了走投无路、求告无门的地步，她怎么会铤而走险下出这步险棋?

报案之后，官府到处搜捕却找不到人，只好在阿韦的身边人中做排查，就这样排查到了与阿韦有婚约的阿云。

阿云被带到衙门后，还没等审问的人用刑就全招了，一五一十，毫无保留和隐瞒。衙门理所应当地判处阿云谋杀亲夫罪，死刑!

天呐，你一定惊叹了。虽说故意杀人绝对是犯罪，可是阿云还是未成年少女，而且她没有真的把阿韦杀死，直接判了死刑会不会太重了点?

别忘了那可是在宋代，不同于现在人人平等的法治社会。古代可是男权至上，女人的地位很低下，所以谋杀亲夫这种罪名就属于重罪了。阿云就是不那么幸运地生在了古代，至少现在还有个未成年人保护法，未成年人犯法会酌情从轻发落，可是古代就没这么好的事了。

但是有一点，在宋代地方上判死刑的案件，一般会移交到上级也就是大理寺复审，这一点倒是跟我们现代的法律程序挺相似的。

这个案子辗转又到了大理寺任职法官许遵的手里。许遵是个办案非常有经验的人，他一看这个案子，觉得判得太重。在他眼中，阿云还只是个不懂人情世故的小姑娘，好在他没有根深蒂固的重男轻女思想，所以他觉得阿云是值得同情的。

所以许遵就提出了自己的想法："阿云固然有罪，但罪不至死，也不能按照谋杀亲夫的罪名判决，而且此案疑点重重，不能轻易下决定。"

许遵一句话这个案子就变成疑点重重了，到底是真的有疑点，还是许遵故意为阿云开脱？

要说故意开脱的事情许遵可不敢做，除非他吃了熊心豹子胆，不然怎么敢在皇帝眼皮子底下犯事，还牵扯到大理寺。

这个案子确实颇有争议，但是一个非亲非故又无权无势的小姑娘，谁也没想过会为她提出这个争议点。许遵却就这么做了，好在世间人情没有完全淡漠。

争议点主要有两方面：一个是阿云是否该以"违律为婚，谋杀亲夫"罪被处以绞刑？许遵的答案是罪名不成立。

原来阿云刚刚丧了母亲，按理说应当守丧三年。守丧期间不得嫁娶，这是规定。虽说朝廷没有设专门的官员监督，就算违反了规定也一般不会被揭发，但是规矩就是规矩。平时马马虎虎倒也不说什么，一旦东窗事发了，一切就得全按着规矩来。

所以这个案子就不能归结为"谋杀亲夫"来判，因为阿云和阿韦的婚约根本是无效的。于是案件的性质就变了，阿云只能以普通人的身份来定罪，这样的罪名就轻多了。

这些官员不是最讲求规矩吗？这一次，许遵就用规矩来反驳你们，这下一个个都哑口无言了吧。

接下来就是第二个争议点。话说当时阿云胆子小，虽然没有主动投案自首，但是在被带到衙门的时候，没有一丝隐瞒就很快招了。甚至衙门连刑都没来得及用，可以说是非常省事省力，属于"按问欲举"，要减二等论罪处罚。按现在的说法就是自首而从轻发落。

既然有异议，大理寺就不能一锤定音了，于是这个案子就被移交到

了刑部。一个小小杀人未遂案竟被层层移交，最后还闹到了刑部，这在宋朝的社会引起了很大的反响，知名度绝对不亚于现今社会某某女星嫁入豪门的新闻热点。

谁知，刑部并没有搭理许遵的提议，维持了原判，判定先前的判定是正确的。

这个案件闹得沸沸扬扬，最后的结果却是维持原判。这个结局让人啼笑皆非，更是耍了想要看戏的围观群众一回。

可是，案子的判定结果下来后，又出了新的端倪。看来，好戏才刚刚开始。

要知道法律程序这个东西是很复杂的，一个案子一圈走下来，说不定要经过几个月的时间。而登州阿云案这一个来回走下了，正好遇到许遵任职期满。按照惯例，他该于京述职，相关部门考核完毕后决定他的升迁问题。

许遵平时为人善良，工作又认真负责，处理起问题来绝对不含糊。所以审核部门认为他"累典刑狱，强敏明恕，"提名他为大理寺卿。升职本来是件好事，但是有人看他不爽了。

原来有御史把登州阿云的案子拿出来说事，弹劾他判案不当，认为他做大理寺卿不合适，参了他一本。但是许遵就不服气了，上次的案子根本不是他的错，明明是刑部的判决不合理，结果这个案子就闹到了宋神宗那儿。

什么事都往皇上那整，做个皇帝整天也挺累的。单每天的国家大事都处理不完，还有这些小事来烦他，皇上的时间多宝贵啊。所以宋神宗就把这个案子甩给了翰林学院，让他们探讨。

翰林学院有谁？王安石和司马光，糟糕，这两个人恐怕又该杠上了吧？

事实正如料想那样发展着，王安石支持许遵，司马光则是支持刑部的判决。许遵认为阿云符合从轻发落的条件，因为她自首了嘛。如果自首都不被减刑的话，以后的罪犯就更不会前来自首了，这就增加以后的断案难度。《尚书》中写道："罪疑惟轻。"意思是说罪行的轻重若有可疑之处，只可从轻发落，这不正是当下这种情况吗？

王安石心喜没有看错人，许遵果然很有才，连《尚书》都搬出来用了，自己也不能落下气场不是，于是也搬出了《宋刑统》里："因犯杀伤而自首者，得免所因之罪。"还提出了一些法家思想。

司马光是个保守派，一心认定的是老祖宗流传下来的伦理纲常。什么三纲五常，什么夫为妻纲，什么三从四德，一下子就在脑子里炸开花了，最后还把皇上扯了进来，说谋杀亲夫是绝对违背纲常的事。这件事在他看来是一件非常严重的事情，就像臣子谋杀君主一样严重。

而且司马光也搬出了法律条令。不是只有王安石懂法律，他也懂的好不好！于是用了《贼盗律》中的"诸谋杀人者，徒三年；已伤者，绞；已杀者，斩"，来反驳王安石。

宋神宗真是被搞晕了，真想不明白，不就是一个素未相识的小姑娘嘛，犯得着这么大动干戈地争论吗？

事实上，宋神宗是很支持王安石的观点的。阿云毕竟是个手无缚鸡之力的弱女子，放到社会上也不会真的威胁到什么人，而且她又没真的杀死人，就这样处以绞刑，实在是太可惜，毕竟是祖国未来的花朵。

宋神宗什么时候这么有觉悟了，其实他也并不是很懂法。皇帝也不是万能的，他承认是他的同情心泛滥了。再加上宋神宗不过是个二十岁左右的小伙子，会有怜香惜玉的心态也是正常的。

总之，宋神宗下诏明确表示了对王安石的支持后，就引起了朝中一些大臣的不满。他们和司马光一样，认为这样有悖纲常，会导致不良的社会风气。

这群老古董，怎么就非要跟人家一个小姑娘过去呢？他们不是跟阿云过不去，是不能接受新思想。在朝中混了许久，有些思想早已根深蒂固，比如男尊女卑的思想。以前的社会就是那样，所以他们也并没有觉得这个思想有什么不妥，甚至觉得是理所应当的。反正这个思想自他们出生时就有了，父母也是这样告诉他们的，这总不会错吧！

这样的争执到底什么时候是个头？宋神宗无奈，下了最后的通牒，把案件交给翰林学士吕公著、韩维和知制诰钱公辅处理。好在这三个人

的思想并不是那么迂腐不化，他们是支持王安石的，所以这个案子就在宋神宗的警告中告一段落，即以"如果谋杀已伤，按问欲举自首者，从谋杀减二等论"诏书为准定案。

一个小小的案子，竟然闹了这么久，简直是胡闹。阿云怕是怎么也想不明白，自己就是拿起刀与命运做了一下抗争，结果就出名了，还掉进了政治的漩涡，跟这么多自己见都没见过的京城大人物们扯上了关系。幸或不幸？

不过这件事也给王安石提了个醒，朝廷里墨守成规的官员还是大有人在的，所以他的变法改革必定是阻力重重了，但是他不会轻言放弃。

人一旦做出了某个决定就会不顾一切，更何况这个决定已经在心底酝酿了这么多年。此时他更不可能放弃，唯有逆风而行。

第九章 一代名相的改革之路

舆论造势很重要

王安石经历了这么多，虽然阻力很大，但好在努力也没有白费，至少他的《本朝百年无事札子》宋神宗很感兴趣。

只要感觉对了，宋神宗就不会放走王安石了，好不容易才把与自己志同道合王安石收归旗下，自然是做好了心理准备的。

往往在这个时候，宋神宗的诚意和考虑问题的成熟度都会遭到质疑。宋神宗才二十岁，搁到现在，也不过就是个混迹在校园的大学生，不过是赢在了起跑线上。在这个年龄中下的决定真的可靠吗？其中又有多少冲动的成分呢？

没有具体的数据统计，古今中外同年龄阶段的智商相差多少，但是年轻绝对不是冲动、不靠谱的代名词。现今社会大有作为的青年企业家比比皆是，资历再也不是成功的前提。在古代年少有为的人更是数不过来，比较著名的有汉朝的青年军事家霍去病，还有少年天子顺治帝等等。

所以，千万不要怀疑宋神宗的智商。这不，为了证明他改革的坚定决心和提拔王安石的诚意，熙宁二年（1069年），任命王安石为参知政事，相当于副宰相的职位。看吧，这就是一个君王的诚意。他不会像普通人一样给一个口头上的承诺，只会用行动上表达诚意，简单粗暴，却最容易俘获人心。

王安石的内心是欣喜。他发现虽然宋神宗更多的时候不会直接表达

对他的赞成或理解，但是他知道，或许是皇帝这个身份的限制。宋神宗选择了其他的表达方式，但足以表达对他的信任。

王安石决定彻底向宋神宗交心了。他对宋神宗说，虽然改革势在必行，但是此时此刻千万不能鲁莽行事，否则就会适得其反。所以当务之急就是先改变社会风俗风气，确定法度，然后在提出变法，一步一步来，不能自乱阵脚。宋神宗非常赞同王安石的想法。

但是，现在还有一个问题就是宣传问题。有谚语曰"酒香不怕巷子深"，但是，随着市场竞争的日益激烈，慢慢演变成了"酒香也怕巷子深"。

王安石和宋神宗已经着手在准备变法了，但是许多官员和国民好像还没有这个意识。明眼人也就那么几个，司马光、韩琦、富弼等人知道王安石在折腾什么，其他人还云里雾里呢！

虽然王安石被宋神宗捧上了参知政事这个职务，相当于皇帝之下的二把手了。可是这个调剂，对于千变万化的官场而言，其实微不足道，官场一直是残酷的，今天你得蒙圣宠、人前威风，明天就可能降职贬黜、无人问津。

所以，王安石的任职并没有引起太大的波澜，看在其他官员眼中，不过是道一句："介甫兄，你被皇上钦点为参知政事，恭喜恭喜，这真是前途无量啊！"漂亮话满天飞，究竟有几个人是真心贺喜，不得而知。

众人的蒙圈反应对王安石和宋神宗的改革计划是很不利的。你想想，他们已经在着手准备大干一场了，可是还没有得到大家的响应。消息灵通的官场都是如此，更不用说民间了。这种全世界都在享受生活，只有你一个人在准备战事的感觉很不爽！

是早已麻木不仁还是安逸太久了？又或者，人们还没有完全从庆历新政的阴影中走出来，有对比就会有比较，庆历新政是一个前车之鉴。对于这个新上任的小皇帝，不知道他改革的热情到底能持续多久？

一拳头打在棉花上的感觉可不好受，宋神宗觉得是时候该给这个朝代下一剂猛药了。一个新的部门在朝廷横空出世——"制置三司条例司。"

这个消息在朝廷上空产生了巨大的轰炸效应，朝堂上下议论纷纷。

真是前所未有、闻所未闻，名字读起来也很拗口，这个莫名其妙冒出来的部门到底是干什么用的？名字中包含"三司"二字，可朝廷不是有三司了吗？

这个制置三司条例司就是变法的决策部门，主要运筹国家经济、颁布变法的法令政策等，是由参知政事王安石和知枢密院事陈升之主持的。

宋神宗不愧是看人心的高手，把舆论的焦点都集中在一起了。这件事很快成为朝堂上的头等大事，宋神宗很满意。他要的就是这个状态，支持也好，反对也罢，总要表个态。这样他也好采取应对措施，死气沉沉的状态是他最不喜欢看到的。就像是老板下达了一个指令后，没有得到下面的反应，没有支持也没有反对意见，而是大眼瞪小眼地看着他，看得他浑身不舒服。现在舆论转向这个部门了，他的目的也达到了。

宋神宗目的如此，王安石当初提议设立这个部门的时候，可不是这么想的。他有更长远的眼光。或许他洞察出历史的惊人相似性。庆历新政时范仲淹也与他一样处于参知政事这个职位上，虽然是光环萦绕的副宰相，但是真正可以掌控的职权很少，所以有很多不可掌控的因素。一旦变法不被宰相认可，就会随时面临失败的命运。

方向盘不掌握在自己手中是不行的。王安石明白，改革的船只必须要由自己掌舵。否则当掌舵的人改变航向时，你就只能干瞪眼，什么也做不了，这无异于亲眼看着自己的孩子被人掐死却无能为力。很显然，王安石并不想这样的事情发生。

所以就有了制置三司条例司这个部门，它的好处就在于变法关于财政方面的政策条例不用交予三司执行，关于军事方面的条例也不用让枢密院审核。

谁都知道，三司和枢密院是相对独立的两个大部门。如果财政和军事被其牢牢吃死，变法就会陷入被动之中。中间出了任何问题王安石都不好插手干预，所以很容易因为办事效率等原因导致改革这个还未出生的婴儿胎死腹中。有了这个机构，王安石就可以没有后顾之忧地深入推行变法事宜。

有舆论的地方就有是非。即使宋神宗为变法提供了便利条件，然而反对的人还是大有人在。但是人都不傻，他们能看出来宋神宗是支持变法的，所以反对也不能反对得太过明显，可以采用迂回策略。这个迂回策略就是借助于"天"。

怎么借助呢？王安石再神通广大也不能阻止自然灾害的发生，所以一些反对者就是抓住了国家地方发生的自然灾害，并把责任推到王安石身上。这就相当于把天灾诬赖为人祸，直言王安石的变法触动天怒。

在我国古代，科技发展水平比较低，生产力水平也不高，所以一直维持着自给自足的小农经济模式。农作物的收成好坏，全看天气。古时候不比现在，没有大棚和机械化技术，所以颇有些听天由命的意味。

古人眼中的"天"就是指大自然。他们认为"天"就是一切，是他们命运的掌控者，所以他们对上天的祭拜才会越发虔诚。这从一些俗语中就能看出来，比如"天意不可违""人在做，天在看""谋事在人，成事在天"等等，这些都表达了古人对"天"的敬畏之心。

这样的理由在我们看来或许是太蹩脚了，但是放在古代，那绝对是件大事。这个真的太绝了，要是搁在其他人身上，估计早就吓傻了，可是王安石很淡定。不管这种淡定是不是真的，都令人佩服。

佩服的是他的一句话："天变不足畏！"一句话足以让全场哗然，不得不佩服王安石的勇气和他超前的思想。王安石恐怕是真的急了。他想不明白，为什么会有这么多人极力反对变法，找的还都是这样让他无力回击的理由，简直就是哑巴吃黄连有苦说不出。

王安石的费解不是没有道理。在变法刚开始的时候，吕诲（御史中丞）就曾以自然危害为由弹劾王安石，以此阻止王安石的变法行动。但是宋神宗不是那么好忽悠的，所以这个计策失败了。

不过好像保守派们并没有打算放弃。变法开始后，这种方法就更是被保守派用的得心应手，就连一代名相富弼也用了这一招。真是无法想象，他那么和颜悦色的一个人，竟然也会这样想。他对宋神宗说，王安石用人不当，他提拔起来的人中有很多都是不可起用的奸佞小人，从而引来了天谴，国中很多地方都发生的"地动"和"异灾"就是证明。如果富弼能穿越到现代学习一下，他一定会为自己说过的话后悔的。无知不是错，真不知道当富弼知道"地动就是地震，地震是一种地壳运动"时，会是什么反应？

可事实是他并没有穿越，也不知道地动只是一种地壳运动这回事。他正试图用这个理由劝服宋神宗废除变法。每当面对这些荒唐的理由，王安石就用他超前的思想觉悟来反驳："天变不足畏。"

然而这些荒唐仍然没有停下来的意向。熙宁五年（1072年），少华山崩塌，大约就是滑坡、泥石流一类，绝对和政治是沾不上边的，但是枢密使文彦博就要拿它说事。他上书宋神宗，说是因为王安石的变法政策触犯了人民群众的利益，所以惹怒了上天，才导致少华山的崩塌，建议停止变法事宜。

好巧不巧，这个事情刚发生，又恰逢灾年。大旱年间，滴雨未见，受灾的农民只好背井离乡避灾，流离失所的百姓不在少数。保守派中反对变法的人士，借机向神宗进言，说这是遭到了天怒人怨。

所谓三人成虎、众口铄金，大抵就是如此吧！宋神宗也会怕。虽然他才是变法改革幕后真正的大boss，但他变法的目的是稳固混乱的朝局，如果威胁到了江山社稷，他是决不会答应的。所以他动摇了，他忘记了当初信誓旦旦的承诺，如今眼底只剩下一抹深深的担忧。

王安石见情况不妙，赶快出口挽回。他告诉宋神宗，像地动、山崩、河流决堤等等自然灾害都不是人为的，是上天在按照他自己的方式在运作，根本不关人的事。你想想人怎么能左右天的想法呢？这些事情偶尔会碰在一起，也纯属巧合。像水灾、旱灾这在历朝历代都是时常发生的事，就连尧和汤这样的圣人也无法避免，所以自然灾害的发生与否和皇帝臣子的修德没有关系，根本不必为了天灾而担心。现在能做的就是做好手头上的事就行了。

王安石这个解释可真是费了一番工夫的。就像是一个现代人跟古代人讲道理一样，既要肯定天的能力，又要把这些灾害的发生与自己撇开关系，还真的是不简单。好在宋神宗听进去了，不然王安石真是哭都不知道上哪儿哭呢！

其实王安石遇到的阻力理由可不止一个，不仅仅是"天"，就连祖宗也被搬出来了。保守派司马光提出"祖宗之法，不可变也"。其实，要不要改变祖宗法制政策，一直是一个值得深究的问题，可这也相当于要不要改革的问题。

有问题的地方就有人群。高端的问题招引来的就是专家学者这样的高学识人群。有专家的地方，特别是持有不同意见和阵营的专家，就会有讨论或者说是争论。

用现在的话来说就是一场精彩绝伦的"辩论赛"即将展开。正方是以王安石为首的改革派。他坚持改革变法，不能死守"祖宗之法"，要懂得变通。俗话说得好："穷则变，变则通，通则久。"

反方则是以司马光为首的保守派。他们小心翼翼地维护着中国悠久的历史传统文化，传统是一种主流，牢牢地刻在人们的心中，这便是他们反对变革最有力的辩论点。

其实在中国古代，从来都不乏这种"辩论赛"。每一场变革的背后都有一次激烈的"辩论赛"做铺垫，这似乎已经成了规律。

对于这场"辩论赛"，反方以压倒性的人数占有着优势。司马光都发话了，其他人也就憋不住了。谏官范纯仁在奏章中写道："变祖宗法度，掊克财利。"还说变法扰乱民心，使得天下民心不安。御史刘挚上书王安石的罪状："国家百年之成法则铲除废乱，存者无几。"枢密使文彦博则向宋神宗说："祖宗法制具在，不须更张，以失人心。"

无非就是说他扰乱民心，使得天下大乱。他还没有这么脆弱，虽然反对的呼声很高，但是王安石没有退缩，他用一句"祖宗不足法"就完美地反击了。他劝告宋神宗："皇上，你不必在意他们的话，你可以自己想一想，祖宗之法并不是不能更改的，它本来就是因时而变的。以前的法令制度修改了不知道多少次了，比如先祖仁宗，他在位时间最长，足有四十多年，他尚且多次修改法令呢！如果祖宗之法真的不能修改，那么就应该世世代代一成不变，为何先皇祖宗们还要去更改呢？"

王安石果然聪明，他没有直接反驳保守派的思想，而是把这个皮球踢给了宋神宗，让他自己选择。道理都讲明白了，他不相信宋神宗会是榆木脑袋。宋神宗虽然执政时间短，但好歹也是个聪明人，一点就通，所以这些理由已经不能对他构成威胁了。

除了天灾和祖宗之法，王安石遇到的最大问题就是舆论了。人的语言是很神奇的，一句话能让人积极的活下去，一句话也能把人逼进死路。这就是语言的力量。

王安石在着手变法时就意识到了这点。他知道只要有人不服，这些言论就不会销声匿迹，所以他到底顶着多大的压力，没人知道。

可是王安石没有被打倒，他知道公说公有理，婆说婆有理，每个人都有自己看法，每个看法也不尽相同，所以持反驳意见也是很正常的。一个变革者如果不能坚持自己的主张，那改革一定会走向失败。你不是被别人打倒，而是被自己打倒，这样的结果是得不偿失的。

他知道，从他决定变法开始，弹劾他的奏疏就没有停过，甚至连他好朋友都站在了他的对立面。不是没有灰心过，也不是没有想过放弃，但是一想到被人言打倒就很不甘心啊。

渐渐的，他开始对这些言论麻木。王安石开始尽力劝告宋神宗，他知道变法不是他一个人的想法，其中有不少宋神宗的心血。这些议论这些流言蜚语，神宗的心里不比王安石好受。

宋神宗是一个善于纳谏的皇帝，所以这些谏言他没办法当做没听到。王安石看出他的忧虑，就劝告他："皇上，这些流俗之人的意见可以不必听的。我们实行变法的个中利害，他们不懂，所以他们不理解立法内容而提出异议，也是很正常的。我们做好自己的就行了，何必管他们的议论呢？"

可见王安石是真的想通了，所以才会有这么深刻的理解。本来也该如此，只要坚持己见，不忘初心就好了，何必在意他人的言论。

也许正是有了"天变不足畏""祖宗不足法""人言不足恤"这"三不足"的 变法思想，让王安石有了斗志昂扬的精神劲。

这个"三不足"的宣言似乎比变法更让王安石出名。在当时那个新闻媒体业并不很发达的年代，这个宣言所带来的舆论效果却是空前的。不管别人怎么说怎么看，王安石的变法之路就此浩浩荡荡地开始了。

珍爱生命，远离高利贷

变法开始后，一系列的条例政策迅速开始颁布，能在这么短的时间内制成新法，足以证明王安石的准备是多么充分。

熙宁二年（1069年），制置三司条例司颁布了"青苗法"，因为改变旧的常平仓制度中"遇贵量减市价粜，遇贱量增市价籴"的刻板条例，故也称为"常平新法"。

其实旧的常平仓制度的出发点是好的，是为人民服务的。其规定在丰年适当抬高价格买米，荒年的时候就降低价格卖米，这样做的目的是防止谷贱伤农、救济百姓。本来是一个非常好的政策，但是在实行的过程中出现了很大的问题。

首先是常平仓的数量问题，它的数量比较少，一般只设于州县的政府所在地。这本来就无可厚非，置于政府附近便于官方管理，但是这样一来，所能覆盖到的老百姓就少了。古代交通不便，信息也并不很畅通，很多老百姓连路都不认识，更别说到常平仓买卖粮食了，所以就出现了弊端。

另外一般各个地方的籴米钱由地方筹措，但是北宋的国家财政已经出现很大的危机了，地方政府就更不用说了，经常会缺少买米的本钱。

再加上在运作中的官商勾结、私自调价等不良行为，使得这个制度产生了很大的人为漏洞，最初的目的根本没有实现。

百姓的日子还是过得苦，一家人的日子一旦变得穷苦就会一直穷下去，这似乎已经成为了恶性循环。

有谁愿意一辈子过苦日子呢？别说你愿意，你根本无法想象以前的苦日子能苦到什么程度。一大家子的人等着吃饭，但是就算是极力省吃俭用也有可能是吃了上顿没下顿，衣服补了又补，一年到头也穿不了一次新衣服。

现在的人有国家的津贴，虽说古代也有，但是没有现在这么透明的网络平台。国家下拨的银子被层层克扣，真正到手的就没多少了，举报什么的也是不容易做到的。

所以那些不甘心这样一辈子穷下去的人就要想办法了，能有什么办法？其实也不是什么好办法，就是借贷呗。民间的借贷利息很高，还不上钱可是会出人命的。没吓唬人，说真的，就相当于现今社会的高利贷，高利贷这个东西有毒，绝对不能碰。

由于社会的问题，很多人还是情难自禁地卷进了高利贷。这高利贷在宋代并不叫高利贷，叫交子铺或者钱引铺，放贷本金的人叫钱民。一般这种人手里有闲钱，钱多得没地方花，所以愿意把钱贷出去，赚取利息。其实这也算是一种投资方式，只不过是比较黑心的投资。

钱民手上有钱，但是没有人脉，又懒得花时间打理，所以就找来了帮助他们打理并讨债的人，叫做行钱。行钱其实是个十分抢手的行业，他们代钱民放贷经营，与钱民共同瓜分利息，一般是对半分，当然也有特殊情况。原来那个时候的人们就已经有了"见面分一半"的观念了。

而借贷的人一般都是普通老百姓，他们可以把地契、田契、金银等抵押，以获得贷款，更有甚者还会把妻子儿女抵押进去。这个性质恶劣，可以和赌徒有一拼了。

行钱更像是现在房地产的销售经理人，而钱民就像是房地产开发商的老总。销售经理人的能力越强，卖出去的房产就越多。提成与销量是成正比的，不用你花本金，又能平分利息，这个行业顺理成章地成了抢手货。

这种民间的高利贷实在是害人不浅，需要有人出面阻止才行。说到这里，是不是觉得有点眼熟。没错，当然眼熟，历史总是这么惊人的相似。早在王安石还在基层辛勤打拼的时候，就有过这样的事情了。

还记得吗？鄞县县令王安石大搞"货谷与民"，那是他改革的第一片试验田。而"货谷与民"这个理念正是"青苗法"的前身。其实青苗法并不是王安石的原创制作，但是他在鄞县把这个政策实行的很理想，所以对于这项条令，他是很有信心的。

百姓处于水深火热之中，宋神宗这个皇帝也不好受。百姓就是他的子民，是国之根本。虽然古代没有"以人为本"这个观念，但是要知道一句话：人没了，就什么都没了。

所以宋神宗着急呀，他向臣子征集救荒利民的良策。王安石凭借自

己在鄞县"试验"的产物，推出了青苗法，更改了以前旧的常平仓法。

这样常平仓以往的存粮就闲置下来了。所以当务之急就是变卖存粮，把得来的现金贷款给农民，限期一年后归还，加利两成。每年有两次借贷，这时收的利息当然比高利贷少得不要太多了。

但是借贷有风险，立法需谨慎，一不小心就可能会导致钱货两空。所以王安石定下了规矩，借贷的金额高低由借贷人决定。要知道古代的人没有平等观念，人都是分三六九等的，即使是王安石这个思想超前的人也不会想到人人平等这个词。如果他能想到，反而让人怀疑他的身份，难道是穿越过去的？

王安石没有穿越。他是地地道道的宋代人，所以他的规定也把人分了等级，等级越高，可借贷的金额就越高，反之，则相反。然而贫户（即贫困的农户）不能直接借贷，他们需要有富户为其作担保。

倒不是王安石歧视贫苦人家，而是这些贫苦人家的家底没有保证。如果他们借了钱还不上跑路了，王安石上哪儿要钱去。人和人的信任危机自古就有了，所以谁也没有义务完全相信谁。在借款的问题上就更加严谨了，亲兄弟还明算账呢。贫户借贷由富户担保，其实就是为了避免这个问题的发生，这跟现代贷款的模式就有些接近了。

但是问题也是有的，既然有信任危机，那么富户真的会愿意为贫户担保吗？担保人就相当于中间人，是存在很大风险的，这样一来，就很少有贫户能贷得起款了。

先抛开青苗法的弊端不说。它的好处就是米谷粮食这种实物换成了钱，这样更便于借贷和收回利息，不仅达到了救灾救荒的目的，还减少了管理仓库的麻烦事。以往粮食存积的常平仓中，就会经常出现管理不当而导致的谷物变质的问题，费时费力就造成了不可避免的浪费。这样一变革，不仅省去了麻烦，还为政府增加了收益。

但是自从改革开始走上正轨后，争论从来都没有停止过。特别是青苗法颁布之后，保守反对派的呼声就非常强烈。这些呼声当然不是喝彩，而是叫停变革的反对意见。

反对变法，反对成立制置三司条例司，反对王安石升官，就连王安石派人到民间考察民情也有人反对。

这哪是反对，简直就是跟他过不去嘛！我们都知道王安石是一个喜欢考察实践的人，这一点倒是很符合我们新时代的人类。"实践是检验真理的唯一标准"，原来王安石连这句话的精髓都懂。

在鄞县的时候王安石为了考察民情，就曾不顾舟车劳顿走访十四个乡耗时十二天，可谓是鞠躬尽瘁。制置三司条例司设立后，王安石就彻底安心准备变法事宜，所以他当然不会忘记实践考察。这才是他一贯的作风，过了多少年也不会改变。

不过这次他并没有亲自出马。也是，今非昔比了，如今他倒成了大忙人了，实在是分身乏术。于是就派遣了几个信得过的人出马了，他们的工作除了有考察民间百姓生活及地方赋税，还有调查农田水利等情况，以便于更好地为推行变法服务。

这一考察又考察出事来了。王安石派出考察的人前脚刚走，反对派后脚就得到消息了。于是乎，朝堂风云又起，可怜的宋神宗又要头疼了：这般闹腾，什么时候才是个头啊？

这也不能全怪他们，王安石的思想很多都是新新人类的思想理念，恐怕对他们来说太超前了。一时没法接受也是能理解的，但是又开批斗大会就是你们的不对了。

御史台主簿刘述发话了，王安石这个人太过乖戾，才上台不足两个月就做出这么多奇怪的事情（他指的奇怪的事情就是王安石考察民情等行径）。设立这么一个部门就不说了，还与康熙帝一样微服私访考察民情，这件事情就很出格了，而且这样做绝对是在扰民，还扰乱民心。这个王安石是不是存心想要天下大乱？此人不可留，朝廷不欢迎他！

欢迎不欢迎可不是刘述说了算的，全看皇上的意思。现在王安石正蒙圣宠，王安石岂是他几句话就能罢黜得了的。说不定刘述已经被宋神宗看不顺眼了，竟然如此弹劾皇上重视的臣子，难道是嫌自己活得太久了吗？

但是到了这个时候，最不淡定的还不是刘述。有一个人比刘述还不淡定，他就是宰相富弼。设立制置三司条例司已经让他很尴尬了，皇上

竟然还如此纵容王安石，这根本就是在打他的脸。

当初设立制置三司条例司就是为了防止宰相干涉变法事宜。有了前朝范仲淹的例子，所以就像是商量好了似的，设立这个独立的部门，让他无法插手，就像是在防狼似的把他隔离在外。不管怎样，他都很尴尬，毕竟他是一国宰相，一人之下万人之上，却沦落到这个地步。如今，他是成了摆设吗？

他看不懂这个初入朝堂的小皇帝在搞什么名堂，竟然纵容了王安石的种种行径，眼睁睁地看着他在朝堂上锋芒毕露，走向成熟，富弼是朝廷里的老人了，他自然有他的威严，可现在这种威严被王安石生生打破了。

不能忍，真的不能忍。虽然他已至告诉自己："小不忍则乱大谋"，但是他还是没忍住。他忍不下去了，因为他不知道自己这么一直忍下去会不会忍出病来，所以他最终出手了。

在朝堂上，富弼很严肃地质问王安石："王安石，我问你！既然朝廷已经有了三司，你为何还要再设立一个三司？"

一时之间朝堂间弥漫起了浓浓的火药味，其他人大气都不敢出一下，等待着王安石的回答，但谁也没有要帮忙的意思，完全一副围观群众看热闹的心态。

相比之下，当事人王安石就淡定多了，但是淡漠的外表下隐藏着一颗高速运转的心。他在想，富弼是三朝元老，位高权重，不能太驳他的面子，更何况它曾举荐过自己，也算是自己的恩师了。他对富弼还是打从心底的钦佩的，所以话一出口也就软了几分："设立制置三司条例司本来就是为了方便新法法令能顺利昭告天下，这个举措应该没有什么不妥之处。况且您只要看新法所制定的法规政策是否有利于天下苍生便好，名分什么的其实真的没那么重要。您又何必计较那么多呢？"

富弼见王安石语调温和，言辞又没有可挑剔的地方，一时也不知道该如何反驳，只好蔫蔫地说："旧的祖宗法制，一定有其制定的道理，已经沿袭了一百多年了，这么多年下来也没有发现什么问题，又何必变更祖宗法制？"这句话显然已经在做出很大的退让了，但是富弼的心里恐怕早已翻江倒海，不是滋味了。

真是看热闹的不嫌事大，不一会参知政事唐介（北宋著名谏臣）也加入了辩论的行列。唐介是个刚正不阿的人，为人严肃认真，倒是有什么说什么，从不遮拦。他对王安石的变法早已有所不满，当下更是多说了几句。

这下倒把王安石激怒了。他本来是可以忍住的，但是现在是什么情况，二对一针对他一个，太不公平了吧！是可忍，孰不可忍！于是王安石也展开了反击。一场朝堂争论开始了，这不是宋神宗想要看到的结果。他本来只是想让王安石出来透透风，让大家提前适应一下改革变法的前奏，没想到倒把矛头推向了王安石。

场面一度变得失控，宋神宗一直也不知道该如何收场，这个时候和事老就该登场了，就是被称为北宋"铁面御史"的赵抃。他出面并不是为了帮王安石解围，因为他并不是王安石一派的，是反对新法推行的。但是现在这个局面恐怕皇上夹在中间也很难堪，所以他事实上也是在为宋神宗解围。

但是赵抃的话似乎效果不大，虽说辩论是没再继续了，但是朝堂上一片死寂，诡异得让人不敢呼吸。

宋神宗终于忍不住了。改革变法虽然是王安石自愿的，但是没有他这个老大发话，谁又敢轻举妄动？说到底，王安石现在受到的这么多的攻击实际上是为他背黑锅了。

所以他亲自开口为王安石解围："制置三司条例司是朕亲自设立的，和介甫有什么关系？况且这个部门刚刚成立才多久，尚看不出好坏，现在争论，为时过早了吧！"既然皇上都这么说了，没有人再敢说什么，再说什么，都是跟皇上对着干。这场"辩论赛"及时被制止。

对于坚定不移跟随的人，宋神宗还是很仗义的。他决定从幕后老大走向台前了，他要让这帮老臣们看看谁才是真正的老大。虽然他年纪小，资历浅，登基的年数也不多，但是谁也别想小瞧他，他一定会做出一番成就的。

虽然老大出马一个顶仨，但仍然改变不了熙宁变法（因为在宋神宗熙宁年间开始的，故称为熙宁变法）从最开始就注定的不平凡。宋神宗

和王安石还要披荆斩棘，才得前行。

不管朝堂上的人心风向是什么，熙宁变法却是在一步一步前行着。而宋神宗既然已经走向台前，就一定是希望自己有一番作为的，但是这些作为是需要一定的物质基础的。正所谓经济基础决定上层建筑，虽说不能事事向钱看，但是没有了钱就什么也做不了，特别是对于财政方面出现了严重问题的北宋。

但是在这些士大夫的眼中，提钱多俗啊，为人民服务才是真的，所以他们反对变法，反对新政。宋神宗深深感叹这些人不当家不知柴米油盐贵，国库里没有钱很多事情都无法实施，这不仅仅是关乎国计民生问题，更是关乎皇家的威严和面子。

这也注定了王安石的熙宁变法要从得利入手。因为现在当务之急是要解决国家财政问题，如果国家不能及时解决财政问题，那么他如何才能做到富国强兵？就算他日理万机累倒在龙案上也只是做无用功罢了，没有运转资金真的是硬伤啊！

所以他下了圣旨："朕以为欲致治于天下者，必富之而后可！"这道圣旨事实上就确定了熙宁变法的大致方向。就像是一个企业，最重要的是资金运转。如果资金链垮了，那么这个企业基本可以解散了。宋王朝的"小总裁"宋神宗正是觉悟到了这一点，所以才有了这道圣旨。

但是皇帝的圣旨好像并没有太大的效力。就拿这次青苗法的颁布来说，反对的呼声日益激烈，这样的日子似乎就没消停过。

反对的意见其实也很实在，其实都是为了国家和百姓着想，只不过立脚点不一样，思考问题的方向也就不一样了。

反对派主要是觉得新颁布的青苗法说是为了解决人民的基本问题，但却向百姓收利息，这和民间的高利贷有什么区别，只不过是收归官方所有了，说出去就是笑话，不过是政府为自己聚敛钱财的途径。

还有一个问题就是青苗钱贷出去之后有可能肉包子打狗，一去无回了。不是说老百姓的没有道德观念，而是现在百姓的日子都不好过。特别是最底层的百姓，日子过得紧巴巴的都难以糊口了，这也不说还利息了，估计能把本金还上都是拼了老本的。

除此之外就是担心如果监督不当的话，有些贪官污吏为了完成上面的指令，强制老百姓借款，或者更有大胆的暗中增长利息为自己赚外快。这样的话青苗法势必会成为扰民政策。

这些担心也不是没有道理，可说到底这些也都是推断和理论。对于王安石这种奉行"实践是检验真理的唯一标准"的三好学生而言，没有实践的理论都是站不住脚的。

他对自己推行的青苗法很有信心，哪来的自信？实践！正是因为王安石在鄞县的经历，才让他如此坚信这个政策是利国利民的。

他的想法就是在灾荒的年月把青苗钱贷款给需要的百姓，使他们在青黄不接的世界里度过困难期，而且也能免受高利贷的残害。对于农民而言，可以提高农业发展水平和生活质量。而对于国家而言，可以把收来的利息用于兴修水利等致力于百姓的好事。这就是王安石"因天下之力，生天下之财，取天下之财，以供天下之用"的改革思想。

听起来有那么点意思，这个理论很超前也很好。如果实行得好，一定是个有利于天下苍生的好政策。

而且王安石也并不是说说而已。他在基层任职的时候就十分重视农田水利建设，青苗法确实为水利建设做出了很大的贡献，这些功绩也一度被受利地区的百姓所歌颂。但说到底，青苗法也只是王安石改革举措中的冰山一角。他的才能不仅限于此，制定的改革措施全面而周到。

荆公不怕改革难

王安石实行的青苗法只是富国之法的其中一点，还有一个还很重要的举措就是"免役法"，又称"募役法"。

在王安石颁布免疫法之前，宋朝实行的是差役法。人民要服很重的劳役，却没有服役钱领，说白了就是国家的免费苦力。

徭役是循旧制的产物，前人的经验告诉我们，厚重的徭役绝对害人不浅。不信我们一起来回顾一下历史上关于徭役的头条新闻吧：

陈胜、吴广和同乡人民在去服徭役的路上遇到了大雨，按照规定

是要砍头。这俩人心想，横竖都是一死，不如死得伟大点，于是，揭竿起义。他们高喊口号："王侯将相宁有种乎！"这次起义被称为大泽乡起义，严重打击了秦朝，成为中国历史上第一次大规模的农民起义，也为秦末的农民战争拉开了序幕。

还有一个更出名的事件——孟姜女哭长城，据说孟姜女的丈夫就是因为服徭役过劳而死的，然后孟姜女就哭倒了长城。

在众多人的心中，徭役就是历史身上的一道伤，让人没办法忽视它。它也是老百姓心里的伤痛，这些服徭役的人都处于一个状态：出力不讨好。

服徭役其实分好几种，有兵役、力役和杂役等。服力役的人我们暂且称之为役夫，役夫在某些地方被翻译成贱货。不过和现代人口中的贱货还是有一定区别的，有区别，但区别不太大，可见役夫真的是很没有人权。

他们做着最苦最累的活，却得不到一点尊重。他们的身份甚至就像是奴隶一样，没有人身自由。虽然当时早已从奴隶社会发展成为了成熟的封建社会，但是一定意义上来讲，奴隶还是存在的。比如这些役夫，他们就像是奴隶一样的存在，只不过名称叫法不一样而已，过着最低等的生活，每天超负荷的工作量，吃不饱穿不暖，还不能与家人相聚。

有些人受不了这些苦就跑路了，被抓到会死得很惨。抓不到会生不如死，因为家人会受到牵连，甚至妻儿会因为他的一念之差而被戕杀。

想要跑路是没门了，除非想要背负抛弃妻儿的罪名终其一生，不然就只能乖乖地忍受。正因为这样，才会有人不满，有不满才有起义和暴动。陈胜、吴广起义不就是最真实的案例吗？

百姓们为了服徭役往往东奔西走，长途跋涉，因而耽误了农时，苦不堪言，早就有人称之为"害农之弊"。针对这一弊端，王安石颁布了免役法，用交钱就可以免役的方式将广大劳动人民从劳苦的徭役中解救出来，使人民能够自由支配劳动时间，促进了农业的发展。

富国重要，强兵也很重要。王安石在青苗法和免役法都是富国之法，强兵之法王安石也没落下，就说说最具有代表性的"保甲法"。

王安石曾说过一句话："保甲之法成，则寇乱息，而威势强矣。"说明他在推行保甲法最主要目的是平息农民阶层的反抗斗争。

熙宁三年（1070 年）司农寺制定《畿县保甲条例颁行》，保甲法正式颁布。它规定：乡村住户，每十家组一保，五保为一大保，十大保为一都保。住户中最富有者担任保长、大保长、都保长。

其中还规定，家里有两丁的，就出一人为保丁（即乡兵）。为了不耽误农时，便选在农闲时节进行军事训练，并在夜间轮流巡查，维持当地的治安。

保甲法若实行得好，必定是好处多多的，既能培养地方上的保丁参加训练，又能把各地区的人民按照制度编制起来，方便管理。无疑为国家节省了大批军费开支，又达到了"除盗"的目的，大大稳定了社会秩序。有学者对王安石的强兵之法持全盘否定的态度，这样的态度对王安石来说并不公平。单看保甲法，就是一个极妙的措施。王安石的强兵之法除了保甲法，还有将兵法也尤为重要。

将兵法又叫"置将法"，是废除了北宋初年设立的"更戍法"而立的。更戍法在前文提到过，是宋太祖采纳了宰相赵普的建议而设的，这项制度有很大的不合理性。

长时间的外出驻兵耽误了农时，对老百姓的生活造成很大的不便。临时任命成军统兵将官的方法，更是造成了兵不识将、将不识兵的局面。虽然这样做有效地防止了将领专权，使得军队更利于朝廷控制，但也极大程度地削弱了军队的战斗力。如此看来，更戍法对一个国家而言是弊大于利了。

王安石的将兵法就有效地改变了这种局面，使得将练其兵、兵识其将。他建议朝廷取消士兵"刺脸刺手"的做法，以礼奖待之。这种以礼服人的做法是很有道理的。

除了养兵方法，王安石还做出了淘汰弱者、裁剪军队的举措，精简后的军队，大大提高了战斗力。

王安石全面整顿军队的强兵之法得到了很好的效果，这与他所实行的富国之法遥相呼应。在进行政治、军事改革的同时，王安石也没有忽

略选拔人才的重要性。他十分重视人才的选拔和培养，因而制定出了一系列取士之法。

取士之法的具体措施有：改革科举制度、整顿太学、唯才用人。他颁布了贡举法，把科举考试的重点放在考察经纶济世之志和真才实学上，扩大了考选名额。整顿太学制度、重视中下级官员的提拔等，都为改革变法的人才培养做出贡献。

细细查看，王安石的变法内容颇有超时代性，他对宋朝的社会状况摸得很透彻，根据自己多年在基层的经验，制定出了一系列富国、强兵、取士之法。不可否认地是，王安石却有改革之才，他的智慧令人折服。

制度归制度，实行起来就比预计的情况复杂得多，那么这个措施能否顺利达到预期效果呢？

选错一人，为害一方

真正实行起来，在全国范围内的推广可比鄞县的实行难度大多了。一个国家是由许多个大大小小的"鄞县"组成的，情况多变，民情不一。说不定鄞县刚好很适合这个政策，其他地区就说不定了。

每个国家基本都是有富有的地区也有贫困的地区，宋朝也不例外。当年王安石在鄞县推行"货谷与民"的成功经验，是在只能说明鄞县地区的民情比较适合这项举措，而国家有些地区的百姓生活水平低下，养家糊口都十分困难，哪里还有闲钱还利息。甚至更差的地方，因为常年发生自然灾害，一直接受国家的救济津贴，这些地方的老百姓就更是还不上青苗钱了。

难道真让反对派给说中了，青苗法如此不堪一击？其实也不全是如此，青苗法的本身并没有什么错，出发点也绝对是为国为民的。国家各个地区的民情不同，可以因地制宜，根据民情稍作调整也不是不可，毕竟适合的才是最好的。

青苗法出了问题，那么其他的变法政策能幸免吗？我们来看一看。

从熙宁二年（1069 年）设立制置三司条例司开始，变法内容就在有条不紊地进行着，主要分为三个方面：富国之法、强兵之法、取仕之法。

其中富国之法包括：青苗法、均输法、市易法、免役法、方田均税法、农田水利法；强兵之法包括：将兵法、保甲法、保马法、裁兵法、军器监法；取仕之法则是改革科举制度、整顿太学、唯才用人三个具体的措施。

变法的政策涉及方面很广，而且很具体。这些法令制度绝对不会是一朝一夕就能制定出来的，就像前文说的，这个理想蓝图已经在他心里酝酿很久了。这些都是他日积月累呕心沥血之作，但是他的心血却出现了问题，这怎能让他不心痛？

青苗法本来是为了解决农民的燃眉之急，但却在无形中增加了农民的负担。虽然并不是绝对的，在一定程度上缓和了社会矛盾，增加了政府收入，还限制了高利贷的猖獗，但是青苗法在运行中却出现了强制农民借款、地方官员私调利息的劣行。

再说说争议比较大的免役法。免役法又称募役法，其实这在一定程度上就相当于寓兵于农，不愿服兵役的人按等级缴纳免役钱，这样就既保证了农民的正常劳动时间，不影响农业发展，也为国家的财政收入做出了一定贡献。话虽如此，还是有一定的弊端，这笔免役钱对贫苦人家来说是个不小的负担，而且更是触犯到了中小阶层地主的利益，引起他们的极大不满。

农田水利法本来是为民为利的惠民政策，鼓励垦荒，兴修水利，经费根据贫富等级，或向上级政府借贷。但是这样一个值得推广的惠民政策，却在实行当中变了质。一些地区的官员为了使政绩考核突出，不管当地民情如何，就强制百姓出资兴修水利工程，所以惠民也变成了害民。

前面提到的强兵之法中保甲法也是饱受争议。保甲的第一目的就是"除盗"，保甲法把民户进行编排，抽出的民丁，在农闲时就集中练兵维持社会治安，农忙时就回家干活。这个方法既维护了社会治安，完善了国家军事储备，又节省了军费开支，可以说是"寓兵于农"的一种形式。但是这个政策却触及了多个阶层人民的利益，给人民的生活带来的

负面影响。在熙宁四年（1071 年）年间，甚至还出现了有地方百姓为了逃避保甲自断手腕的事情，到底需要多大的勇气才能让一个人做出如此伤害自身的事情？可见保甲法在实行中确实存在很大的问题。

这些变法政策或多或少都出现了一些问题，甚至有些问题十分严重。为什么？明明出发点是好的，为什么结果却朝着失控的方向发展？

凡事都有原因，出了问题就要反省问题出在哪里。说到这，我们就要往事重提一下了，还记得王安石那篇洋洋洒洒的《上仁宗皇帝言事书》吗？

他在里面提出的首要问题是什么还记得吗？没错就是人才问题。他在万言书中写道："然则方今之急，在于人才而已。"

王安石这次变法中最严重的失误就是用人不当。从万言书来看，我们知道王安石在变法开始十几年前就已经知道用人问题的严肃性，可是，他自己却在这个问题上栽了，还栽了个大跟头。

虽然变法的问题不能全部归结在用人上，但是变法走到今天这一步，用人不当绝对是个大块头的劣根。

王安石是善待人才的人，所以在变法期间提拔了很多人才。说及此，首先就会想到一个人，这个人其实对熙宁变法的贡献是很大的，他就是吕惠卿。

吕惠卿可以说是在王安石一手提拔起来的，也是他在变法中最重用的人。缘分总是在不经意间产生的，一次吕惠卿来拜见王安石，两人就坐着那儿，聊人生聊理想，聊着、聊着就聊到一块去了。王安石发现他们二人的意见有很多相同的地方，二人就此结为忘年交。

熙宁二年制置三司条例司刚刚成立时，十分缺少人手，为了使新法顺利推行，便招揽了大量有志向改革的人才。吕惠卿此时正在做集贤殿校勘，王安石和吕惠卿关系好，就极力向宋神宗推荐他。说吕惠卿这个人真的是贤能，绝对是在当今人才中的出类拔萃者，就算是前世的圣贤也未必比他强，能把先王的用于今世的，大概只有他一人能做到了。

印象中，王安石应该不是这种逢迎献媚的人。此番他如此不遗余力地夸赞吕惠卿，说明王安石对吕惠卿的重视程度绝非一般人所能比的。

王安石这次的提拔，使得吕惠卿顺利升了官。不仅如此，王安石在变法中的大小事宜都会找他商议，只要是王安石上书变法的奏章都是吕惠卿代笔。吕惠卿俨然已经成为改革一派的核心人物。

两人关系好得简直可以穿同一条裤子了。当时的人说到他们俩的关系，就会把王安石比作孔子，吕惠卿比作颜回。我们都知道颜回是孔子最得力的弟子，他从十四岁开始跟着孔子，以后便一直侍奉他至终，这种情谊是别人没有办法想象的。吕惠卿和王安石最初就是这样的关系。

吕惠卿在变法中起到的作用绝对是巨大的。本来是变法中的核心要员，如果他能保持初心，一定是前途无量。但是人啊，总是会在权力的欲望中一步一步迷失自己。吕惠卿在得到王安石的重视后，也慢慢得到了宋神宗的信任，宋神宗任命他为参知政事（即副宰相）。吕惠卿的野心慢慢发酵，终于他开始不再满足于服从在王安石的手下。当人的欲望膨胀之时，就会失去自己的本心。吕惠卿就是这样，他开始对王安石产生不满，渐渐和王安石的关系越来越僵，最终成为变法的破坏者。

在权力的世界里，如果没有良好的自制力，很容易就迷失了自己，甚至连最初的本心都会丢掉。

吕惠卿不正是这样吗？他最初同王安石一起打理变法事宜时，肯定不会是怀着坏心思开始的，但是走着走着，恐怕连他自己都迷茫了，开始的想法早已不记得。他甚至为了打击与自己不和的同僚，而引发了改革派内部的混乱。

吕惠卿是个很有才华的人，王安石当初没有看错他，他的确是个可用之才。但是王安石忽略了吕惠卿的人品。他是个有野心的人，很容易在权利中迷失自我，如若不能把他好好地掌控在自己手中，是万万用不得的。当下，便是这样的局面，曾经被王安石一手提拔起来的吕惠卿，竟成了破坏变法的锋利匕首。

吕惠卿曾经也因为推行变法有功而被誉为"护法善神"，现在反倒成了破坏变法的那一个。曾经他视王安石为恩师、为良友，现如今却为了独揽大权，而排挤王安石。这样的结局恐怕是王安石做梦也想不到的。

王安石亲手提拔起来的人，最后却把他自己给坑了，这简直是比

窦娥还冤。但是这样的事情本来是可以避免的，因为早有人提醒过王安石：日防夜防，家贼难防，吕惠卿这个人不得不防。

最奇怪的是，提醒王安石这些的竟然是他的政敌司马光。当时司马光入宫面圣，宋神宗问起他对朝中大臣的看法，当神宗问到吕惠卿时，司马光说了这么一段话：

"我认为吕惠卿这个人不是什么好人，他为人奸邪狡猾。王安石招来朝野上下的反对，吕惠卿绝对脱不了关系。王安石这个人吧，我了解，比较执拗，但是没什么坏心眼，对情势不太了解，又不太擅长与人相处。吕惠卿接受谋划变法的事宜，最后由王安石推行，因此让天下人都误解王安石是奸臣。"

这段话字字珠玑，没有一句话不是在指责吕惠卿。但此时吕惠卿深得宋神宗的重视，所以他不太确定司马光所言可信与否，犹豫了一下还是帮吕惠卿说了好话："司马爱卿，你会不会弄错了，吕惠卿上奏的建议对策条理清晰，言之凿凿，像是个可用之才！"

司马光叹了口气，皇上还是太小了啊，人心隔肚皮，不是轻易能够看透的，只好耐心答道："皇上所言不差，吕惠卿的确文采出众，思维灵活且聪明机智。这些都是事实，但是一个人聪明不代表他是好人。可以看出吕惠卿心思不正，愿皇上慢慢考察他。像江充（西汉武帝朝绣衣使者、水衡都尉，制造了'巫蛊之祸'，致使太子逃亡，皇后卫子夫自杀）和李训（唐朝文宗时期的宰相，诛除宦官，制造了"甘露之变"）这样的祸害，如果不是因为有一定的才华，当初又是拿什么打动人主的？"

你以为司马光只敢在宋神宗面前说吗？那你可想错了，他也给王安石写信劝告，说吕惠卿是一个喜欢阿谀奉承的人，别看他现在对你毕恭毕敬事事顺从，以后可就不一定了。一旦你失势了，他必定会为了自己的利益而出卖你。

或许是司马光的言论太过直接，又或许是王安石碍于司马光反对变法的立场，总之，王安石并没有听取司马光的意见，反而感到很不高兴。

这一点王安石实在是以小人之心度君子之腹了。他被眼前急需人才的现状冲昏了头脑，才为以后埋下了祸根。可以看出来，王安石虽然聪颖过人，但还是太单纯了，在为人处世的方式和选人的眼光上确实不如司马光。

如果只有吕惠卿一个人坏事，恐怕王安石的麻烦还不会这么大。可问题是一个人的眼光如果不行，就绝不仅仅是看错一个人那么简单了。

除了吕惠卿，还有一个人，就是和王安石共同掌管制置三司条例司的陈升之。他与吕惠卿一样，为变法做出了重大贡献，可后来与王安石渐行渐远，便做出了有损变法的事情。

吕惠卿和陈升之是半路背叛组织的人，还有和组织领导产生分歧的人，也就是支持变法，但是变法改革的思想却和王安石截然相反的人。比如苏轼的弟弟苏辙，他是一个很有志向的人。他看出宋代社会的问题弊病，有实施变法的愿望，所以他接受了王安石的任用，加入了变法的行列。可是他的变法思想和王安石的思想并不相合，他认为变法的当务之急就是"除弊"，而王安石的熙宁变法显然是把"兴利"放在了第一位。

这里就不得不提一下和这两个人都息息相关的苏轼。他与弟弟一样都和王安石的思想有很大分歧，但他和弟弟的想法也不一样。他认为当今社会的当务之急是先把人民的道德标准提上去，也就是现在我们常说的提高国民素质。

苏轼苏辙这两兄弟还真是有意思，先支持了变法，又分别有了各自的思想，从而和王安石产生分歧，而后又归入反对派一队。本来这两个人的声望在当时社会都是极高的，所以他们的反对，又使得更多跟风的人加入了反对派。

但是说到底他们都属于变法改革的机要人员，是专业团队中心的问题，也是看得见的问题。还有更多的人事问题则是存在于看不见的地方的。

王安石可以控制改革变法的方向，可是真正实行推广起来，单靠他一人之力去实行绝对是天方夜谭。国家是由大大小小的城市、乡镇、村落等组成的，所以变法的真正执行人员就是由各个级别的市长、县长、村长组成的。

这个执行团队绝对很庞大，他们真的支持变法吗？他们了解变法到

底是怎么回事吗？他们接受过专业的训练吗？

这些问题很难回答。人多，就必定是良莠不齐的。熙宁变法开始得迅速，一定没有什么时间和精力给这些官员做培训，所以我是很有理由怀疑他们对变法内容的理解度的。

那么这些执行者都是真心支持变法的吗？答案也是否定的。听听朝堂上那些反对变法的声音吧，天子脚下尚是如此，更别说是朝堂之外了。所以很多人都是迫于上面的压力才开始推行变法的，这样屈打成招式的服从真的会让他们全力以赴吗？答案又是否定的。

那么问题来了，这么多的变法执行人员的人品可以考察吗？事实上很难考察到位，在现在网络公开透明的社会，尚且还有漏网之鱼的贪官污吏，在信息流通速度缓慢的古代估计就更多了。很多官员都是为了一己私利而鼓吹变法，挤进了变法的行列。这些人都是打着改革变法的旗号，做的却是中饱私囊、鱼肉百姓的坏事。

这些人最可恨，他们根本不会在乎别人的变法成果，只要能为自己捞点好处，就算不择手段也在所不惜。但是从某种意义上说，是王安石为这些投机取巧为自己谋取利益的人提供了跳龙门的平台。

这样看来，王安石是搬石头砸自己脚了。早知今日何必当初，为何在变法伊始不能在用人问题上慎重一些呢？对于这个问题王安石真是心里苦啊！谁不想用好人啊！眼光不好能怪我吗？

当然也不仅仅是眼光的问题。不管怎样，谁都是希望任人唯贤的，但当时的情况是他确实无人可用。为了使变法能够快速得到推广和实行，只要支持变法的人都用上了，而反之，只要反对变法的他都采取打压措施。本来就树敌很多的王安石这下又多了许多政敌。这才导致了他无人可用只好所用非人，影响变法的局面。

这些人在推行变法中用了一些小手段，比如提高借款利息，缩短还款时间，擅自调用青苗钱和免役钱等等。这些问题的危害都是一点一滴积累起来的，到了一定程度就会引发大爆发。

一方面是王安石操之过急，变法中涉及的利益大，用人选择又不恰当；另一方面也是他为人处事上过于固执，导致树敌过多，变法被多加阻挠。

选错一人，为害一方，说的正是这个道理。不过现在大家最关心的应该是：情势发展到了这一步，熙宁变法还能继续进行下去吗？

动了谁的奶酪

变法进行到现在似乎到了一个瓶颈期，接下来会发生什么？谁也不知道。王安石仰天长叹，摇了摇头，他也很迷茫。的确，换成是谁都会很迷茫，他做错了什么？难道是做了伤天害理天理难容的事情？难道他利用改革变法为自己敛财了？难道是他的变法思想很幼稚没有可行性吗？

都不是！相反的，熙宁变法的改革举措如果执行到位，就会达到不可估量的效果，造福一方百姓。而且王安石一生清廉节俭，也并没有做什么贪污受贿的事情。

那么为什么？为什么这么多人要反对变法？可以为人民服务、缓解社会矛盾、解决朝政问题不是很好吗？

不是不好，而是要记住一点，千万不要把所有人都想得那么无私伟大。如果你现在正在这么想，只能说你还是太单纯了。

我国自古就有一句古谚："人不为己，天诛地灭。"用哲学上的"价值取向性法则"来解释就是：追求价值率最大化、追求利益最大化是人类主体一切行为和思想必须遵循的基本原则，是一切主体生存与发展的内在动力。

嫌哲学思想太深奥听不懂？那就简单粗暴地解释，就是"人是自私的"。当然也不能一棒子打死，但是不能否定的是大部分人都是这样。

这样一解释，王安石变法遭到大范围反对的原因就显而易见了，显然是触犯了某些阶层、某些人的利益。

写到这里，原因就水落石出了。虽然王安石变法的改革措施出台时间紧迫，也有一些小瑕疵需要进一步完善，但也不至于到了不堪一击的地步。只要在实行过程中小修小改，多加完善，就可以达到预期的效果，但是现在的结果却是引来了国民的不满。所以是故意有人捣乱了？

先看看青苗法，这是变法中十分重要的一项举措，也是王安石最有信心的一项政策。因为有鄞县的实践在先，明明当时的效果就很好，这对他来说就是轻车熟路，不在话下。

而且在推行青苗法之前，王安石还特意在国家进行了试点调查，效果都很不错。可是最有信心的青苗法在全国范围内推广的效果却并不怎么理想。

青苗法到底得罪了谁？首先回顾一下青苗法的作用：限制了高利贷者的猖獗，帮助百姓度过青黄不接的时节。这样就了然了，青苗法触犯了大官僚、大地主、高利贷者的利益。在这个官官相护的时代，这些人靠着高利贷大发百姓之财，轻轻松松就能赚钱发财，青苗法的颁布断了他们的财路。这些官吏不能再在高利贷上捞钱了，就改变了敛财路线，青苗法刚好成了他们的另一个平台。

贪官污吏并不是遍地都是，国家也有清廉刚正、为国为民的好官。所以国家就出现了两个极端现象：有些地方官员办事得当，严格按照国家下发的红头文件行事，百姓切切实实得到了国家的恩惠，生活水平也有所提高，所以就对王安石歌功颂德，十分拥护青苗法；而有些地方的官员则刚好相反，他们为了自己的利益，在执行当中做小动作，利用青苗法做掩盖大发百姓之财，而百姓能接触到的只有这些地方官员，不知道国家的政策到底怎样，更不知晓地方官员的小动作，只道是国家实行新法，所以怨声载道，对新法充满排斥，这笔账自然是算到王安石头上的。

这些不法官员的小动作猖狂到了一定程度，甚至到了目中无人的地步。走上不法道路的人，不管罪行是小是大，都有一种豁出去的"勇气"，反正已经沾手了，不如一条道走到黑。他们是真的豁出去了，一点也不怕上面追究下来。

当时规定的利息是两成，也就是百分之二十，但是有些地方官员为了中饱私囊，就私自把利息提高百分之十，甚至有更多的。还有传言有些地方的利息已经提高到了三至五倍令人咋舌的高度。

百姓苦不堪言，如果是这样，百姓们不借也就罢了，省得被高利贷者盘剥还要被国家剥削，顶多日子过得苦一点，以前也不是没有过，熬一熬就过去了。

可现在的情况是，不良官府竟然搞"抑配"。"抑配"就是在强制摊派。原本为了方便新法的推行，所以实行至少五户人家为一保的模式，这样大家借多少钱可以商量着来，相互担保，这样可以提高青苗钱的回收率。

可是在执行的过程中，这样的模式渐渐走形变质，最后变成了官府强行命令富户为贫户作担保，并强制性地向各个等级的百姓摊派青苗钱。这样强行摊派的结果就是，很多贫户根本还不起钱。这些官吏还等着赚钱呢，还不起可不行，于是就将魔爪伸向了为他们担保的富户，强行向他们索要。

这还了得，富户虽然家境富裕，可是再富裕也没有到了富可敌国的地步，根本经不起这么折腾。他们当然不满了，有谁会愿意替别人家还钱呢？

关于这一点王安石是有明文规定"禁抑配"的，显然已经被这些大胆的敛财者当成了摆设。

还有些地方的官员为了完成指标，而强行把青苗钱借给有能力偿还的富户。这些富户其实很少有需要借贷青苗钱的，借给他们又有什么用？而真正需要的贫户却不予借贷。这听起来真是个笑话，不仅没有效用，还把富户和贫户两头都得罪了。

这些官员的行为无疑是走了民间高利贷的老路，把青苗法彻底变成了苛政。如果青苗法要这样实现推行的话，那么颁布它就没有什么意义了。

再来就是说说很受争议的免役法。这种类似于寓兵于农的模式，为了就是让农民能不耽误农时，提高农民的生活水平，缓解社会矛盾。王安石的愿望很美好，但不一定如他所愿，有一句话叫做"理想很丰满，现实很骨感"，在实行的过程中还是出现了很大的问题。

连王安石自己都说，当今的官吏在推行此法的时候，有轻重不均的地方，所以出现了很多难以预测的问题。

王安石的新法缺少了一条从理想通往现实的纽带，而这条纽带本应该是有能力的变法人才。可惜王安石缺的就是这样的人才。

所以在免役法实施的过程当中，出现了很多不恰当的实施方式。新法中免役钱是根据民户的等级来定的，意思是，就算你有钱也逃不了交钱的命运，甚至会越有钱交得越多。穷人听起来一定很过瘾，再也不用担心自己一直穷下去了。

可是这项看似十分遵循公平公正原则的新法，却惹上麻烦了。这个麻烦就是惹到了一些"特殊人口"。本来一些官僚地主、坊郭（住在州、府、县、镇的人口，俗称城市人口）等是可以免交差役钱的，所以他们也就是一定意义上的特殊阶层。

免役法的实行，可以说是打破了特殊阶层这一说，把这些原本的"特殊人口"也纳入了缴钱的行列。从原本的不用出钱，到现在的不仅交钱还缴纳的比其他人更多，这么巨大的落差谁也受不了。

让这些拥有免役特权的大官僚大地主放下特权，无疑是动了他们的"奶酪"。事实证明，权贵阶层的"奶酪"动不得。

著名的旅美学者李亚平曾经说过："天还没亮，但王安石起得太早了。"这其实是在说王安石的变法思想比较超前。就拿免疫法来说，他免去了权贵阶层的特权，使他们与其他阶层共同承担差役钱，这项规定用现代人的眼光来看，真的是一点问题都没有。人人平等，不论你是什么身份，都要承担同样的义务。

可是这毕竟是古代啊，人人都分三六九等，皇帝最大，老百姓永远在最下面。他们没有所谓的人权观念，可能就连老百姓自己也不会去想争取什么平等吧。但是王安石就是那个朝代的一朵奇葩，他想要搞平等。这与当时那个社会的价值观相悖的，甚至是格格不入的。

其实每一个改革者都很不容易，历数古代的变法改革的发起者，有几个可以真正做到明哲保身的？想想秦国的商鞅，厉行变法，最后却惨被五马分尸。再想想庆历新政的范仲淹，一样的道理，他们都是触犯了一群人的利益，动了他们的奶酪，就会受到打击和报复。

最终这场改革还是变得一团糟，执行操作不当再加上官僚地主阶级的反对和百姓的不明所以，反对改革的呼声越来越高。宋神宗不得不顾忌民声，渐渐对改革的想法变得摇摆不定。

熙宁变法背后最大的靠山动摇了，王安石该如何是好？

压倒骆驼的最后一根稻草

或许王安石已经料到这样的结局了，变法改革现在还在勉强苦撑，实际上已经满目疮痍了。王安石也不是傻子，他看得出来现在是什么形势。

他不甘心，是真的不甘心。熙宁变法就像是他的孩子一样，在基层孕育了那么多年，终于面世了，虽说是难产，但好歹顺利降生。一项项政策开始推行，这个孩子也在慢慢成长，可是现在却将要被反对的呼声扼杀在摇篮里了，他怎么会不难过？

所以，他常常在想，到底是哪里出了问题，为什么会出问题？明明他的改革思想很成熟，背后还有宋神宗这座大山撑腰，本该蒸蒸日上的改革变法却频频走下坡路，这真的是不应该。

其实很好解释，总结一下，王安石变法从最初的斗志昂扬走到今天这个地步，原因有几点：

首先是王安石太过心急了。他等了这么多年，终于等到了这一天，难免有点心急。但是凡事都有轻重缓急，往往操之过急就容易把事情搞砸。

王安石的操之过急体现在哪里呢？我们可以来看一看熙宁变法的推行进度。

当然王安石的变法思想是经过慎重考虑的，这一点倒是无可指摘。王安石也不是一般人，他在基层的十几年不是白混的。早就在宋仁宗时期，就有上书提出过变法改革的想法，只是并没有得到宋仁宗的回应，连带他的万言书也石沉大海了。

直到他遇到了宋神宗，这个和他有着同样想法的少年皇帝，也是他的伯乐。于是熙宁元年（1068 年）的春天，他正式向宋神宗提出了改革的想法，提出了自己的治国之道，然后就是著名的《本朝百年无事札

子》的面世。

这个奏札奠定了王安石的变革之路。所以在第二年，也就是熙宁二年（1069 年）改革开始进入正轨，宋神宗设立了制置三司条例司这个独立部门。有了这个便利，王安石的变法内容便大张旗鼓地展开了。

制置三司条例司成立的同年，均输法、青苗法和农田水利法也相继颁布。熙宁三年（1070 年），免役法、保甲法也相继面世。熙宁四年（1071 年），颁布了方田均税法，并进行了科举制度的改革。熙宁五年（1072 年）和熙宁六年（1073 年），市易法和免行法也正式出炉。

这个效率高得实在令人咋舌，但是高效出产就真的好了吗？当然不是，效率上去了，质量就没有保证了。这样推行的频率过高，中间环节出现的问题就不容易被发现。这样的话，问题就不能及时解决，时间一长，弊端就显露出来了。改革一旦走到了弊病尽显的地步，那基本上是离失败不远了。

改革实际上应该是一个循序渐进的过程，我们可以把一个国家比作拼接型的巨型积木，牵一发而动全身。要改革只能慢慢来，不然可能会造成积木坍塌或散落的后果。王安石的熙宁变法就是犯了这个错误。

其次一点原因就是王安石的用人不当。从前文我们已经知道王安石的用错人实在也有些无奈，不是他不愿意用有用的人，问题是他没有可用之人。这也间接显示出来他性格上的问题，"拗相公"这个外号一直是贴在王安石身上的标签。他太过执拗、总是有一些非与常人的独特想法，让他有才到没朋友。

反对派的极力反对和用人不当的情况，对熙宁变法造成的伤害是致命性的。变法是王安石的主导的，但他却没办法亲自实行。推行的过程正是用人的过程，这个环节的失误，导致的直接结果就是变法在执行过程中出现偏差。这样就会使改革的效果和最初的目的脱节。

比如青苗法，青苗法本来是一部"良策"，最后却变成了苛政。王安石为了达到"青苗法"全面普及的效果，于是给全国各地都下发了指标。这也怪王安石太喜欢列计划了，可是一些地方官员尤为可恶。上面下指标，他们不是去好好地宣传让百姓理解变法的好处而自行贷款，而是为了完成指标实行强行摊派。

官场上的不良风气最容易学会，所以一个学一个，层层摊派下去，最后受苦的还是老百姓。但有一点特殊的是，不仅仅是普通的老百姓，就连富农、地主等都要强制贷款。

有的地方官府为了耍小聪明，还把百姓中几户人家结为一保，相互担保。有的贫户换不上利息逃跑了，欠国家的贷款就由富户赔偿。这样一来，原本不需要贷款的富户不仅被强制贷款，有时还要承担他人的贷款。贫户们借贷了因为层层加码而利息高涨的贷款，四处逃债，甚至弄得妻离子散、家破人亡。百姓们越来越穷，官吏们的腰包却越来越鼓。

如此实行下来，青苗法已经不再是解救百姓的良药了，而成为官吏中饱私囊的作案工具，不仅使贫下中农叫苦不迭，还因为损害了地主阶级的利益而得罪了他们。

而免役法更是冤枉。在免疫法实行之前宋代是实行的差役法。差役法误农，早就遭人诟病了，所以免疫法的颁布简直就是个救星。免役法是一个进步的突破，它改传统的"差役"为"雇役"，农民可以把免役钱交到地方政府，由地方政府雇佣人代替其服役。这样一来，农民就可以在农忙时专心劳作，不耽误农业生产。

但是与此同时免役法也规定了地主官僚人家与农民人人平等，他们也要出免役钱。这样就一下把官僚地主得罪了一遍。

而保甲法的内容更是朝中的士大夫所不能忍受的。保甲法改变了兵不识将、将不识兵的局面，实际上就是间接地提高了将领的地位。宋朝素来是实行"重文轻武"的国策，如今武人的地位将要提升，士大夫们深深感到自己的地位受到了威胁，肯定是不顾一切地要阻止改革的推行。

这些变法内容有一个共同点，就是触犯了地主阶级的利益，得罪了官僚士大夫。说到这里，有人大概要不屑了，得罪他们又如何，只要身正就不怕影子斜。话是这么说，不错，只要行得正、坐得端，就没什么好怕的，但是请别忽略王安石生在古代的事实。现在是法治社会了，法律面前人人平等，以人为国之根本，但是古代可是实行的封建专制制

度，你真的了解封建制度吗？

复述一下九年义务教育历史书上的封建制度概念："封建制度是以封建主占有土地、剥削农民剩余劳动为基础的社会制度。封建主是由君主分封的，封建主有义务保卫君主，而君主也有义务保护自己的封臣。"

封建主把受封的土地分封给农民，农民在其上耕作，但大部分劳动成果都被地主剥夺。而封建制度的形式是等级森严的金字塔结构，处于底层的就是农民。而封建社会的意识形态就是维护封建剥削制度和封建等级制。

简单地说，就是古代人的骨子里都认可人是分三六九等的。生来贫贱的就会一直贫贱，生来富贵也会代代相传，这种观念已经在人们的心中根深蒂固了，不是轻易就能改变的。换言之，不仅这些地主、百姓这样想，这种思想也是皇上认可的，而且完全不希望这种制度崩坍。不然他哪里来的荣华富贵？哪里来的高高在上？皇帝都是很享受这种众星捧月的感觉的，所以历朝历代的皇帝都喜欢做一件事就是维护封建统治巩固皇权。

这样说来，触动了地主阶级的利益在一定意义上来讲也是触动了皇帝的利益。触动了皇帝的利益，皇帝可以不在乎，士大夫可不会不在乎，于是乎，浩浩荡荡的反对大军就出现了，俗称熙宁变法的反对派。王安石真是脑子秀逗了，才会想到去得罪他们！

我们可以把王安石脑子秀逗暂时理解为思想过于超前。王安石的思想是超时代的，他有着当时那个朝代的人所不能理解的平等观念，这一点，犯了皇家的大忌。

于是，王安石的熙宁变法被困在无休止的反对呼声中，改革走到今天这个地步，也是多方因素造成的。其实宋神宗身为熙宁变法背后的大boss，压力也是很大的。

这些改革变法的反对声听在他的耳朵里，就变成了讽刺，好像是在怀疑他的执政能力。他是年轻了点，但是他的一腔富国强兵的热血也绝对不差。

话是这么讲，但是宋神宗的确有点为难了。反对呼声渐长，他不可能做到充耳不闻。每天应对这些朝臣们就已经心烦意乱了，现在连母亲高太后也出面反对了。

高太后名叫高滔滔，她是一个身份尊贵的女子。宋仁宗的大老婆皇后曹氏是她的姨母，她又是宋英宗的皇后，为他生下了宋神宗，所以她也是下一任君主宋哲宗的祖母。

她也是一个很优秀的女子，有很强的执政能力。在宋神宗之后，宋哲宗年仅十岁，难挑国家大梁，于是这个重任就落在了高滔滔的身上。但是她不像其他亲政的后宫女子一样喜欢玩弄权术，相反的，她在执政期间，勤政廉洁、治国安民，政治经济甚至达到了清明的地步。

一个后宫的女子，如何会有这样的功绩？从小事可以看出一个人的品格，那么高太后又有什么傲人的品格呢？

在高太后还不是太后的时候，不是太后的时候是什么时候？前面说了，她一生的位分都很尊贵，她不是太后的时候就是在做皇后，不是皇后的时候也是皇后的侄女。她的命是有多好！

现在我们要说的是，她是宋英宗的皇后时期。据说她和宋英宗很恩爱。她的弟弟叫高士林，在朝廷任职。像他的姐姐一样，他也是个正义凛然、机智灵巧的人。宋英宗一直想为他升官，但是皇后觉得自己的弟弟能在朝廷做官已经是很大的殊荣了，不能再搞特殊化了，这样皇上在人前也不好交代，所以谢绝了。

她果真是个深明大义的奇女子，但这样的事情也不止发生过一次。在她当了太后之后，宋神宗想要孝敬一下自己的母亲，想要为高太后的家族建一座豪宅。儿子想想让母亲享福，这个愿望是可以理解的，但是高太后却没有接受。她年轻的时候都没有让自己的丈夫受人非议，她的儿子也不能，所以最后还是她用自己的钱造了一座房屋，没有花国家的钱。

高太后这样的形象当真是受人敬仰的。她的廉洁清明，刚正不阿，让她有了"女中尧舜"这个称号。

但是偏偏这个"女中尧舜"的思想有些保守，所以她站在了王安石

的对立面。对于高太后这样一个传统女人来说，思想保守是很正常的，她遵守了这么多年的祖宗法度要被人更改了，她接受不了。她是一个从宋仁宗时期走过来的女性，到神宗这一代，已经历经三朝了，在她的思想潜意识里，祖宗之法就是标准，谁也不能改变。这样根深蒂固的意识，也难怪她会出面反对王安石变法。

高太后是宋神宗的亲生母亲，她对宋神宗的影响是很大的。所以她的意见，宋神宗不得不听一听。不过，他当时很坚定地对高太后说："母亲，这个改革我是一定要搞下去的！我等不及了，大宋等不及了！现在的情势就是必须要改革，而王安石是最好的人选，希望母亲不要阻止我！"

高太后看到宋神宗这么激动，也就不好再说什么了。但是人往往歇斯里地喊着自己一定会做到的行为，其实就是内心不自信的表现。言辞激动往往是要掩饰内心的不安。

宋神宗其实已经有些动摇了，外在的舆论压力已经让他接近崩溃的边缘。内心想法的偏移和摇摆，恐怕连他自己都忽略掉了。

大山移动，小山还能不偏移左右吗？此时王安石的立场已经很尴尬了。昔日的好友，曾经的改革派和同朝的官员，都加入了反对大军，现在连他最后的靠山也面临着随时倒闭的危险，情势真的很不妙。

一切都在一念之间，那么宋神宗又会做出怎样的选择呢？在这个关键的时刻，出现了一个关键性的人物，他叫郑侠，是北宋的诗人。貌似此画面的画风有点不对了，一个诗人来凑什么热闹！

别小瞧这个郑侠，他和王安石的关系可谓是千丝万缕。在郑侠年少的时候，王安石还因为他学习刻苦，而十分器重他。这么看来是自己人了？那么郑侠一定是来帮王安石的！

现在下定论还为时过早，还是先看看当时的案情回顾吧：

熙宁七年（1074 年），这一年对王安石来说，是个多事之秋。事情缘于这一年的大旱，天干不雨，导致国家大面积出现旱情。水是生命之源，没有水，不仅人和牲畜没有水喝，农作物也跟着遭殃。

这还不算，屋漏偏逢连夜雨——旱极而蝗。旱灾的发生往往伴随着蝗灾的到来，这种现象其实是有科学依据的。蝗虫喜欢温暖干燥的气候，干旱的天气，刚好合了这些蝗虫的胃口。所以蝗虫们在这个对它们来说非常舒适的环境里，大量繁殖，这就造成了蝗灾。

蝗虫们的到来无疑是雪上加霜，让本就受干旱折磨的农作物更加脆弱不堪。在《圣经》的记载中，埃及法老不肯放犹太人离开，上帝的震怒临到埃及，也就十大灾难，其中第八灾就是蝗灾。那时的蝗灾之大甚至到了遮天蔽日的地步。

虽然北宋时期的蝗灾没有达到那个地步，但是数月的滴雨未见加上蝗虫的侵害，已经让百姓陷在水深火热当中了。到处可见的灾民和旱情，让宋神宗忙得焦头烂额。

还记得王安石的"三不足畏"吗？在他推行变法期间，发生了这么大的灾情，在当时人看来，就是对他"天变不足畏"宣言的最大讽刺。虽然说用现在科学的眼光来看，这些自然灾害跟王安石的变法举措一点关系都没有，但是古代的科学就是天人感应，天变意味着人变。

保守派就瞅准了这个机会，打算借此扳倒王安石，于是就出现了那个画风不太对劲的北宋诗人郑侠。其实他还有另外一个身份，就是监安上门，直白地说就是一个看大门的。不过郑侠跟现代看大门的大爷还是有很大不同的，他会画画。会画画没什么稀奇的，但是牛就牛在，他不仅会画画还把这幅画呈给了当今圣上——宋神宗。

这幅图是《流民图》，上面绘制了灾民们的情况。说这是自己在巡查城楼时每天看到的百姓的现状，于是就绘画了此图。还放下狠话，说只要废除了熙宁变法，十天之内必定下雨，如果没有下，就把我以欺君之罪斩首示众好了！

这个郑侠真是狠，把自己的命都赌上了。不过这个赌或许是有效的，这幅图确实与众不同，它不像以往长篇大论的奏章，往往还没看完就失了兴趣，根本没有达到预期的效果。《流民图》正好摒弃了这种缺点，把灾民的情况绘制成图，让人一目了然，不拖沓，效果也很好。

因为这让宋神宗整整失眠了一夜。他是皇帝，天天处于深宫之中，看不到外面百姓的状况。虽说有关灾情的奏章天天都有，但是他必定没

有亲身经历过，不知道这样的灾难对百姓来说意味着什么。

所以当《流民图》展现在他的眼前时，他才真真切切地感受到了灾情的严重性。他开始反思，熙宁变法真的是对的吗？如果是对的，为什么会有天灾呢？难道是变法已经触犯了天颜？

宋神宗的祖母曹太后和母亲高太后看到了《流民图》痛哭不已，双双向宋神宗哭诉："安石乱天下！"两个深宫妇人一句话把宋神宗打入谷底，连对变法的最后一点残念也消失殆尽。

此时王安石无论怎样解释都显得苍白无力，他面临的将是被罢相，熙宁变法由此遭到了重创。

这样的打击对王安石来说是巨大的。其实熙宁变法自开始实行以来，受到的多方压力从来都没有停止过，但他都挺过来。但是每个人的能力都有一个度，王安石也不是神通广大的仙人，他终于还是垮台了。郑侠的《流民图》无疑是压倒骆驼的最后一根稻草。

王安石的离开，会给朝廷带来怎么样的变动？熙宁变法又该何去何从？

第十章　冬去春来，物是人非

放开我弟弟

王安石被罢相后，心心念念的都是那未完成的变法改革。他不甘心呐，他多少年的心血，怎么能就此付之东流呢？虽然他离开了，但是变法绝对不能停下，那么还有谁能够帮他呢？他想到了吕惠卿。对，他是自己一手提拔起来的，也是熙宁变法的大功臣，此时，不相信他还能相信谁呢？

于是，他在临走前为自己变法阵营的人事做了精心的安排：请求皇上让吕惠卿担任参知政事，还让韩绛代替他的位置。这个韩绛，就是当年和王安石一起高考的第三名，是韩亿的儿子，说起来这两个人还真是挺有缘的。

他们俩的友谊应该是从考试那一年开始的。一起考个试就成朋友了？意外吗？也不意外。女生们一起逛个街、吃个饭就能成闺蜜了，男人们一起考试怎么就不能成朋友了？人和人之间的交往是很奇妙的，偶然的相遇和生活中的碰撞就可以把两个人连在一起。

生活中这两个人的关系还是千丝万缕的。先说说韩绛的父亲韩亿。乍一听韩亿这个名字，好像没什么印象啊。他这个人别的优点没什么，就是儿子多，足足有八个。儿子多有一个好处，就是可以集中培养，总有一个会有出息吧。

就拿这八个儿子中我们最熟悉的两个来说吧，韩绛和韩维。韩绛是

韩维的哥哥。前面说过韩维就是宋神宗的辅导老师"嘉祐四友"之一，正是因为他向神宗坦白自己的思想是来源于好友王安石，从此王安石和宋神宗的人生纠葛正式开始。虽然这两个昔日的好友因为变法走向了两个对立面，但是他也的确是在神宗和王安石中间起了引荐的作用。

现在王安石垮台了，却推荐了他的哥哥韩绛上位。世界真的很小，人们转了一个圈，最后又转回原点了。韩维引荐了王安石，王安石又推荐了他的哥哥韩绛，看着可不可以算作是，王安石把韩维对他的恩情还在了他的哥哥身上。反正都是自家人，还给谁不都是给韩家人长脸吗？

韩绛是变法的支持者。虽然他有些变法意见和王安石不一致，但是总体来说他还是站在王安石这边的，再加上他又是参知政事，位分比较高，在王安石执政期间做出了很多贡献。韩绛这个人为人中肯正直，所以并没有过多地受到反对派的攻击。

大概王安石也意识到了自己平时太过执拗，在朝廷上树敌太多，这也是导致变法的反对呼声高涨的原因。这辈子让他学会圆滑处世的愿望是不可能实现了，但是他做不到的事情，别人可以做到，于是王安石想到了让韩绛代替自己。

这两个人果然也没有让王安石失望。王安石离开后，二人继续坚守改革阵营，坚持把变法事宜执行下去。这本该是个皆大欢喜的事情，只要变法还在，就算让王安石回老家种地，他恐怕都是乐意的。但是好景不长，事情就出了新的变故。

这个变故就出在吕惠卿的身上，在前面我们就已经提到过，王安石选错一人，为害一方，其中最大的错误就是选用了吕惠卿。

如此说来，司马光倒是有先见之明的，他早早地提醒王安石吕惠卿这个人奸诈狡猾，不可留在身边。但当时司马光已经和王安石站在了政治的对立面，所以王安石只觉得是保守派的挑拨离间，并没有过多地参考这个意见。王安石的执拗，使得吕惠卿成了漏网之鱼。

吕惠卿受恩于王安石。两人在初识时，并没有掺杂过多的政治因素，单纯是互相欣赏。两个人坐在一起总是有聊不完的话题，说不来的亲切，颇有相见恨晚的滋味。

王安石生于 1021 年，吕惠卿则出生于 1032 年，相差十一岁，将近一轮了，或者可以用一首诗来形容："君生我未生，我生君已老。"当然这首诗用在这里就不能比喻爱情了，而是用来形容王安石和吕惠卿的忘年之交。

曾经看到有人写过一句话："感情经得起风雨，经不起平淡；而友情经得起平淡，经不起风雨。"这句话大概是对王安石和吕惠卿的最好写照了。他们之间最初的友情可能是纯粹的，但是吕惠卿这个人的野心很大。这样的人不碰政治倒好，一旦走上了权力之路，就会停不下来，直至在权力的欲望里迷失自我。

吕惠卿是因为受了王安石的提拔才走到了今天的这个位置。在王安石被罢相后，他对待手中的权力更是游刃有余，突然间他不想放手了。他开始担心王安石回到原来的位置，害怕现在得到的一切到头来会竹篮打水一场空。

吕惠卿很清楚，宋神宗罢了王安石位子，其实很大程度上是受外界的影响。反对派和太后给他的压力太大，再加上数月的大旱，让百姓流离失所，苦不堪言，而所有的矛头都指向了王安石，他做出这个选择有不得已的理由。

事情演变成今天这个地步，宋神宗一定也是痛苦的。毕竟王安石是他千挑万选才选出的千里马，在他的心目中，没有人能代替王安石主持变法的地位。正因为如此，即使王安石被调离外地，宋神宗也纵容了他安排人事的行为。

可见宋神宗在心底对王安石的重视度并没有改变。他想，大概王安石的此次罢相不会太久，复相是迟早的事。事实上也确实如此，当然这是后话了。

吕惠卿心里很不舒服，他哪点不如王安石了？他也为变法做出了很大的贡献，为了使新法的地位不动摇，他竭尽所能地动用一切力量保住新法，可是为什么没有人看到他的付出？

他是真的不甘心，渐渐地被权利蒙蔽了双眼。但是他忘记了，当初是王安石在宋神宗面前举荐他，才让他有了施展抱负的机会，他也忘记

了这次能够接手变法事宜，也是王安石的安排。

人啊，总是学不会知足，所以才会做出许许多多愚蠢的事情。为了眼前的利益和欲望，不惜把自己搞得身败名裂，到最后后悔的还是自己。

司马光有一句话算是说对了："别看吕惠卿现在对你毕恭毕敬的，一旦你失势了，他必定会为了自己的利益而出卖你！"王安石大概做梦也不会料到，当年司马光的劝告竟一语成谶。

没错，吕惠卿准备对王安石下手了。他要阻止王安石回朝，取代王安石的位置。他心中一直沉睡的小恶魔在王安石罢相的那一刻开始苏醒了。

吕惠卿将魔爪首先伸向了王安石的弟弟王安国。为什么是王安国呢？原来王安国对哥哥主持的熙宁变法颇有微词。他认为哥哥的变法存在很大的问题，总结起来就是四个字：用人不当，敛财太急！

王安国说的用人不当大抵是指吕惠卿和曾布。吕惠卿的为人前文已经交代过了。倒是这个曾布，原本是变法派坚定不移的追随者，王安石看中曾布的才能而重用他，让他和吕惠卿一同推行变法。他对这两个人为人处世的方式很有意见。当时王安石经常邀请吕惠卿等人到家中商讨变法事宜，王安国心里不爽，就在外面吹笛，表示自己的不满。王安石教训他，让他不要整日沉迷于吹笛之中，王安国就直言不讳地反驳他："那么请哥哥也要明辨是非，远离这些小人！"

吕惠卿听得脸都要绿了，从此跟王安国的梁子算是结下了。他早就看王安国不顺眼了，以前碍于王安石的面子迟迟没有行动，现在终于机会来了。

画《流民图》的郑侠又闹出动静了，他上书罗列吕惠卿的种种罪行，说他结党营私，阻塞言路。郑侠可真的是在反对变法的立场上坚定不移，他以为自己的一张画压倒了王安石这头骆驼，吕惠卿这个奸人也不在话下。

但是他确实高估了自己的能力，王安石之所以败在他手下，是众多压力的积累，而《流民图》恰好成了压倒骆驼的最后一根稻草，其实这根稻草的力量才是微乎其微的。而他也忽略了吕惠卿奸诈的事实，于是乎，他栽到吕惠卿手上了，还被贬至汀州。

借着郑侠的这个案子，吕惠卿把王安国一起拉下水，说他与郑侠属同党，削职放归乡里，天下之人无不为之喊冤。没过多久，朝廷就决定再次起用王安国，这是还他清白的一次好机会，可是他却不幸因病去世了，这一年是熙宁七年（1074 年），王安石罢相的那一年。

不管王安国的病逝是一个意外，还是因为吕惠卿的打击积怨成疾，弟弟的去世对于王安石来说都是一个很大的打击。

即使弟弟并不支持他的变法，即使弟弟对自己的交友之道颇有微词，即使弟弟常常不理解他的想法，但是他也从来没有讨厌过王安国。毕竟他们是有着最亲血缘关系的兄弟，是一母同胞。

纵使王安石再迟钝，也开始意识到事情的不对劲。他开始忌讳吕惠卿，而二人的矛盾也在一系列的事件中升温升级。

熙宁七年（1074 年）十一月，吕惠卿就迫不及待地出手了。他向神宗上书说，古代不是有郊赦的先例吗？请求皇上借此机会授予王安石节度使的称号。

哇塞，听起来真是感人至极啊。太阳打西边出来了，吕惠卿害王安石还来不及呢，怎么会帮他呢？说的没错，吕惠卿确实不会好心到帮助自己想要扳倒的对象。

那么他上书这个折子有何意图呢？首先我们来科普一下郊赦，其实就是古代帝王在举行祭祀大典的时候赦免罪犯的旧例。吕惠卿在这里援借这个旧例，就是明摆着说王安石是罪犯！果真是居心叵测。

其实我们再来了解一下节度使这个称号，为什么说这是称号而不是职位呢？还记得赵匡胤"杯酒释兵权"的故事吗？赵匡胤为了集权中央，结束混乱的割据局面，剥夺了节度使的兵权，使节度使成为一个虚衔，或者作为宰相罢官到地方后所带的虚衔。反正说来说去都是一个虚衔，没有实权。

看起来好像是吕惠卿为了帮王安石加载荣誉称号，实际上就是不想王安石再回来掌权。用这样明升暗降的方式，还真是居心不良。

好在宋神宗也不是傻子，不会轻易就掉到吕惠卿的圈套里。他一看

到奏折就明白了吕惠卿在想什么。这种小儿科的把戏也敢拿出手，以为他这几年皇帝白当的是吧！

宋神宗觉得自己的智商深深地受到了侮辱，于是毫不犹豫地反驳吕惠卿："王安石不是因为犯罪被罢相，为什么要用赦免的方式赋予官职？"一句话噎得吕惠卿哑口无言。

吕惠卿的小动作都看在一个人的眼里，这个人就是代替王安石为相的韩绛。他自接手王安石的职位以来，一直与吕惠卿不和。他虽位居吕惠卿之上，但是吕惠卿丝毫没有要辅佐他的诚心，还处处与他作对。

这次吕惠卿意图陷害王安石的想法，也被他一一收进眼底，他决定不再当摆设了。他很清楚如果自己再不做些什么，吕惠卿一旦当道，就会引发朝局大乱。

于是，他秘密奏请宋神宗召回王安石。神宗本来也对王安石仍心存念想，加之他考虑到吕惠卿私心严重，韩绛优柔寡断，实在难以独当一面，就同意了韩绛的提议。

宋神宗也是个行动派，或者说他早已迫不及待地想要召回王安石了，所以第二天就派使者快马加鞭去向王安石下诏了。王安石接到诏书后，猜想朝廷一定出现了什么变动，也不好推辞，连夜朝京师赶去，只用了一个星期就到了。

什么？快马加鞭还这么慢？不慢了好吗？那个朝代可没有飞机、轮船、吉普车，出门全靠马力，马也会累，也要休息的。所以七天时间，从南京赶往京师开封，应该算是神速了。

说明一个什么问题？说明王安石也很想回到朝廷的怀抱。他的理想蓝图还没有画完，他的改革措施绝对不能夭折。

所以，我们的"拗相公"王安石又回来了！就凭这份执着，我给一百分。

东山难再起

熙宁八年（1075 年）二月，王安石回到了阔别一年的朝廷，重新回到宰相的宝座。王安石心里真高兴，吃嘛嘛香，走路也稳健如飞，那心情倍儿爽！

但是这时候有个人心里不爽了，没错，就是吕惠卿。他巴不得王安石就待在南京，永远不要回来。可事实和他的意见相左，王安石不仅回来了，还如此迅速。他还没做好心理准备，怎么事先也没个人通知他一声呢？

吕惠卿也是够搞笑的，人家凭啥通知你，通知你了那就不叫秘密回朝了！要的就是这效果，给你飞一般的惊吓感觉。

吕惠卿这次是真急了，兔子急了还会咬人呢，那吕惠卿急了会干什么？

话说王安石回朝后，不计前嫌地继续任用了吕惠卿，是王安石傻吗？也不是傻，应该说考虑的因素有很多吧。首先吕惠卿这个人虽然野心大了点，但还是很有才华的，毕竟新法的推行他功不可没，一年前他被罢相，也是吕惠卿竭力周旋，才使得新法继续实行下去。

其次他也没有人选可用。变法实行到现在，再去找新人也不熟悉业务啊，会耽误大事的，所以就继续用着吕惠卿吧。之前的事可以先翻篇，看他表现吧。

王安石这么想，显然是还没搞清楚状况呢！吕惠卿已经不再是以前的那个他了。现在的他早已被权力和野心的欲望吞噬，不会再像以前那样尊重你，顺从你，取而代之的是想要夺得你现在位置。

吕惠卿变了，变得开始自私自利在朝中树立自己的势力，扶持亲信。他先是把自己的两个弟弟吕升卿、吕和卿放在了朝中的重要位置。不仅自己的亲戚，连妻子的弟弟也一并扶持了上去。

除此之外，他还排挤了改革派的同僚，用来稳固自己的地位，丝毫没有在意这样做是否会影响到变革的推行。

聪明人都能看出吕惠卿的异样，所以朝中的大臣都看不过去了，就连变法改革派的韩绛、沈括等人也颇有微词。

韩绛有意见我们可以理解。他也是改革大军的一员，受到过王安石的提拔，好歹也代理过一年的变法事宜。他向来看不惯吕惠卿的做法，

更何况吕惠卿也曾在政事上打压过他，就算他对吕惠卿落井下石也是可以理解的，这大概就叫冤冤相报吧。

可是沈括的乱入就有点让人摸不着头绪了。沈括这名字听着有点耳熟啊，不就是那个写《梦溪笔谈》的科学家吗？他来这凑什么热闹？实在想不出来，一个科学家和政治家怎么会扯上关系的？科学家不都是应该整天待在实验室的吗？就像牛顿一样，把墨水当馒头啃的那种。

实在是我们只知其一，不知其二。沈括不仅是个里程碑式的科学家，还是一个优秀的政治家，在宋神宗时参与了熙宁变法，深得王安石器重，在朝中身兼多职。

这下明白了，沈括不是局外人，不仅身在朝局之中，还是改革派的一员。看来吕惠卿隐藏的功夫不深啊，这么快就开始在朝中树敌了。

当然这一切都逃不过宋神宗的火眼金睛。能当上皇帝的人一定不会差，不然早就被人算计下去了。连大臣们都看出来的问题，宋神宗一定是心知肚明，只是还没有找到一个合适的时机来惩办吕惠卿，只能静观其变了。

偏偏王安石就是一个傻的，或许他还愿意相信这个自己一手提拔起来的学生有良心发现的那一天。

宋神宗可不知道王安石心里想的是什么。他看王安石如此不开窍，留吕惠卿在身边必定是一大害处啊，所以宰相不急，他这个皇上先急了。

一次下朝后，宋神宗单独把王安石留下了，他语重心长地对王安石说："爱卿，有件事我的提醒你一下，吕惠卿这个人不行，不是能成大事之人，不能帮助你，还是换个人使吧！"

王安石听得一头雾水。吕惠卿确实有点问题，自己也知道，但是现在是什么情况？宋神宗为什么会突然说起这个问题？帝王心，海底针。他不知道宋神宗说起这个事是什么目的，所以也不敢造次。只问："吕惠卿是做了什么让皇上不满意的事情吗？您说，我可以让他改。"

宋神宗此时心中一定有一万只羊驼奔腾而过。这个榆木脑袋，看来只能直白点说了，于是就把吕惠卿在他面前说王安石坏话的行径抖出来了："吕惠卿嫉妒贤能的人，看不得别人比他好，喜欢争强好胜，做事情不公允，还帮他的亲戚走了后门。"

宋神宗这一副恨铁不成钢的样子，王安石却好像全然不放在心上，宋神宗也是无奈了。算了，又不是说他的坏话，他干什么要这么上心，当事人都置身事外了呢！宋神宗只好无奈地摆摆手说道："朕累了，爱卿你退下吧！"

王安石实在是看错了人，吕惠卿早已失去了他的本心，走上了一条错路。一旦踏上这条路，就很难再回头了，只能一条道走到黑。这大概就是"上贼船容易下贼船难"的无奈吧！

宋神宗早已对吕惠卿有所忌讳了，所以才提醒王安石提防着点。但是这些吕惠卿自是不知，他的所作所为没有丝毫收敛之意，反而更加肆无忌惮。

熙宁八年（1075年）六月，吕惠卿做了一件事，让他与王安石本就岌岌可危的关系彻底破裂。

这件事和王安石没有关系，但是和他的儿子王雱有关系。事情缘于宋神宗要给王雱加龙图阁直学士之衔，王雱推辞了一下，结果吕惠卿就到宋神宗那儿极力劝说他应了王雱的辞呈。

转念一想，人家吕惠卿没错啊，是王雱自己不想接受的嘛，吕惠卿不过是推波助澜了一下而已。

推波助澜可不是个褒义词，多指助长坏的事物。就说说龙图阁直学士这个头衔吧，其实就是一个美誉，一个荣誉称号，说白了就是得蒙圣宠的一个标志，是个虚衔。

不用做事就能得此殊荣，如此好事，王雱没有理由不接受啊，说不定人家推辞一下只是象征性的矜持。不知道性格这东西是会遗传的吗？想当年王安石也是推辞了宋神宗的好意，结果还不是乖乖任职了。

退一步说，就算是王雱是真心推辞不愿接受，那也轮不上你吕惠卿出头。人家老爹都还没说话呢，你在这瞎掺和，明显有落井下石的嫌疑。

吕惠卿你这不是给自己找事吗？你阻止谁的前途不行，非要阻拦老王的儿子。当初老王的弟弟王安国的案子发生时，老王被罢相在地方，很多事情不清楚，也就翻篇了。这次老王可是回来了，眼睁睁地看着你

做的，想赖也赖不掉了，这下人家算是彻底看透你的野心了。

王安石这下算是彻底明白了，宋神宗说得对，吕惠卿这个人不能用。当初司马光写信提醒他要提防吕惠卿，他一时被眼前的情势冲昏了头脑，还以为司马光是故意挑拨离间他们的关系呢！看来，得抽个时间跟司马光那个老家伙道个歉了。

可是当时那个情况，也不由得他选择啊，除了吕惠卿还能用谁呢？与吕惠卿一同提拔上来的韩绛，虽说忠心又有能力，但是他优柔寡断，难当大任，可用但不可大用。

提到韩绛，不由得想起沈括。我们刚刚提到吕惠卿在朝中的小动作，让改革派中的同僚都看不下去了，这其中一个是代王安石职位的韩绛，另一个就是科学家兼政治家沈括。

沈括不仅会写书、研究科学，在政治上也是颇有一番作为。提起沈括的成就，要说的事情足有一大箩筐。

沈括算是中国历史上的一大奇人了，他善于钻研、才华横溢，但他的才华又不止于一方面，而是多方涉猎。数学、物理、化学、水利、天文、地理、医药、军事、经济、艺术等等，都留下了他的足迹，简直惊为天人了有没有？

在当今世界能源上占据主导地位的巨头石油，这个名字我们早已耳熟能详了，它在社会上的运用可以说是无处不在。这个耳熟能详的名字是谁起的你知道吗？没错，就是沈括，他是世界上第一个对"石油"进行科学命名的人，真是了不得，不是吗？

根据沈括的记载，在鄜州（位于陕西北部，延安市南部）、延州（今陕西延安）境内产石油，当地的人们经常把它放在瓦罐里，用来照明。沈括还发现石油燃烧起来会冒很浓的黑烟，把帐篷都熏黑了，于是就尝试用石油炭黑制墨。他发现这样制成的墨在各方面都很理想，于是开始大量生产，命名"延川石液"，就连大文豪苏轼用后也夸赞不已，说其质量在松烟（古代制墨，多用松木烧出烟灰做原料，故名松烟墨）之上。

类似这样的牛人事迹还有很多，就不一一阐述了，毕竟王安石才是主角。那么我们把目光转向主角身上，看看王安石和沈括到底是什么关系？

其实翻阅历史，就不难发现王安石和沈括的缘分缘于一场考试。在一次省考中，王安石是考官，沈括是考生，所以这也算是一场师生情谊。

后来沈括成为熙宁变法的一员，对变法有很大的影响。其实在熙宁变法之初，王安石就想让沈括来帮忙了，但是当时沈括正在丁忧（指官员居丧。在古代，父母死后，子女按礼须持丧三年，其间不得行婚嫁之事，不预吉庆之典，任官者必须离职）守制。三年结束后，沈括立马回来协助变法。王安石也十分器重沈括，他一来就把很多艰巨的任务交给了他。

熙宁五年（1072年），王安石交给沈括主持汴河疏浚工程的事务。当然了沈括也没有让王安石失望，在治理汴河的过程中亲力亲为，毫不懈怠，还创制了"分层筑堰测量法"。这个测量方法也让沈括一举成为存世古文献中最早记录水平高程测量的方法、过程和结果的科学家。

王安石还把司天监交给他主持。也就是在主持司天监的期间，沈括发现了许多天文现象，可以说是在世界史上的里程碑式的发现。这个男人真不简单，似乎让他去涉足任何领域，他都能混得风生水起的样子。

这么一个牛人，不用岂不是很亏？有能力，又为变法做出过许多贡献，简直是再合适不过的完美拍档了，为何王安石复相后没有再重用他？

首先一个原因可能是吕惠卿。前文说到，沈括对吕惠卿颇有微词。沈括是一个三观很正的人，像吕惠卿那样的做法，他当然看不惯，所以朝堂上或是私底下的小摩擦难免的。这样一来就产生矛盾了。吕惠卿是一个睚眦必报的人，所以王安石复相后，他又是王安石身边的左右手，试想一下，他会不会趁机离间王安石和沈括呢？好像不是没有这个可能。就算王安石不相信，心里也总是会有疙瘩，难免会对沈括有所疏离。

这第二个原因我们可以从他们的思想观念来看，抛开二人同为政治家的身份，沈括也是一个善于钻研且卓有成效的科学家，而王安石则是一个文风质朴的大文学家，或者说是一个学者。

科学家和学者这两个看似相像的名词，事实上很不一样。科学家有一种不断探索的精神，可能更专注于细节的东西，而学者更专注于总体

的方向。王安石和沈括之间其实就存在着观念上的本质分歧。

可能这样说有人要质疑了，明明之前两人合作得很好啊。沈括在变法中起到了很大的作用，特别是在推行免役法和保甲法上有很大的功劳，除此之外还有很多小的细节上的功绩，这么说来，沈括可以算得上是改革派中的核心人物了。

既然之前的合作都天衣无缝，一定不会是思想观念上的问题了，下这样结论恐怕为时过早。就举一个例子来说明吧，当然这个例子也是后话了。

新法中有一条是"户马法"，在《宋史》中曾有记载："户马者，庆历中尝诏河北民户以物力养马，以备官买。"其实户马法就是一个官府派民户养马以供军用的制度。

这个制度本意是为国家节省开支，但是沈括考察之后发现这个制度有弊端，民间养出来的马不一定是良马，没有接受到好的战事训练，一旦用于战事，恐怕会于我军不利。

沈括有这样的发现是他身为科学家的"职业病"，想法很到位。但是有想法是好的，他没胆量提出来。他是王安石一手提拔起来的，贸然的对变法内容提出异议恐怕不太好吧！

但是没提出来不代表这个想法不存在了。王安石在位期间沈括倒没说什么，王安石罢相之后，他忍不住了，就把这个想法提了出来："经过我的观察，我认为户马法有一定的弊端……"

这话一出口，不就把王安石给得罪了吗？倒不是说王安石不让别人提意见，只是提意见你给我说啊。我在位的时候你不提，我一下台你立马就有意见了，这是什么意思？

怪不得王安石会这么想，如果换位思考，恐怕我和王安石的想法是一样的。我费心费力地提拔你重用你，你就给我搞这当面一套背后一套的把戏是吗？难道我是老虎，会吃了你不成？

其实从这里面就折射出一个问题，沈括在处理这件事时，其实并没有恶意，他只是怀着一个科学家严谨的态度提出了自己的看法。但是他不敢当着王安石的面提出来，说明他性格的怯弱面。

他和韩绛有同样的特点：懦弱，优柔寡断，难以独当一面。不论是在职场还是官场，这样的性格都是一个难以突破的界点。这样的人往往难当重任。

性格怯懦对于一般人来说不算是大毛病，这样的人往往谦和懂得退让，不会给自己惹麻烦，根本无伤大雅。但是对一个变法改革者来说，这一点却是致命的缺点。

改革者，必须做到有勇有谋，二者缺一不可。有谋略智慧这个可以理解，但为什么一定要有勇气和胆量呢？只是改革而已，又不是上战场，有那么重要吗？

当然重要，不信我们可以盘点一下历史上大名鼎鼎的改革家们都是什么下场？先说说妇孺皆知的商鞅。商鞅变法把秦国从一个默默无闻的落后小国，变成了当时实力最雄厚的大国，可谓是功不可没，但是最后的结局是被五马分尸。还有汉朝时期提出"重农抑商"变革措施的晁错，结局也是被当众腰斩。这两者所受的都是极为残忍的酷刑。

改革者都是要冒极大的风险的，弄不好恐怕会不得善终。文章写到这里，似乎有些明白王安石的弟弟王安国反对王安石变法的心情了，大概不单单是之后外人所说的政见不同，我认为其中更多的是包含着弟弟对哥哥的担心。

王安国曾明确劝告王安石："哥哥，眼下时局动荡，不乐新法，请哥哥放弃改革的念头，为我们的家族和你自己想一想！"这些话王安石并没有听进去。

不是他铁石心肠，而是他有着一份执着，一份孤注一掷的勇气。他怎会不知变革之路的凶险，他不是不懂历史，也不是没有人情味，但是变法的种子在他十几岁的时候就已经种下了，现在早已生根发芽，要他放下谈何容易？

一个改革者是孤独的，他在走上这条路的时候就知道了，所以怀着这份无人理解的孤独他踏上了冒险的征途。

所以说，如此冒险的改革之路，性格懦弱的人更是难当此大任。这大概才是王安石没有选择沈括的真正原因。没有孤注一掷的勇气，不仅

会毁了改革，更会毁了他自己。

可用之人难当大任，可当大任者不能用，这就是王安石复相以后面临的用人困境。

看来王安石的复相之路走得并不顺利，他甚至落入了一个进退两难的境地。改革该怎样继续下去？恐怕这次东山再起也是枉然了吧！

白发人送黑发人

在这个岌岌可危的时刻，朝中再起波澜，局势并没有像王安石想象得那样平静。

他身边最大的助手东窗事发，虽然这个助手早已不再对他有利。这个人就是吕惠卿，他在做了这么多昧良心的事后，终于败露了。

吕惠卿的弟弟吕升卿因罪被赶出朝廷，贬为江南西路转运副使，吕惠卿也因此受到牵连。没过多久，监察御史蔡承禧以他结党营私、误国误民等数件罪行参了他一本。就连曾经与他交好的邓绾也告发了他和他的兄弟曾经犯下的恶行。

数罪并罚，宋神宗便下诏把吕惠卿贬为陈州知州，后来又改知延州。吕惠卿的离开对王安石来说是好事亦是坏事。

好处就是吕惠卿离开就没有人在王安石背后使绊子了，变法也不会再遭遇破坏，但是随之而来的就是王安石等于是失去了最后一员大将。虽然这员大将已经野心大涨，失去了他的本心，但是王安石也是真的得不到更多的支持了。

而此时改革派的内部也是分裂严重，王安石下台后，吕惠卿排挤与自己不和的变法人员，导致改革派内部人心惶惶，让原本就不够坚定的人心更加散乱。改革派内部成了一盘散沙，如何能成大事？

人心齐，泰山移；人心散，搬米难。王安石陷入深深的无力感中，他知道新法很难再继续推行下去了。

人心散落，新法无法继续，就算他复相又如何？他已经五十多岁了，到了知天命的年纪了。如今自己儿女双全，还有什么不知足的呢？

他输得起！王安石在心里这样对自己说，似乎在下定某个决心。

是的，他决定要放下了，放下心中几十年的梦，放下这么多年的努力。于是他开始多次辞官，理由无非就是年纪大了、身体不好、有病在身等等，宋神宗没有答应。王安石怀着"长痛不如短痛"的心态，继续托病请求宋神宗批准他离职。

熙宁九年（1076年），这一年大概是王安石人生中最黑暗的一年了。因为发生了一件大事，他的儿子王雱因病过世了，就在他最终获封龙图阁直学士后不久。

王安石怎样也接受不了这个事实，他的儿子才三十三岁，正值壮年，他还没有开始享受天伦之乐。

王雱的病逝对王安石的打击真的很大。他没想到自己一把年纪了，还要白发人送黑发人，这是一种怎样的悲哀？

再多讲几句王雱，他很像王安石，聪明、懂事、才华横溢都可以是他的标签。他一直是王安石的骄傲，现在是，以前也是。

王雱自幼就是一个聪明伶俐的孩子，就像他爹一样。可是史书上关于王雱的记载很少，你问我怎么知道的？《梦溪笔谈》知道吧？沈括知道吧？读了前文，沈括和王安石的关系也知道了吧？他的《梦溪笔谈》里就有这样的记载。

王安石的儿子王雱，字元泽，从小就思维敏捷、有悟性，有一次，王安石一个朋友来家中做客，带了一头獐和一头鹿，放在同一个笼子里。

那个时候小王雱还是个几岁的孩子。客人见他在一边玩耍，有心考考他，就把他叫在身旁问道："这笼子里面的动物，哪头是鹿？哪头是獐？"獐其实就是一个小型鹿科动物，所以说獐和鹿就算是见多识广的大人也会傻傻分不清楚，更何况一个茅塞未开的小孩。

这个问题的难度，作者自认为和小时候难倒无数人的鸡兔同笼问题相媲美。犹记得前一段大火的综艺节目中出现了一次鸡兔同笼问题，其中一个智商爆表的明星用脑洞大开的方式解决了这个问题，就是让鸡和兔子同时抬起两只脚，最后准确得出了鸡和兔子的数量。学了那么多年的鸡兔同笼问题，这种奇葩而又简单的解答方法还真是第一次见。

不知道王雱是不是能够顺利回答出这道同样让人精分的"獐鹿同笼"问题。事实上自从客人问出这个问题后，王雱已经思考很久了，他小小的内心在挣扎，这道题他确实答不上来，因为这些动物不是他平时能够接触到的，所以他尚不能够准确区分出。如果胡乱蒙一个的话，就有一半的几率蒙错，那样的话，丢面子的可不止是他，还有他那个自尊心极强的老爹，这个风险他冒不起。

"獐的旁边是鹿，鹿的旁边是獐！"突然间，一个稚嫩的声音响起，小王雱的这个回答可真是巧妙得很，虽说没有具体答出哪个是獐哪个是鹿，但是这样的答案确是让人挑不出刺，没有敢说他回答得不对。

客人们都大为惊叹，没想到王雱小小年纪，竟如此机智。王雱的不负众望，还颇有一番王安石小时候用智慧吃面的风范。王安石在一旁笑得合不拢嘴，他这个儿子真是聪明，果然是最像他。

王雱从小就很崇拜父亲，一直把父亲视为自己的榜样。他甚至还把王安石比作孔子一样的圣人，可见王安石在他心目中的地位的确很高。

和王安石一样，王雱也是才高八斗，在历史上更是一个谜一样的人物，他的事情存在诸多争议，或许这也因为王安石。在沈括的《梦溪笔谈》中我们可以看出王雱从小聪明伶俐，十分讨喜，但是在当时关于王雱的传言可不太好。

在《邵氏闻见录》中记载了这样一个故事：熙宁二年（1069年）王安石设立制置三司条例司，开始主持变法事宜，那个时候程颢还没有反对新法，而是被王安石收为同僚。

在一个炎热的夏天，程颢到王安石家中与其一同谈论政事。正谈得火热时，王雱闯了进来，衣冠不整、披头散发，最荒唐的是连鞋子也没穿，手里还拿着妻子的帽子或是头饰一类的东西。

看到这里，王雱的翩翩公子哥形象已经大打折扣了，来者是客，就算程颢与王安石关系再好，也不能如此打扮就见客了。都说王安石形象不佳，难道儿子比老子还邋遢吗？

王雱进屋后，看到父亲和程颢聊得热火朝天，便问道："你们在谈什么？"王安石回答他说："儿子啊，你有所不知，自从新法开始实行后，持反对意见的人就很多，以至于变法的推行多次受到阻挠，我跟你程叔叔正在商量对策呢！"

然后王雱怎么做了呢？他大大咧咧、毫不避讳地坐下来说道："我知道是谁反对，砍了韩琦和富弼的头公诸于世不就行了，这样新法一定能顺利执行了。"

如此口无遮拦，听着就让人额头直冒汗，王安石更是赶快澄清："我的儿子是在胡说八道，说得不对，别听他胡说！"程颢听了之后就不淡定了，严厉地对王雱说："我更在跟你爹商量国家大事，你不应该干预，请你退下吧！"王吃了闷头一棒，自然不高兴，闷闷不乐地走了。

这个故事中的王雱着实是一个邋遢、蛮横无理的小痞子形象。书中还写道："王雱生性险恶，王安石做的不近人情的事情都是他教的。"

王雱真的如书中所写和传闻中的那样"十恶不赦"吗？首先来看一看是教王安石做不近人情之事这一条，明显不太让人相信。

王安石是个什么样的人？性格执拗、偏执己见，江湖人称"拗相公"。读过前文我们就知道，无论是皇帝还是宰相起用他，只要不是他自愿的，都会三番两次地遭拒，甚至还为了躲避诏书而藏在厕所不出来；上司包拯宴请宾客，向他劝酒，他也愣是一口没喝；妻子为他找小妾，他还把人家退回去了。

如果说一个人连皇帝、宰相、上司和妻子的话都不听，难道会受自己儿子的指使去做"不近人情"之事吗？这种说法太没有说服力了。

再说说上面的那个故事，说王雱口出狂言说把韩琦和富弼斩首公诸于世就可以了。首先说说这句话的可行性，读史的人都知道，宋代时候文人士大夫的地位很高，皇帝都不会轻易去杀一个文人。身处宋朝的王雱也肯定知道这个道理，所以他就更没有理由说出这句话了。给他一百个胆子他也不敢这样说啊，被外人听去了就是一场祸事。

不单是王雱的话值得琢磨，故事中程颢的态度也有漏洞。首先王雱是王安石的儿子，又不是程颢的儿子，人家父亲还没说什么呢，一个外人怎么可能用那么严厉的口吻教训别人家的孩子。

而且朱熹曾说过，别看程颢这个人坐在那里很严肃的样子，就像一

个泥塑一样，但是待人接物却是一团和气，让人很舒服。而程颢的弟弟程颐（程颢的嫡亲弟弟，被并称为"二程"）也说过："哥哥虽然和荆公道不同，但是两人每次谈论事情时总是心平气和，而且哥哥说的话也总是会让荆公为之动容。"

这样一来，程颢严厉训斥王雱的事情就不可能发生了。从朱熹和程颐的话可以看出程颢是一个为人谦和的人，与王安石相处也很和睦。那么在当时的情况下，程颢是客人，而且是一个有修养的客人，怎么会在主人都没有开口的情况下训斥他的儿子呢？这个说法显然是不成立的。

而且程颢和王安石后来的分道扬镳也并不是这件事引起的，而是政见不和。程颢对于王安石的新法持有不同意见。比如青苗法，他就诸多不赞同，以至于短短几个月里程颢因为与王安石的意见不同而上奏十余次。

综上所述，《邵氏闻见录》中所记载的王雱的恶劣行径应该是凭空杜撰出来的，但是身为作者的邵伯温为什么要这么写呢？可能这个故事并非出于他的本意，有可能是他的儿子邵博加进去的，也有可能是当时流传非常广的谣传。

无论是哪一种，有一个事实是不会变的，那就是有人故意抹黑王雱。王雱到底得罪谁？竟被如此恶意揣测和抹黑，也许并没有得罪谁，他是受了王安石变法影响了。

王安石的新法一出台就遭到了很多人的强烈反对，比如司马光、文彦博和富弼等人。有反对就会有非议，就连王安石自己也背负着很大的恶名，身为王安石的儿子，又是改革变法的重要人物，王雱所遭受的一切毁谤和攻击就不足为奇了。

还有很多书中有记载称王雱患有"失心症"，说是王安石的儿子王雱患有心病，这件事以及它所引起的是王安石被讨论的"重要罪行"。王雱娶了庞氏为妻，婚后一年生了一个儿子，王雱左看右看，就是觉得这个孩子长得不像自己，他就怀疑是不是妻子对自己不忠了？孩子会不会不是他的？自己难道要替别人养孩子？

王雱思来想去都觉得这个事情不对劲，于是就千方百计地想要杀了这个孩子，最后孩子竟然被他活活吓死了。孩子死了，这庞氏能不伤心吗？天天以泪洗面。果然男人都是不可信的，婚前一个样，婚后大变样。

夫妻二人的争吵日益升级。这时，王安石就看不下去了，他知道自己的儿子患有失心症，所以夫妻之间闹成现在这个地步，与儿媳妇没啥关系。真是可怜了这个闺女了，他心里过意不去，就想要做主让小两口离婚算了。但是在古代离婚的女人可是会被人看不起的，王安石又担心儿媳妇的名声白白败坏了，所以又想了一个法子，找了一户好人家，把庞氏改嫁出去了。

这个记载听起来也很荒唐，不过到底是不是真的呢？事实上，王安石的儿媳妇改嫁在历史上确有其事，这户人家不仅是好人家还是皇亲国戚。庞氏改嫁的人正是宋神宗的同母弟弟吴王赵颢。赵颢本来是有一个原配王妃的，不过王妃早早地去世了。庞氏改嫁过来以后，他非但没有嫌弃她，还善待她，对她关爱有加。

虽然庞氏在公公王安石的帮助下改嫁给了吴王，但是王雱还是很喜欢庞氏的。从他的一首词《眼儿媚》中就能看出来："相思只在，丁香枝上，豆蔻梢头。"这首词言辞温婉细腻，言辞切切都表达了对前妻的思念之情。那么王安石为何拆散他们？王雱真的患了失心症吗？或许并没有，或许这只是上演的一个古代版的三角虐恋情节。

随着历史的迷雾一层层地拨开，是不是有一种"知道真相的我眼泪掉下来"的冲动？

历史就像是一个小姑娘，你打扮成什么样，她展现给世人的就是什么样。我们现在看到的历史多是从史料记载中了解到的，其真实性可能会大打折扣，所以我们还需通过理性的判断来对待。

就像是王雱，历史给了他一个"失心"的帽子，我们不知道他是否真的患有此病。但是他的功绩并不能因为我们纠结于他的病而被埋没，他对熙宁变法的贡献是很大的。

或许是因为"有其父必有其子"的惯例，王雱从小就敬重他的父亲，所以他做的许多事情都是矢志不渝地追随着父亲的脚步。父亲开始主持熙宁变法，他大概是第一个支持他的人。从小的耳濡目染，让他或多或少地知道一些父亲的志向。

他不知道父亲是否能改革成功，他只知道在他小的时候父亲就有这样一个理想，所以他一定要帮助父亲实现它，哪怕前方是深渊，他也义无反顾。

　　为了支持变法工作，他积极地为变法确立理论依据，并参与了《诗》《书》《周官》三经新义的编撰。

　　他一直在努力，努力成为一个像父亲那样的人。父亲是个了不起的大文学家，他就努力让自己也变得优秀。他的诗词清新自然，虽然流传下来的词作不多，但是清丽雅致，颇有其父风范。

　　薛砺若在《宋词通论》曾经评价他说："王雱词虽不多见，然较介甫蕴藉婉媚多矣。足见当年临川王氏家学一斑。"王雱着实为其父长脸了。王安石被誉为"唐宋八大家"，他也与其叔伯王安礼、王安国并称为"临川三王"。

　　可以这么说，王雱在学识、气势上并不输给他的父亲。他一直是父亲的骄傲，是王安石拿出去炫耀的资本，或许王安石在古代还是个炫娃狂人呢！

　　可是一夜之间，这个可以炫耀的资本坍塌了，曾经那样骄傲的王安石也变得一蹶不振，心痛到仿佛一夜之间失去所有，沉重的丧子之痛，不是人人都能体会的。王安石抛去宰相的身份，也是一个普通的父亲。王雱的去世让他心灰意冷，似乎对一切都失去了兴趣，他想是时候离开了。

　　此时的朝堂上也发生了一些变化，吕惠卿向宋神宗展示了王安石和他平常来往的私信，里面有一些"不要让皇上知道"的字眼。本来就是两个好朋友之间的悄悄话，再正常不过了，但是一旦摆在明面上，被人拎出来说事，情况就变得不那么简单。终于宋神宗还是对王安石生了嫌隙。

　　所以这次王安石再次辞相，神宗并没有做过多的阻拦，而是应允了他的辞呈，把他外调为镇南军节度使、同平章事、判江宁府。

　　对于这点，王安石倒是没有想太多，他甚至怀着感激的心态，他带着对王雱的思念回到了南京——这个与他有着不解之缘的城市。

第十一章　荆公老矣，尚能饭否

东坡命悬一线

王安石罢相回到南京之后，整个人都变得释然。王雱的离世让他开始重新审视自己几十年的人生，看透了官场上的尔虞我诈、派系斗争。他有点厌倦这样的生活了，整日绷着一根筋的日子太累了。

倒不如放下过去，放下那些追求，好好地生活。能有这样的情怀亦是一种洒脱，怀着这份洒脱他在城门外为自己建了一个居所，命名为"半山园"。

远离了朝堂，在犹如世外桃源的半山园里，王安石结交了很多朋友，吟诗作赋，好不快活。看来我们的"拗相公"也并不是那么不善交友，大概当时也有身不由己的无奈吧。

现在离开了那个人才济济的朝堂，与人相处反而更加轻松自在，就连曾经在朝堂上闹得不可开交的苏轼也来这里拜访过他。

王安石被贬，苏轼也好不到哪儿去，仕途一直坎坷不断。当他乘船路过南京时，就想起了这个昔日自己在朝堂上的"死对头"，突然就不想继续前行，想要在此地停上一段时日。怎么说这也是有个熟人，游玩歇息什么的麻烦麻烦王安石就好。

王安石得知苏轼要来的消息，丝毫没有众人想象中的大惊小怪，淡定地穿了一身居家的粗布休闲衣，骑着毛驴去江边迎接，颇有一副"买卖不成仁义在"的气度。官场上政见不合没关系，走出了官场还是好兄弟！

苏轼见王安石亲自来接，也是十分激动。在异乡见到老熟人的心情还是很令人兴奋的。这种兴奋程度绝对不亚于"老乡见老乡两眼泪汪汪"的戏码。

放下了拘泥，苏轼也不追求外在的礼数了，就像老朋友见面那样打趣道："苏轼失礼了，今天在这里竟穿着平民的服装来拜见大宰相！"王安石也很高兴，笑着回复道："这些礼节岂是为我们这种人设立的？"

两个人一见面话匣子都打开了。好歹也都是读书人，两个人只要不谈政治，还是有很多共同话题的。能同时入围"唐宋八大家"的实力也不是盖的，一路上吟诗怀旧，有什么说什么。

最后，王安石还邀请苏轼游玩了他最喜欢的钟山。我们游山玩水时一定会拍照留念，古代的文人游山玩水就一定会做诗留念，其实目的是一样，都是为了留作纪念。

当初在朝堂上势不两立的两个人，现在竟然相处得如此和谐，不禁让人惊呼，工作和生活清楚地分开，你们到底是怎么做到的？那么不妨来深扒一下两人过去的"黑暗历史"，看看剧情究竟有多反转？

王安石出生于1021年，而苏轼出生于1037年，原来两个人不是同辈，十六岁的年龄差。原来王安石比苏轼大了不止一轮，按照古代的生育年龄标准来算，王安石的年龄都可以当苏轼的爹了。

两个人的恩怨似乎只是停留在政治上。虽说二人的文章不相上下，可以算是文人界的势均力敌的劲敌了，但是他们又打破了"文人相轻"自古而然的规律，保持着相互钦佩的态度。

他们两个人在诗文上身为成就都是极高的，少年得志也成为两个人共同的人生标签。事实也确是如此。嘉佑二年（1057年），苏轼进士及第，那一年他二十岁；庆历二年（1042年），王安石进士及第，那一年他二十一岁。惊人的相似有没有！

不仅如此，两个人的名气也是不相上下。还记得前文中那个超有眼光的经纪人欧阳修吗？是他，是他，就是他，让苏轼的名字在京城一夜之间爆红。而欧阳修也曾赞赏过王安石的文章，早期更是对王安石有提拔之恩。王安石当时也因为才学过人，又因自命清高、多次辞官而成为文人圈中备受关注的大红人。

两个大红人第一次相遇的时间地点都已经不可考证了，但是不可否认的是，在他们相见于朝堂之前，一定对彼此的名气和诗文都有所耳闻了。他们怀着互相钦佩的态度却站在了政治的对立面。

说起来他们之间的渊源还来自苏轼的父亲苏洵。他们两个人走向彼此对立面的过程倒不是很清楚，不过历史把两人归为"针锋相对"的关系，却是因为一篇文章——《辨奸论》。

《辨奸论》其实是在王安石刚刚开始实行变法的时候进入人们眼球的，说是苏洵有先见之明，写下这篇文章，暗指王安石的"囚首丧面、不近人情"。

只看这篇文章的题目就知道里面写的不是什么好人。难道苏洵和王安石的关系竟如此紧张，以至于苏洵不惜写文章把王安石归类为奸臣？

其实这篇文章自出世以来就十分具有争议。它出世的时间节点，正是王安石开始推行变法之初，这不免让人联想到是反对派下的黑手。毕竟这篇文章从头到尾根本就没有提到王安石的名字，会不会是有人想借此大做文章，我们不得而知。

另外有一点，苏洵在治平三年（1066年）因病逝世。那个时候王安石刚刚拒绝了宋英宗的任命，甚至还没有与宋神宗相遇。这篇文章是什么时候写的还不知道，难道苏洵真的这么有先见之明，知道王安石在他死后会有一番作为？

所以自古以来《辨奸论》的作者都是人们探究的目标，而苏洵和王安石的关系也是扑朔迷离。苏洵写没写过这篇文章我们是不知道了，但是据考证，二人的关系是不太好的。

王安石和苏洵之间共同认识的好友就是欧阳修了，他们都曾受到过欧阳修的提拔和赏识。据说王安石非常赏识"三苏"，于是欧阳修就做了中间人，介绍王安石和苏洵认识。

王安石的个性大家也很了解了，不修边幅就是他的形象代名词。而苏洵这个人应该是不太喜欢这样的人的，怎么看出来的？从他的妻子身上看出来。

他的妻子程氏是眉山富豪程文应之女。程家在当地是一个名门望族，家境殷实，正因为如此，程氏从小就接受了非常好的家庭教育，喜欢读书，精通经史。司马光还曾经称赞她："喜读书，皆识其大义。"

相反的，苏洵年轻时可不太喜欢读书，这大概和苏家贫穷的境地有关。程氏嫁给苏洵时，她十八岁，他十九岁，苏洵甚至还没有他的妻子有上进心。

那就奇怪了，如果是这样的话苏洵是怎样成为一代文豪的，又是怎样培养出那么优秀的儿子的？这时候就要引用一句古人的话了："得妻如此，夫复何求？"

一个强大的男人背后必定有一个贤良淑德女人，更何况是三个男人（这里指"三苏"）呢？在程氏的影响下，苏洵渐渐觉悟过来，开始走上了奋发图强的道路。这真让人感叹："程氏这个女人不简单！"

有人说过，从一个男人选女人的眼光就可以看出他的喜好。所以苏洵选女人的眼光来看，他选了这么优秀的女人，所以一定不会喜欢像王安石那样邋遢的男人。这话听起来好像有点别扭，但是话糙理不糙，道理就是这样，所以说第一印象很重要啊！

有件事大概能够证明这一点。王安石母亲去世的时候，邀请了很多宾客参加母亲的葬礼，苏洵也在被邀名单之中，但是苏洵拒绝参加。这可是人家母亲大人的葬礼，苏洵是有多不喜欢王安石，才能做出这样的选择？

苏轼算是苏洵的长子，虽然他上面还有一个哥哥，但是早夭了。苏洵对苏轼的影响还是很大的，父子之间的喜好是会传染的。尽管苏洵很早就去世了，但也不能否定他对苏轼和王安石二人的关系带来的负面影响力。

苏轼本身并不算是保守派的一员。他并不反对变法，相反的他倒是十分支持变法的。但是王安石主持的熙宁变法是符合宋神宗愿望的大刀阔斧的运动，和他的期望不同，他认为变法改革应该是细水长流式的，要慢慢来，不能操之过急，在实行的过程中边修边改，这样才能达到改革的真正效果。

事与愿违，现在主持变法的是王安石，好像没有他说话的份。命运总是跟他开玩笑，所以机会也总是跟他擦肩而过。当年由于欧阳修的赏识，"三苏"在京城名声大噪，名气、才华都具备了，正是苏轼可以挽起袖子大干一场的时候，不料恰逢家中母亲去世，回家守丧三年。

等到期满回京的时候，那股"三苏"热早已散去。京城这地方群英荟萃，依旧是新闻的俱乐部，看来不管是在通讯不便的古代还是信息爆炸的现代，从来都不缺少明星和话题。新闻的价值就在于新鲜，苏轼是一个离开了三年的人，自然没有什么话题热度了。

于是，平平淡淡地当官，好不容易在官场上混了几年，还没有混出什么名堂时，意外再次来临。1066 年，苏洵因病去世，苏轼和弟弟苏辙扶灵还乡，又是三年。

这就是苏轼人生中的三年又三年，等到他还朝的时候，王安石变法已经在朝野中轰轰烈烈地展开了。唉，可怜苏轼没赶上大潮流。他离开的这几年，朝中发生了一些人员变动，就连他的恩师欧阳修也离开了京城，朝中的局势走向也不再是他想象中的样子。

苏轼本来就不是思想迂腐的人，他认为改革是有必要的，改弦更张不是不可以。只是当看到王安石的调整力度时，他对变法的态度立马变得摇摆不定。王安石的变法已经引起了很大的变动，这跟他想象得不一样。他是一个谨小慎微的人，在他心目中的改革应该是通过道德来约束民众，从而使人民能够自觉地响应朝廷号召，来改变和调整社会的弊病。

这种心理上的落差，让苏轼走上了反对变法的道路。宋神宗让大臣们讨论新法，苏轼就上书反对。王安石要改革科举、兴办学校，他就写《议学校贡举状》提反对意见。说科举之法度实行百年，不能轻易更改。

王安石一定气得不轻，他再出新法，苏轼就继续反对。在时任开封府推官期间，连写《上神宗皇帝书》《再上神宗皇帝书》两书陈述变法措施的弊端，苏轼用打不倒的小强精神、怀着越挫越勇的态度，雄赳赳气昂昂地站在反对大军中。

其中《上神宗皇帝书》更是写了八千字有余，王安石当然气得不行，但又不好发作。苏轼这招实在是高明，用文笔高超的文章来提出对

王安石变法的反对意见，让王安石陷入了珍惜人才又要维护变法的纠结之中。

王安石忍了苏轼这么多次，还会继续忍耐下去吗？有一句话叫做忍无可忍无需再忍。苏轼又写了一篇文章，这篇文章让王安石的忍耐达到了极限。这篇文章叫《拟进士对御试策》，很拗口的名字，文章却字字珠玑。从文中随意抽取一句看看："晋武平吴，以独断而克，苻坚伐晋，以独断而亡。"这句话可不得了，看似是在针对王安石，可是也别忘了熙宁变法的幕后大 boss 是宋神宗。这句话实际上就成了影射宋神宗和王安石独断专权，不听他人意见，一意孤行地实行变法。

求此时宋神宗的心理阴影面积？宋神宗简直是哭笑不得，被自己的臣子说成独断，他当然不高兴了，但是他没有表现出来。宋神宗知道现在比他更生气的人一定是王安石，所以他就等着王安石气得发绿然后来找自己，那个场景一定很震撼。

果然，王安石火冒三丈地来了，宋神宗示意王安石可以直接说出他的想法。王安石说："苏轼这个人学问高、才华横溢，就是没用到正地方，学歪了，请皇上罢黜他！"宋神宗笑笑也不言语，他就知道王安石会这么说，但是他等着看好戏呢！王安石可不是喜欢草草下定论了结的人。

过了几天，王安石又来了，不过这次他不是来请求罢黜苏轼的，而是他后悔了。他回去想了想，苏轼这个人就是太直率了，没什么坏毛病，况且他的确是个不可多得的人才，罢黜了岂不可惜。于是就对宋神宗说："算了，苏轼就是有些逞能了，还是别罢黜了，是个可以为皇上所用的人，等着他自己悔改觉悟就好了！"

王安石还是比较爱惜人才的，即使苏轼如此反驳他，他也尚存一丝理智。只是王安石肯放过苏轼，有人却要找事了，看来苏轼在朝中也得罪了一些人。

有人告发苏轼与其兄弟在运送父亲回乡途中走私。既然有人告发了，王安石只好下令严查，查到最后发现其实什么也没有，看来是有人诬陷。这下苏轼不淡定了，他不知道事情的来龙去脉是怎样的，一定以为是王安石从中作梗吧！

他深深感到了来自这个朝中的敌意，看来京城是待不下去了，怎么办呢？只好请求外调了。于是出任了杭州通判，离开了京城这个是非之地。

其实这样也挺好的，京城压力大、是非也多，在地方上轻轻松松的不用想朝廷上的尔虞我诈。在地方辗转调任，先是杭州，然后是密州、徐州，最后任湖州知州。

就在他上任湖州知州不久，就出事了。这个时候事情的始作俑者就要出场了，就是沈括。想不通了吧，怎么哪里都有沈括呢？明明好像是八竿子打不着的人。

他们俩可不算是八竿子打不着，其实是老熟人、旧相识了。治平二年（1065 年），苏轼初入史馆，与沈括同在崇文院任职，二人在此结识。但似乎两个人的感情并没有延伸太久，大概是因为政治立场的问题，我们都知道沈括在变法前期十分受王安石重用，是新法的支持者，而苏轼我们也看到了，极力反对变法，以至于两个本能成为好朋友的人最终走向了对立面。

苏轼在杭州任职的时候，沈括受命巡查。到了苏轼的地盘上，两人就开始聊起了旧情。苏轼没有防备之心，结果让沈括把自己的新作抄了去，沈括回京后就将了苏轼一军。沈括认为苏轼的新作中有愚弄朝廷、目无君王之嫌疑，并把其作品呈上，还把其中有嫌疑的句子都标注了出来。沈括同学啊，你这是要整死昔日旧友的节奏吗？谨慎细心可不是让你往这用的！

但其实沈括的这个举动在当时没有引起什么太大的波澜，乌台诗案沈括也不是幕后黑手。这件事顶多算是个引线吧，真正的东窗事发还是在元丰二年（1079 年）。

这一年，苏轼在湖州上任知州。按照惯例，他给皇上写了一封谢表。其实也就是例行公事，对皇帝的任命表达感谢的官文，是个当官的都会写。这种文章写得越官方越好，反正皇上也不会仔细看，知道你写了就好。每个月上任的官员那么多，他要是一封一封都认真看了，那还不把皇上给累死。

可是苏轼是个诗人，是个文学家，平时说句话都要带一点感叹，这

第十一章　荆公老矣，尚能饭否

177

是通病，得治，治不好是要出大事的。这不苏轼就感叹过头出了事。

他在文中写下了："愚不适时，难以追陪新进""老不生事或能牧养小民"等句子。本来无伤大雅，但是有人要办苏轼，他就逃不过，一场宋朝的文字狱开始了。

御史台何正臣上奏弹劾苏轼，说这篇谢表里面暗讽朝廷，目无尊大，对皇上不敬，等等。当年沈括的事情看似没有引起什么变动，但实际上却是大事发生的前兆。这次事发，有心人自然会旧事重提，生怕不够添乱，朝中上下发起了一阵"反苏潮"。

他写过的文章都被人翻了出来，文章中多有他反对新法的观点。因为苏轼是文坛的领头人物，所以他的诗在全国影响很大，甚至影响到了新法的执行，变法派的大臣岂能饶过他？

不计前嫌的救赎

苏轼的诗作明里暗里地激怒了很多朝中大臣，更有人想要公报私仇，所以他们当然不会放过这个机会。

国子博士李宜之、御史中丞李定更是列出四大罪状，强烈要求苏轼被斩首论处，朝中大臣讨论激情澎湃。苏辙因为苏轼的好友王诜的提前告知，意识到了事情的严重性，赶快提前通知了苏轼。这个消息对苏轼来讲真是措手不及，他不知道自己会被定什么罪？

等待诏书的日子还真是坐立难安，还不如不提前知道呢！这种感觉就像是一头将要被送进屠宰场的猪，你告诉它一会你要被宰了，别跑，在这等着屠夫来。

忐忑地度过了几天后，屠夫终于来，哦不，是钦差大臣皇甫遵。苏轼见到他之后就先说了："我一向口无遮拦，写的诗文也对朝廷多有得罪，今天看样子我是必死无疑了，请先让我跟家人道个别吧！"

皇甫遵诏书都还没宣读，就听到苏轼说了这么一番话，心想这个苏轼想太多了吧！哪儿有还没定罪就赐死的？于是打断苏轼，淡淡地说道："苏兄严重了，事情并没有到那个地步！"

苏轼打开公文一看，原来是因为诗文一事召他进宫的诏书。苏轼的心总算放下了一半，为什么说是放下了一半呢？诏书中没说有事不代表他真的没事，还不知道会定什么罪呢？

苏轼还是有先见之明的，他知道这次自己绝对是摊上事了，新政变法派不会轻易放过他。等待他的不知道会是什么？最让他担心的还不是自己会被定什么罪，而是会不会牵扯到友人的问题。

一路上他都在不安和反省中度过，甚至想过要投河自尽，但是又担心牵扯到无辜的弟弟，就作罢了。我们真该感谢苏辙的存在，不是他，估计一代文豪就在江边陨落了，后世也就读不到他更多的佳作了。

到了京城，苏轼便被带到御史台审讯，本来不想招的，可是拖了一个星期，终于撑不住了。他是个常日里只执笔墨的文人，哪里受得住监狱里的苦？所以就全招了。

御史中丞李定向神宗汇报了案情，说苏轼对罪行已经供认不讳。宋神宗怒不可遏，心想这么快就招了，难不成是用刑了？于是就问李定用刑了没有，李定回答说："回皇上，苏轼一案朝里朝外多少双眼睛看着呐！且苏轼最善于笼络人心，臣不敢用刑，怕落人口实。"

宋神宗转念一想："没有用刑的话，就还有一个可能性，那就是他身后还隐藏着更大的秘密。"唉，我说神宗皇帝啊，您老人家不去当福尔摩斯真是屈才了。

于是我们的福尔摩斯神宗皇帝就命令御史台严加审查，一定要把案子查个水落石出，一个都不要放过。

苏轼担心的事情果然还是发生了，这个时候，想要牺牲自己成全大家的想法可行性基本为零。

案子发展到最后，竟然被审讯的诗作达到一百多首，牵扯人数将近四十人，甚至连在洛阳著书的司马光也牵扯在内。当然，牵扯归牵扯，受危害最严重的还是苏轼。

说是诬陷吧，也并没有，其中大部分的指控他都是承认的。谁让苏轼你自己作呢？有些话自己心里清楚就好了，干嘛非要写到诗里呢？哪怕是跟别人发发牢骚，也不至于留下这么多让人治罪的证据啊！

这不，把自己作到监里了吧。在狱中，虽没有刑罚的折磨，但是常常是通宵达旦的审讯，让他的精神崩溃不已。这也是监狱里的惯用手法了，不对你用刑，但是也不让你睡觉，轮流不停歇地审讯，在精神上折磨你。

这样的手段，恐怕是没有几个让人能受得住，更何况是文绉绉的苏轼呢？所以苏轼在狱中写下了"梦绕云山心似鹿，魂飞汤火命如鸡"的诗句，表达自己当时的境遇。苏轼还真是诗的死忠粉，因为诗而入狱，大难当前，还不忘做几首诗，执着程度不比现代人追星的程度差。

等待判决的日子是最难熬的。在最后等待判决的几天里，他的长子苏迈每天都来送饭，因为不知道最后的判决时是什么，趁着还能尽孝心，就尽量让苏轼能吃点好的。

但是父子两人是不能见面的。为了能让苏轼做好心理准备，苏迈托人暗中和苏轼约定，平时送饭只送蔬菜或者肉类，一旦外面有了执行死刑的消息，就改送鱼肉。

有一天，苏迈因为急事要出京一趟，于是把送饭的事情拜托给了一个远房亲戚。因为着急，就忘记了告诉亲戚自己与父亲的约定，好巧不巧，事情就像拍电视剧一样神奇，那天远房亲戚刚好做了一条熏鱼，想着要给苏轼补补身子。

这些苏轼自然是不知道，所以当他看到这条熏鱼时，就一点胃口也没有了。自己坚持到现在，就是抱有一丝希望，希望皇上能回心转意，饶他不死，可是眼前的这条熏鱼把他的希望全都打碎了。

苏轼怀着满心的悲痛，你猜他会干什么？对了，就是写诗，既然自己已经是凶多吉少了，还是写几首诗流传下去吧。于是他给弟弟苏辙下了两首诀别诗，其中一首是："圣主如天万物春，小臣愚暗自亡身。百年未满先偿债，千口无归更累人。是处青山可埋骨，他年夜雨独伤神。与君今世为兄弟，更结来生未了因。"

这首诗很快就流传了出去，尤其是"与君今世为兄弟，更结来生未了因"两句，是要读哭多少有情人啊？宋神宗自然也看到了这首诗，本来他心里就不是滋味，看到这两首诗后，心里更是如同打翻了五味瓶一样难过。

"刑不上大夫""宋朝不杀士"的道理他是懂的。杀吧，他就会成为大宋朝的第一位暴君，他可不想一世英名毁在这件事上。不杀吧，又难堵悠悠众口，苏轼此刻就是一个烫手山芋，让他拿也不是扔也不是，简直陷入了进退两难的境地。

朝中大臣对这件事情的态度也是正反不一。有人想要置他于死地，比如御史中丞李定、参知政事王珪、监察御史里行舒亶等人。也有人站在苏轼的一方为他求情，因为这个案子牵扯到的人实在太多，其中不乏朝中名臣要士，比如司马光、苏辙、黄庭坚、王诜（北宋画家，熙宁二年娶宋英宗的女儿蜀国公主为妻，拜为左卫将军、驸马都尉）等。

时任宰相的吴充直言劝告神宗："皇上常常说要效法尧舜之法，摒弃魏武（即曹操）的作风。曹操素来疑心重，但是当有才华的祢衡侮辱他时，他虽然生气也没有杀了他，只是把他遣送给了刘表，曹操尚能容得下一向恃才傲物的祢衡，皇上您难道会容不下一个苏轼吗？"

吴充的这话虽然直白了点，但不是没有道理。道理宋神宗都懂，但是他有他的为难。事情闹得这么大，他没办法不给变法派一个交代。更何况苏轼的诗作和言论确实已经影响到了新法的推行，如果就这么放了苏轼，那么他或许就不算得上是一个公正的明君了。

不过随着案件的推移，求情的人也越来越多，不仅重病在卧的曹太后出面干预，就连被苏轼的诗句讽刺的章惇（时任判三馆秘阁、知审官院兼翰林学士，早期得到王安石的重用，成为改革派的一员）也加入了营救大军，甚至不惜与宰相王珪翻脸。剧情还真是挺反转的。

宋神宗恐怕是最想了结这个案子的人了，每天的朝堂争辩已经搞得他不疲惫不堪。这个时候有一个人出面解救了他也救了苏轼，他就是王安石。这时的王安石已经退居金陵多年，但是当他得知苏轼的境遇时，还是忍不住出手相救。

他上书给宋神宗说："皇上岂能在这盛世里杀才华横溢的人呢？"王安石虽然已经离开朝廷多年了，但是作为熙宁变法最大的巨头，他的话还是很有分量的，他能出面求情，既给了宋神宗一个台阶下，又让那

些想要置苏轼于死地的改革派无话可说。王安石好歹也是前任大 boss，前老板的话虽然已经不能成为命令了，但是仍让人忌惮三分。

到了元丰二年（1079 年）的冬天，判决书终于下发，苏轼被贬为黄州团练副使，但不得擅自离开此地，剥夺其签署文书的权利。

这样的结果大概也是最好的结果了，但是被牵连的人就没有那么幸运了。他的弟弟苏辙因为受到家庭的连带关系，而受到了降职处分。但是苏辙即使被贬，心里也是高兴的吧，毕竟哥哥得救了，自己的亲人能活着比什么都好。

时任秘书省正字的苏轼的好友王巩（北宋名相王旦之孙）也被贬到了宾州（今广西宾阳）。对于此事，苏轼很是内疚，于是写下了"兹行我累君，乃反得安宅"的诗句表达自己的歉意。

但王巩是真君子，对于被好友牵连的事情没有丝毫怨言，为了安慰苏轼，还写信打趣说自己是到宾州修行的。

值得一提的是，在王巩被贬宾州期间，不仅没有丝毫颓废，反而收获了一段美丽的爱情。原来，王巩的乌台诗案发生之前，家中养了很多歌女，其中有一名叫做宇文柔奴的歌女更是深得王巩的喜爱。案发之后，家中的歌女纷纷被遣散，只有柔奴一人愿意追随王巩的脚步，哪怕是偏远的宾州。

柔奴同王巩在宾州一起生活了三年多。王巩吟诗，她就作曲，两人过着神仙眷侣般的生活，丝毫没有被艰苦的环境所累。后来苏轼见到王巩后，王巩对他说："我在宾州几年得生活能过得如此潇洒自在，多亏了柔奴。"

苏轼感到十分惊奇，就试探性地问了柔奴一句："宾州的生活可是辛苦？"柔奴莞尔一笑，回答道："此心安处，便是吾乡。"这句话其实是出自白居易的诗："无论海角于天涯，大抵心安即是家。"一个柔弱的女子，竟能口吐如此豁达之语，足见柔奴的蕙质兰心。

有爱的人相伴，王巩的日子过得并不那么辛苦。但是苏轼的另一个好朋友王诜就不那么幸运了，他因为泄密给苏轼，再加上苏轼和王诜经常来往书信，而且在接受调查时拒绝交出苏轼的诗作，也受到了牵连，被削一切官爵。

　　本来王诜是可以没事的，毕竟他有蜀国公主这个后台。公主是宋神宗的胞妹，神宗对他十分宠爱，所以神宗在这个牵连多人的案子中，对王诜睁一只眼闭一只眼，也不会有人有什么异议。

　　但是偏偏王诜在关键时刻被人告发他平时苛待公主，公主都敢苛待，王诜是活腻了吗？倒不是说王诜有多么不好，但是他的身份却不能让人忽视，画家，诗人，还是当时有名的大才子。自古才子多风流，所以他的身上也有着这样的属性：风流、浪漫和不羁。

　　不同于以往公主强势驸马懦弱的故事，他们的人物设定是比较反转的。蜀国公主教养良好，温柔贤惠，王诜的母亲卢氏寡居在家，公主对她十分孝顺。卢氏生病时，公主就亲自端汤奉药地伺候，没有丝毫公主的架子。

　　但是反观王诜，对公主就不那么上心，还是一副花天酒地的样子，甚至在家中养歌女。公主对王诜十分喜欢，自然受不得这个气，但是她又是一个贤良的女子，她不愿意跟王诜摊牌。

　　于是她想了一个由头，就是在宋神宗为母亲居丧期间，遣送了家中的三十多位歌女，说是为母亲哀悼，不愿意享乐。这件事让王诜很是受挫，公主的理由正当，他没有反驳的理由。

　　公主爱他，可是王诜的心思好像并不在公主的身上。这点也是可以想通的，艺术家所向往的爱情不应该是平平淡淡的，似乎歌女更能可以和他产生共鸣。她们可以走进他的画作，走进他的诗句，亦能千娇百媚地唱着王诜作的词，这使王诜很有成就感。

　　可是公主就不一样了，她从小接受的就是封建礼教的观念，三从四德、贤良淑德，典型的贤妻良母。但是对于艺术家王诜来说，公主身上缺少一种情调，他们很难在精神上产生共鸣，即使公主很爱他。

　　乌台诗案东窗事发时，正值公主病重之际，宋神宗亲自前来把脉，问公主还有什么需要，他这个做哥哥的一定全部照办，结果公主只说了一句话，就是请求皇上赦免王诜。

　　公主爱王诜竟到了如此地步，在她生命的尽头，她还在考虑王诜的

第十一章　荆公老矣，尚能饭否

仕途，只是，她爱错了人，也嫁错了人。大概是报应吧，王诜成为这次受牵连的人中处罚最重的。

除了苏辙、王巩和王诜三人，其他受牵连的司马光等人，都是相应的做了一些罚款处置。苏轼一定内疚死了，自己受苦就算了，还牵连到这么多朋友。

不过这件事对苏轼来说也是一个教训，亦让他看清楚了身边人。以前经常在一起吟诗作乐的人不一定是真心待你的，你一旦失势，他们甚至有落井下石之嫌，而那些平时的政敌，却不一定是你真正的敌人，他们反而会在你落难时出手相助，比如章惇。

还有一个人是他没想到的——王安石。王安石会出手帮他，大概是真的出乎他的预料吧，毕竟乌台诗案中被翻出来的诗文，讽刺的新政措施，无一不是与他息息相关的，王安石在这个时候没有趁机报复，而是不计前嫌地将他从深渊中拉出来，是出于君子的大义，已经让他很感激了。

就是在乌台诗案发生的这一年，王安石被任命为左仆射、观文殿大学士，改封荆国公。在这之前，王安石在辞了宰相之位后，已经离开京城很多年了，如果不是这次苏轼落难因为他的一句话扭转了局势，恐怕他已经淡出人们的视线了。

那么，王安石这几年过得好吗？

游山玩水的辞官宰相

王安石辞官之后，退居至江宁（即金陵，南京的古称），这个可以称得上是他的第二故乡的城市。

曾经叱咤官场的宰相，突然离开官场，离开朝廷，生活状态是怎样的呢？事实上，王安石退居江宁后，完全过着一种完全和以往不同的生活，少了一份忙碌，多了一份闲适；少了一份轰动，多了一份平淡。

这是他人生的分割线，从他的诗词风格的变化上就可以看出来，前期他诗词的风格多反映社会现实，揭露人民的痛苦，多为政治写实诗。他退居江宁后，诗歌风格发生了很大的变化，从以政治诗为主转变为写景咏物诗占据主导地位。

王安石从朝廷辞官回到江宁后，似乎已经想好了以后的人生规划。宦海浮沉那么多年，他这个宰相当得太累了，自从弟弟和儿子相继去世后，他看开了很多事情，也感悟到人的生命的脆弱和可贵。既然决定要放下，那就彻底放下，给自己一个全新的生活。

所以，宋神宗给他的"判江宁府"的职务，他并没有去任职。第二年就辞去了官位，在城门到他最喜欢的钟山路途中为自己建造了一个居所，起名为半山园。生平素来节俭的王安石，就连在任职宰相期间都没有依靠职务之便为自己敛财，没想到，到了晚年竟然为自己购置了房产，这真是活久见。大概王安石是真的想明白了吧，买房子就是打算长期在这里定居下去的意思。

这一次，他是真的没有想过回头。

顽石不化的拗相公成了一个整日游山玩水的闲人，这画风转得有点突然，让人很难适应啊。

不管读者适应不适应，反正王安石是适应了。就是在这里他结交了很多朋友，比如曾经水火不容的苏轼，还有著名的书法家、画家米芾，画《五马图》的李公麟，等等。

他退隐的生活过得还是很舒坦的，不仅有了高逸之友，而且会客时也不用上茶楼。他的半山园就是一个环境清幽的最好的待客之所。

说起半山园，还是很有一番说道的。据说半山园是由王安石亲自设计的，他在屋子的周围种了许多树，用来代替围墙，把积水的洼地改造成池塘，看起来别有一番风味。没想到，大文学家王安石不仅能当宰相，还能做设计师，真是让人大开眼界。

不过，不太专业的王大设计师的作品，好像不太被人们所理解啊！就有著作明确对王安石的半山园以树木代替围墙的做法提出了批评："所居之地，四无人家。其他仅蔽风雨，又不设垣墙，望之若逆旅之舍。"

王安石追求的是居所与大自然融为一体的意境。简陋倒称不上，不过没有围墙的话，安全系数是低了点。

这时候，王安石就不服气了：我追求的就是环境之美，要那么奢华

干什么，反正我这地方一年到头也不会有多少人来，要说安全问题，我就更不怕了，我一没钱二没权，在我这什么也捞不着，而且谁会这么没眼色来打劫我一个老头子？

半山园的设计总体来说还是很适合一个失意之人居住的。即使决定要放下，曾经的辉煌也会历历在目，伤口是需要慢慢愈合的，王安石现在需要的正是来自大自然的抚慰。

半山园的选址意图也让人一目了然，简而言之就是，离钟山近。王安石闲着没事就能去逛逛，多惬意吧！而且王安石对半山园的设计也是十分用心的，不仅周围环境优美，而且他还专门留有一间房屋作为客房，专门给来拜访他的友人居住。看来王安石对于半山园着实用心至深，用心之作怎能被称为简陋呢？批评之人一定不懂王安石此等文人雅士的审美观。

这所在外人看来十分简陋的半山园，不知艳羡了多少人呢！比如苏轼就曾写文章，表达对王安石现在生活的羡慕之情："轼始欲买田金陵，庶几得陪杖屦，老于钟山之下"（《上荆公书》）。这篇文章写于苏轼来半山园拜访过王安石之后，果然是同为读书人，才会有同样洒脱的审美观。

退隐在半山园的王安石的确过得很悠闲，没事就在自家后院里散散步，写写诗。碰上心情好的时候，还能到不远处的钟山景区来个短途旅行。

在这样的生活情趣的陶冶下，王安石的心境也发生了很大变化。他变得越来越淡泊，他不再是官场上那个总是得罪人的"拗相公"，越活越像个普通的老百姓。

有一次，王安石穿着普通百姓平时穿的布衣，头上戴着一块头巾，手上拄着拐杖，独自一个人到山中游玩。王安石穿着平常百姓衣可不是为了玩 cosplay，而是他觉得穿着这样的衣服更合群，更适合游玩吧！

最重要的是，穿成这样大概没有人认出他吧！好歹他也曾经是当朝宰相，曾经主持变法的大 boss，知名度可一点也不比明星差。不用担心被狗仔队跟踪的感觉真好，王安石很惬意地享受着自然风光带给他的快乐。

正玩得起兴时，突然看见前面有一帮围观群众。好奇可是中国人的特色，不明所以的王安石也好奇地围了过去。走近一看，原来是几个人在谈论文史，常言道"高手在民间"，王安石倒是很想听听他们的独到见解。

王安石安静地坐在一旁的石头上，听着民间的高手高谈阔论。这种感觉真好，而且众人的焦点都在那几个说话的人身上，没人注意到他，所以他可以安静地听不被打扰。

过了一会，他短暂的安静时光就被人打破了。原来是其中一个围观群众看到了农民打扮的王安石，心生奇怪。难道现在的农民都不种地，倒有闲工夫跑来游山玩水、谈文论道吗？

此刻这个路人俨然成了一个好奇宝宝，全然忘记了焦点人物还在高谈阔论。他没忍住心中的好奇，问王安石："你也识字吗？"

王安石彻底郁闷了。他堂堂一代大文学家，写过的诗词不计其数，就连大宋朝的历史他都参与改革过，现在竟然被一个普通老百姓质疑他的文化水平，这像话吗？

但是现在不是计较这个的时候，谁让他打扮得太过平民化，任谁看也不会觉得现在的他能跟文人气质沾上边。为了避免节外生枝，他只好点点头敷衍过去。

但是殊不知你越是有所隐瞒，别人就会越好奇，而且经过刚才那个围观的好奇宝宝打岔，大家都停止了讨论，好奇地打量着王安石。那个人看大家都看着这边，想要一探究竟的心态就更强烈了，于是继续问王安石的姓名。

王安石也注意到围观群众好奇的目光，就像是在看一个……怪人一样看他，有这么好奇吗？王安石受不了了，只好拱拱手，如实交代："鄙人姓王，名安石。"

众人听完王安石的前半句没有发现什么异样，如果听完后半句还没有什么觉悟的话，那就真的是傻子了。

王安石，不就是主持熙宁变法的大宰相、大诗人、大才子吗？论到

文史，他才是这方面的专家吧！一想到这，刚才那几个滔滔不绝讨论文史的人，就觉得自己受到了一万点的鄙视，自己刚刚干了什么？在一个真正的专家面前装学者吗？真是没脸见人了，于是低着头匆匆地离开了现场。

围观群众见状，也忌惮王安石的身份，惭愧地四散而去。特别是刚才问王安石话的好奇宝宝，更是无地自容："天哪，他刚才是跟王安石说上话了吧！但是自己好像特蠢地把王安石给鄙视了吧！"想着想着也惭愧地离开了。

王安石深深地叹了一口气："唉，早知如此就不穿得这么大众化了，另外，我是不是该考虑换个艺名了？"

退休的宰相沦落民间后，就开始了游山玩水、吟诗作乐的日子，怎一个潇洒自在了得！

没有成堆的公文要处理，也不需要和各式各样的官场人士打交道；不用每天穿厚重的官服，洗澡再也不用等到休沐日。除此之外，不用上早朝的话，是不是还能睡个懒觉啊？

在这样舒适的条件下，有了更多时间的王安石似乎又多一个兴趣，就是购置房屋和田产。这是要成为地产大亨的节奏吗？

作为一个曾经的宰相，攒下的薪水应该蛮多的，毕竟宋朝是善待读书人的朝代。在职文官的待遇绝对杠杠的，即使像不贪污、不受贿的王安石也应该攒下了一些钱，购置些闲田应该是没问题的。

你以为王安石会以一个整日游山玩水的地产大亨的身份终其一生吗？这可说不准，毕竟人生有很多变故，明天的太阳几时升起、几时落下你尚且不知道，更何况是自己的人生轨迹呢？

有一次，王安石得了一场大病。注意，是一场大病，大到什么程度呢？这么说吧，病情从南京穿越了半个中国到了京城，把宋神宗都给惊动了，可想而知这次王安石应该病得不轻。

宋神宗真是为王安石操碎了心。虽说王安石已经不再是他的宰相，不再为他主持变法，但是他对王安石始终是很尊敬的。王安石受了委屈离开朝廷，在生活上总不能再让他受委屈了吧，于是就派了曾经为自己看病的御医，专程到江宁为王安石治病。

最后终归是痊愈了，大病初愈的人，都会想明白很多事情。王安石也是这样，突然就有了觉悟，他决定把手头的闲田房屋都抛出去，留在自己手里都是累赘。

于是，他做了一个决定。他上书宋神宗要把半山园捐赠给寺院。宋神宗很诧异，心想房子捐了你住哪儿？

不过宋神宗是了解王安石的。他做下的决定，别人很难动摇，所以就应允了他的请求，并亲自为之赐名"报宁寺"。

如此舍得，又何尝不是人生的另一种境界。山水为邻，花鸟为伴的日子一定很棒吧，不然王安石也不会写下"随月出山去，寻云相伴归"的诗句。诗人的灵感来源于对生活的感悟，没有亲身经历过，很难写出这么有情调的句子。

旧事情虽然已经成为过去，但并不代表它们消失不见了。变法改革的影子还是随处可见，政治场上的斗争也一刻都没有停歇。过去的经历太过轰轰烈烈，突然从热闹中抽身投入平静中，王安石真的能全都放下吗？

还是放不下

放下过去，谈何容易？王安石虽称不上是绝对的野心家，但毕竟是在官场上混过的人，真正能够做到全身而退的又有几人呢？

这种情感并不难理解，我们常常听到当过兵的人说一句话："一天是军人，一辈子都是军人。"这样的情感大抵都是一样的吧。

王安石投入在变法里的精力太多了，现在让他抽身出来，不是那么容易的事。谁又不是这样呢？就拿苏轼来说吧，他是一个乐观豁达、豪放不羁的人，他与生俱来的直率都揭示这他应该是一个拿得起放得下的人，但事实果真如此吗？

当年，苏轼上任途中路过江宁，特意去拜访了王安石，王安石也大方地骑着毛驴去接他。两人在江边的会面，被人称为是历史性的一刻。

为什么这么说呢，理由很简单，他们俩可是官场上水火不相容的政

变法名相：王安石

敌，就这么堂而皇之地在私下里见了面，怎么想怎么觉得诡异。

这个问题不难解释，首先苏轼只是在调任途中路过江宁，只是路过而已嘛。公事又不那么着急，正好有老熟人在，那就顺便去拜访一下，全当旅游了，还能有人当免费的导游，不是很好？

其次，王安石也已经下野多年了，不再是官场上那个叱咤风云的大宰相了。离开了官场，王安石就是一个普普通通的大文学家，写得一手好文章，侃得一口大道理，是个值得深交的书友。

而苏轼经过这么多年的风风雨雨，早已没有了当年的锋芒毕露。他们俩一个是下野的辞官宰相，一个是宦海沉浮的小官，放在一起，颇有一番同病相怜的既视感。在这种情况下见面的两人，少了一些尴尬，多了一份轻松。

最后一点原因，就是当年的"乌台诗案"让苏轼彻底看清了官场上的人情世故。他能够在这场文字狱中死里逃生，无疑是幸运的，所以他更加学会珍惜身边真正的朋友。

在"乌台诗案"中，王安石不但没有落井下石还对他施以援手，这件事情成为二人关系的转折点。不得不承认，两个人在私下里都是相互欣赏的，有着这样惺惺相惜的情感，苏轼路过江宁而不拜访才是奇怪吧！

这江宁这个地方，两个人吟诗作赋、谈文说理，很合得来。短暂的相处，让王安石得到了暂时性的满血复活。两人的相见更是让彼此都有一种相见恨晚的感觉。

没有胡说八道，有诗为证，苏轼在回去后写下了《次荆公韵四绝》，其中有一句是这样的："从公已觉十年迟。"

这句诗的意思是：我经历了十年的吧风风雨雨，现在再想要跟你一起归隐山林已经太晚了。

为什么要这么说呢？原来苏轼见到王安石后不禁感叹他的生活方式令人羡慕。王安石就劝苏轼也在江宁购置房产，纵情于山水之间，这样两人离得近也能时常见面。

这才有了苏轼的那句诗，但是有学者认为苏轼这句诗并不能证明什么，只是出于人际交往中的客套话。其实不然，苏轼不是喜欢客套的人，如果他有这项技能的话，当初也不会在朝廷上得罪那么多人。

而他此番来看望王安石也必定是真心真意，王安石邀苏轼与他一同在江宁安家，也是怀着满心的真诚。能得苏轼此知己，王安石的晚年生活一定不再寂寥。王安石的邀请似乎也透露出劝隐之意。

而苏轼也有此想法，这前面已讲过，即使金陵不行，旁边也好，他在给王安石的书信（《上荆公书》）中接着又写道："今来仪真，又一十余日，日以求田为事，然成否未可知也。若幸而成，扁舟往来，见公不难也。"

看来苏轼当时是来真的。好一个老于钟山下、扁舟往来，绝对的浪漫情怀，如果这段话成真，那该是怎样的一段佳话。

可惜后来种种原因，苏轼的想象没有实现。他跟王安石的经历不一样，他需要考虑的因素很多，所以大概只在诗文中想象了一下，画饼充饥而已，徒留一场遗憾。

人本身就是一个矛盾体，往往心里想的和实际行动的并不一致，大概是因为需要考虑的因素太多吧！一面心中向往着平静无波澜的生活，一面又孜孜不倦地在人生中追求名誉和理想。

王安石又何尝不是这样的人？他现在的生活过得安逸、平静、怡然自得，已经是花甲之年的人了，他不能折腾也折腾不起了。

这样的生活刚好足够他安享晚年。精神头好的时候就拄着拐杖到钟山走走，感受一下来自大自然的亲切感，山里空气好，没有雾霾，还有那些怡人的小花小草。面对着这些纯天然无污染的自然，人们总是能抛开现实生活中的压力和烦恼，融入自然，享受时光。这样的生活最是陶冶情操，对王安石来说，这也是非常适宜的生活方式。

他知道，这些道理他都懂，可是他看似安逸平静的生活下，隐藏着一颗并不安宁的心。之前说过，熙宁变法就像是他自己的孩子一样，那种难以割舍的心情大概是每个为人父母都能够理解的。

就像是你的孩子，因为工作的原因，你亲手把他送到了姥姥姥爷或是爷爷奶奶的身边。你为了生活奔波在离家乡千里之外的城市，一年也见不到孩子一面，你对孩子的爱难道会因为距离而改变吗？对孩子的思

念又会随着时间的推移而减少吗？不会，都不会！

王安石亦是如此，他离开了朝廷，来到了远离朝廷的江宁，也不再过问变法的任何事宜，但是他的心始终没有改变。朝廷一有动静，哪怕是一点的风吹草动，都无不牵动着他的心。

典型的身在曹营心在汉。对于改革，他是遗憾的、委屈的、煎熬的，又是放心不下的。在他下台后，新法内容一部分被废除了，每当听到这样的消息时，王安石心里都是说不出的难过。这种难过是怎样在掩人耳目的情况下发泄的？是在安静的夜里沉痛默哀，还是像小孩子一样在房间里埋头痛哭？我们无从得知。

他的这种痛，让人为他感到心疼。在他退隐的初期，他还在继续修订编撰《三经新义》，作为变法改革的理论依据。有些事永远也放不下，即使离开，也会用另一种方式继续支持它，这就是王安石。

改革变法是从小就埋在他心底的愿望，是他的理想和抱负，或许他是真心想要退隐的。他受到的打击太大。同僚的背叛，改革派内部的分裂，弟弟被贬过世，最大的打击还是王雱的病逝，让他变得心灰意冷。接连失去两位至亲之人，哪怕是再有抱负的人也会受到影响的。

在当时的情况下，王安石选择离开，但是离开没有抚平他的伤痛，反而让他对变法事业更加欲罢不能。

在这样的内心煎熬下，他写下了这几句诗："临路爱山好，出山愁路难""我欲抛山去，山仍劝我还"。这两句诗的暗示性极强，王安石似乎是在借诗来抒发内心的矛盾和煎熬。

王安石快乐吗？其实并不，虽然他晚年经常游山玩水，小日子过得很是快活。但是外表的忧愁可以用快乐的假象掩盖，内心的情感却很难掩藏。

想要发现这些隐藏的情感并不难，因为王安石是一个诗人。诗人发泄情感就会以诗人的方式，比如写诗。

没错，诗是最好的目击证人。虽然王安石晚年的诗词都离不开一个"闲"字，很多诗句的字里行间都流露着现在生活的安逸闲适，似乎他也是享受的。

但是请别忘了，王安石曾经是一个锐意改革的改革家，是一个一人之下万人之上的风光宰相。从高位跌落下来的感觉并不好吧！

　　读他的诗，如果仔细揣摩就会发现，他的诗表现的可不仅仅是感叹韶华易逝、时过境迁那么简单，更包含的是他对失意人生的忧愁心境，是一个政治家壮志未酬的伤感。

　　安逸的生活不能缓解他心中的愤懑。他的诗又是最好的佐证："聊为山水游，以写我心""解玩山川消积愤，静忘岁月赖读书"，心中愁闷只能聊借游山玩水来转移注意力，消除积愤，诗句无处不在暗示着作者的心情有多烦闷。

　　他没办法做到纵情山水间，心游尘事外。一个人的时候，他总是会想起过去的点点滴滴，然后就会变得无比烦闷，陷在变法的漩涡里无法自拔。

　　每当这时，他不知道如何排解的时候，就会拿出自己珍爱的文房四宝，大笔一挥，写下心中的愤懑。

　　所以他晚年的很多诗，表面上是写山水，抒发闲适自在的生活享受，实际上隐藏的是他对政治理想破灭的愤懑之情。这就是王安石的诗的精妙之处，情感很丰富，在文坛上绝对的独树一帜。

　　一直在讲王安石的变法和政治上的造就，差点忽略了他是个诗人的身份。除了万众瞩目的大宰相、大改革家，他诗人的身份似乎更为后世所乐道。

第十二章　是宰相也是诗人

一半风雨一半晴

　　王安石的诗不仅内容丰富多彩，数量也很多，仅流传下来的就有千余首。天啊，宰相大人，您平时那么忙，到底是怎么做到的？

　　有句话怎么说来着，时间就像海绵，只要你愿意挤，总还是有的。人们对于自己感兴趣的东西还是愿意花时间的。就像你若喜欢读书，大概是愿意花时间在地铁或是公交车上争分夺秒地读书；你若喜欢旅游，哪怕是短暂的周末也会抽空出去小玩一下。同理，王安石喜欢写诗，所以茶余饭后不办公的时间就是他的诗歌秀场。

　　不管是什么，只要有兴趣，就能学好学精。王安石本就是一个从小就聪颖过人的孩子，学习对他来说应该不算是难事。小学霸是怎么炼成的，就是这么炼成的。别问方法，我也不知道，只看到了结果，就是王安石的卓有成就。

　　站在一个文学家的角度来看，王安石算是个文坛巨人。他的文学作品可不局限与诗歌，词和散文都有所涉猎，而且无论是哪个方向都成就颇高，面面俱到才是真学霸。偏科可不是王安石会做的事。

　　很重要的一点是，王安石无论对他的哪个角色都很入戏。宰相也好诗人也罢，他没有拿起一个而摒弃另一个，而是同时把这两个身份完美的结合为了一体，诗中有政治。

　　真的能做到诗歌政治两不误吗？这样难道不会受到什么影响吗？影

响当然是会有的，虽说人的潜能是无限的，但是人的精力是有限的呀。

就比如说王安石的前期诗歌风格就比较偏向于政治，因为他常年混迹于官场的缘故，后期的诗歌风格就不一样了。怎么风格还分前期和后期了？

就像他的人生一样，诗歌风格也是有转折点的。凑巧的是，王安石人生的转折点发生在二次罢相期间，而他诗歌风格的转变也是发生在这期间，这或许跟他的人生经历脱不了关系。

在他被罢相之前，也是就是在前期，他的诗歌风格趋于写实，揭露底层老百姓的痛苦。我们知道，这位神奇的宰相，不喜欢几乎人人都爱的"诗仙"李白，而是追崇杜甫的诗风。

杜甫是谁？唐朝著名的现实主义诗人，名扬中国和日本的大诗人。他是一个豪迈、狂放不羁的诗人，但同时他又心系天下苍生，关心民间疾苦，有着"致君尧舜上，再使风俗淳"的宏伟抱负。所以他的诗歌在中国产生了十分深远的影响，他本人被称为"诗圣"，他的诗也被称为"诗史"。

这样一介绍，我们很快就明白过来，杜甫可以算是王安石的偶像级人物，而王安石生活中的很多面都是在学习杜甫。他把杜甫当成自己人生的榜样。

因为崇拜，王安石的身上渐渐有了一些杜甫的影子，难道这就是古代人的追星吗？

现代人的追星方式好像更疯狂一点，粉丝们无时无刻不再关注着偶像的同款：偶像今天穿了一件新衣服，天天吃土也要买同款！偶像开了一辆豪车，倾家荡产也要买同款！偶像在这个小区买房了，搬家要跟他做邻居！

相比现在这些追星一族的疯狂，王安石就内敛多了。他没有想着要穿杜甫的同款服装或是住在杜甫故居的附近，只是在思想和文章造诣上加以学习，努力和偶像的价值观产生一致。这样是不是高级多了？当然了，话虽这么说，古代和现代是不能比的，古代没有现在这么发达的科技和网络，就算王安石想要穿同款也无从得知杜甫穿的什么衣服。

他能获取到的信息只有杜甫留下来的诗集而已。所以他追随着杜甫的脚步，把他前期诗歌的现实主义风格发挥得淋漓尽致，诗中加入了自己的政治理念，同当时的时事政治紧密相关，所以就出了很多政治诗。

这些政治诗中有他的政治抱负，有他的理想蓝图，也有他对民间疾苦的关心。典型的政治诗有：《感事》《河北民》《收盐》《省兵》《读诏书》等等。只听名字就很陌生，那么里面的内容呢？

"贱子昔在野，心哀此黔首。丰年不饱食，水旱尚何有。"这四句前面提过，这就是《感事》中的句子。这首诗很长，全文都是类似内容。

是不是会觉得这些政治诗有些陌生，对于不了解王安石生平的人还有些"乏味"，都是些水灾、旱灾、盗窃等题材，怎么回事？难道大文学家王安石的诗竟然就是这种程度吗？

和众人固有的印象不符啊，不应该是像"墙角数枝梅，凌寒独自开；遥知不是雪，为有暗香来"这样的千古名句吗？

语言生动的千古名句也好，生硬的政治诗也罢，都是出自这位闻名中外、纵横古今的大文学家之手。

王安石前期的诗歌被认为是议论气息浓厚，语言直白生硬，缺乏感染力，缺少美感等。原来王安石的作品也会有被批评的时候，但是这都是正常现象，谁没有一个慢慢成长的过程呢？一口吃不成个胖子，一天之内也长不出参天大树，即使再聪颖的人，也需要经过后天的磨练，否则也将一事无成。

这个道理王安石早早地就懂了。还要再赘述一下不朽的名篇——《伤仲永》。主人公是江西金溪的一个小神童，名叫方仲永，从没读过什么书，但是在他五岁的时候就能写下诗句，在当地引起了很大的轰动。只要给他一个立意，他就能写出一首诗来，无论是文笔还是讲述的道理都无可挑剔。

这让当地的人都感到十分惊奇。所谓一人得道鸡犬升天，乡里的人开始敬重他的父亲，经常有人来送礼，这让仲永的父亲看到了一条发财之道，于是就把方仲永变成了自己的摇钱树，整天带着他到处走访，不让他继续学习。

这样做的后果就是，几年后，王安石见到方仲永时，他的写诗才能已经下降了，又过了几年再次听到方仲永的消息时，就只有一句话："泯然众人矣！"方仲永已经变成一个普通的农民了。

从此诗坛少了一个大师的出世，这是当时社会的悲哀也是这整个家庭的悲哀。如果方仲永能够继续读书，说不定将来会有一番大成就，可是现实却令人惋惜不已。

《伤仲永》这篇文章王安石借助方仲永的事迹来强调后天学习的重要性。先天的天赋异禀固然重要，但是后天的教育和学习更重要，没有先天的禀赋顶多是个普通人，经过后天的努力还是可以有一番成就的。古往今来，笨鸟先飞的成功人士也大有人在。而如果只有天赋，而缺乏了后天培养这一环节的话，那些异禀天赋都会随着时间的推移而消失殆尽。

从这里可以看出后天努力真的很重要。那么王安石的诗也是这样，需要后天的磨练，一点一点长成参天大树。

其实对于他前期的诗歌，我们也不能一棒子打死。除了政治诗外，他还写了很多咏史怀古诗，其中也不乏优秀作品，比如《商鞅》《贾谊》《韩非》等。

拿《商鞅》中的诗句为例："自古驱民在信诚，一言为重百金轻。今人未可非商鞅，商君能令政必行。"

前两句说的是发生在商鞅身上那个著名的故事——立木为信。故事说的是商鞅起草了政治新法，但是怕百姓不信任他，就想了一个办法。

他在南城门处立了一根木头，说谁能把这根木头扛到北门口，就赏谁十两黄金，十两黄金可不算是小钱。粗略地算了一下，十两黄金相当于现在的一万多块钱人民币，原来真的不是一笔小钱。

所以很快就引起了轰动，大家纷纷前来围观。但是大多数人都是来看热闹的，倒不是他们搬不动这块木头，而是他们确实不太相信商鞅。正如商鞅所料想的那样，所以他就当众又把奖金提高到了五十两黄金。

这下有人激动了，五十两黄金拿到手，以后的生活可就好过了，围观人群一副跃跃欲试的表情。这时有一个人、忍不住了，他冲出人群，

自告奋勇自己可以搬动。事实上他也确实做到了，然后商鞅就当着众人的面把赏金给了这个搬木头的人。

简直是天上掉馅饼的好事，多少双眼睛盯着这件事呢！不知道这个幸运人的赏金会不会被眼红之人抢去？有没有被抢我们是不知道了，但是有一点就是商鞅因此在全国一炮走红，而且得到了老百姓的信任，使他的新法得以顺利实行。

那么这首诗的后两句就是为商鞅正名，意思是：不要去责怪和非议商鞅，他能够让新政畅通无阻实行，是有大本事的。

王安石如此维护商鞅，也恰恰表明了他想要变法改革的决心，是他的有感而发。这是在为商鞅翻案，所以也可以称为是咏史翻案诗。他的咏诗怀古诗往往就像是这篇《商鞅》一样，满含着政治倾向性。

这里尤其要提的一首诗就是《明妃曲二首》，这大概是他前期的作品中比较优秀的诗作了。这两首诗写的是王昭君，被认为是咏王昭君最好的诗。

第一首主要是写王昭君的美貌和她的悲戚，表达了王昭君对家乡和亲友的思念。其中"明妃初出汉宫时，泪湿春风鬓脚垂。低徊顾影无颜色，尚得君王不自持"这四句描写王昭君美貌的句子，更是栩栩如生，好像一个特写的王昭君就出现在眼前一样。王安石你这么会写美人，你老婆知道吗？

王昭君是一个悲剧人物，这个我们通过读历史就可以知道。她因为不愿意贿赂画师，而被画师故意画丑，然后她的人生就悲剧了，因为被画丑而被皇上送了出去，就是远嫁匈奴。

从此，一代佳人，去国离乡。诗中用"一去心知更不归，可怜着尽汉宫衣"来表达王昭君的爱国思想之情，可谓生动。

这两首诗在当时文坛界引起了很大的轰动，欧阳修、梅尧臣、司马光、曾巩等人纷纷唱和，引起了一股"王昭君热"。对，就是这么霸气，随时随地掀起一阵潮流！

随着生活阅历的增多和现实生活的磨练，王安石的诗越来越有韵味。但是凡事都有变数，王安石人生的变数就开始于熙宁九年（1076

年）他第二次罢相期间。

罢相后，他完全走出了政治舞台，心境也开始趋于平静，诗歌的风格也从以往的钦慕杜甫、不平则鸣，变为后期的自成一家，世称"王荆公体"。后期的诗不再是直白地为他人鸣不平，而是更致力于追求艺术层面的东西，比如对仗、修辞和情感的提炼。

这大概就是人们常说的"穷而后工"。古时候人们认为文人越是穷困潦倒不得志，就越是能写出惊人的作品。这大概是跟一个人的心境有很大的关系，当一个人不再忙碌于官场或其他事情，而能专注于文章的时候，就可以达到一个"精"的状态。

这个时期的王安石，心境发生了很大的改变。不再是追求政治热情的当朝宰相，诗歌的造诣也开始精益求精，所以他的诗歌发展的巅峰时期就是在他罢相之后的晚年时期。

他晚年的诗歌对宋代乃至后世产生的影响很大，文坛的评价也很高，尤其以绝句造诣最高。黄庭坚就曾经说过："荆公暮年做小诗，雅丽精绝，脱去流俗。"南宋的诗论家严羽和爱国诗人杨万里也毫无保留地夸赞他的绝句写得无与伦比。

王安石的绝句在诗坛上可谓一绝，就拿最著名的几句为例吧！"不畏浮云遮望眼，只缘身在最高层。"这首《登飞来峰》恐怕是小学生都能毫不犹豫地背出来吧！

还有那首脍炙人口的《泊船瓜洲》："春风又绿江南岸，明月何时照我还。"这两首诗都有一个特点，就是短小精悍，全诗篇幅不长，但是每一个字都经过了千锤百炼。

精益求精并不是为了钻牛角尖，而是一种对待创作的态度，因为热爱，所以精彩。

咬文嚼字拗相公

王安石喜欢"咬文嚼字"的特点，很多同时期的人都感同身受。他喜欢改诗在文学圈子里是出了名的，改得好的自然会被夸赞一番，如果

没改到位可是要闹笑话的。在这里还是要奉劝荆公一句：换字有风险，改诗需谨慎！

王安石可是历史上赫赫有名的大诗人，语感必定是一等一的棒。能写出千古名句的人，改自他笔下的诗也不会差到哪里去。

而且，他不仅喜欢改别人的诗，对于自己的作品更是千锤百炼，就拿《泊船瓜洲》来说吧。

保留下来的最终稿是这样的："京口瓜洲一水间，钟山只隔数重山。春风又绿江南岸，明月何时照我还。"

每一个字都用得恰到好处，特别是后两句，更是成为脍炙人口的千古名句。但是很少有人知道，我们现在读到的这个版本并不原版。难道是盗版的？

此言差矣，现在的这个版本我们姑且称之为改良版，当然原版和改良版那都是出自原作者王安石。

我们都知道王安石被人戏称为"拗相公"。他的执拗不仅体现在政治变革和思想观念上，对于创作也不是一般的执拗，大抵有一点追求完美的意思。

据记载，吴中的一个人家中收藏了这首诗的原稿：

京口瓜洲一水间，钟山只隔数重山。
春风又到江南岸，明月何时照我还？

大眼一看好像没有什么不一样，仔细读过就会发现，原稿与改良稿还是有一字之差的，问题就出在"春风又绿江南岸"的"绿"字上，原稿写的是"到"，这到底是怎么一回事呢？

案情回顾：有一天，王安石乘船路过瓜洲这个地方，觉得这个地方风景甚好，就把船停在这里欣赏（怪不得诗的题目叫《泊船瓜洲》，原来梗在这）。

他站在船头，举目四望，只见山间泛着点点绿意，江水波光粼粼，春风拂面让人清爽舒适。美景当前总是容易让人触景生情，此情此景，若是歌女定要拿出古琴抚上一曲，若是酒仙必会摆上好酒小酌一杯，若是画家一定铺好画卷用笔墨展现笔底春风。王安石是个诗人，诗人会干什么呢？当然是写诗。

王安石拿出船舱里的笔墨，稍加思索，《泊船瓜洲》的原稿就出世了，了不起吧，写诗对人家来说就是这么简单！

你以为这就结束了？还早呢，以王安石的性格，一定还要多次揣摩才能罢休。果然，他写完之后，仔细看了看，觉得"春风又到江南岸"中的"到"字有些死板无味，就把"到"字圈了起来，思索着改成什么字比较好，不一会就在旁边写上了一个"过"字。

"过"字听起来生动多了，但仔细读读似乎不是那么回事，好像放在这里有些不妥，于是划掉再改。

就这样经过了一番思想斗争，改成了"入"字，不好，强行植入感太强，不够柔和；又改成了"满"，不行，不满意，读着不顺。

就这么反反复复，改了又改，大约用掉了十几个字，王安石都觉得不是很合适。他揉了揉太阳穴，站在船头若有所思，难道他堂堂大文学家会被一个字难倒，传出去岂不被人笑话！

还用原来的"到"字吗？不行，不合适就是不合适，他王安石绝不将就，一定要找出最完美的那个字。正烦恼之际，岸边的青草映入眼帘，碧绿一片，让人一下子感受到春的气息，春风吹"绿"的风景，这不正是他要找的字吗？

王安石高兴不已，连忙拿出一张新纸，重新写下诗句，把原稿中的"春风又到江南岸"改成了"春风又绿江南岸"。一个"绿"字既不失春天的娇俏，放在诗句中又毫无违和感，一个字使整首诗都生动起来。

这么一折腾，王安石的船不知不觉已经在这停了很久。还好古代的人口并不多，他在这停个船陶冶一下情操也不会造成交通拥堵，不然就别说写诗了，估计会被后面的船家群殴的。

一个字眼也值得让王安石琢磨良久，他不仅仅是"拗相公"，还是个不折不扣的"痴相公"吧！不过也正是因为他的执着，才会功夫不负有心人，让这首诗得以流芳百世。

现在终于明白为什么"绿"字是《泊船瓜洲》的诗眼了吧！还记得上学的时候语文试卷上经常会出一道题："春风又到江南岸"和"春风又绿江南岸"哪个更好？原来这都是王安石改诗的事迹为命题老师提供的灵感。

《泊船瓜洲》的改诗风波是因为有记载，我们才得以了解。那么没有记载下来的，我们就无从得知了，说不定每一首诗在诞生前都经过了他的百般锤炼。这是一种对自己的作品负责认真的态度。

但是王安石的有一个爱好，就是他不仅对自己的诗常做修改，对别人的诗也会修改一二。但是修改别人的作品，这样真的好吗？原作者不会有异议吗？

我敢打赌原作者如果知道了王安石改动了他们的诗，是一定不会放过他的，当然前提是原作者还活着。原来王安石喜欢改古人的诗，他还是挺聪明的，知道谁都不愿意别人插手自己的诗，所以净挑古人的诗改，反正他们也不能从地底下出来找他算账。

没办法，不改不行啊，王安石也是一个"强迫症患者"，看到诗句有不入眼的地方就忍不住想要修改。

南北朝梁、陈时期有一个官吏叫谢贞，他自幼聪明有悟性，曾经写过一首五言诗《春日闲居》，诗中有一句"风定花犹舞"，王安石看过之后，觉得"舞"这个字放在诗中不太恰当，于是挥笔就将之改为"落"字。

改完之后他还很满意地点点头，觉得自己改得不错。改得是不错，许顗在他的《彦周诗话》中评价为"其语顿工"，就是说王安石改过之后，整首诗顿时变得工整精致起来。

可是有一点必须声明，这首《春日闲居》是在谢贞八岁的时候所作，能写到这种程度已经让人叹为观止了。王安石你说你跟一个小孩子较个什么劲？还真是不愧对你"拗相公"的称号啊。

这次算你走运，改得字眼合情合理吧，使这首诗顿时提高了一个档次。但也并不是每次都这么幸运，大诗人也有失误的时候。

南朝梁的诗人王藉，七岁的时候就写得一手好文章，长大后更是如愿以偿成为一名诗人，可惜由于历史的原因，他完整保留下来的诗只有两首，关于他的记载也很少，他最为世人所称道的两句诗："蝉噪林逾静，鸟鸣山更幽。"

这两句诗被认为是"文外独绝"。凡事无绝对，这两句诗也并不是被所有人所认同，比如王安石就觉得这两句诗写得不好，不符合逻辑。于是，他改诗的毛病又犯了。

王安石把"鸟鸣山更幽"改成了"一鸟不鸣山更幽"，还把它运用到了他的《钟山即事》中："茅檐相对坐终日，一鸟不鸣山更幽。"改完后他还洋洋得意呢，心想这样才符合逻辑！

有一天，黄庭坚到王安石家做客，两人谈天说地，吟诗作乐，好不快活。兴起时，王安石便把他改的诗句拿给黄庭坚看，结果黄庭坚看完，哈哈大笑道："介甫兄，别人都是点石成金，你这一改，倒有点点金成铁了！"

听完黄庭坚的一席话，王安石顿时变得很郁闷，怎么就点金成铁了？明明改得很好！王安石不甘心，所以执拗的小脾气一上来，就把王藉的这首诗拿出来接连研究了好几天。

功夫不负有心人，王安石终于明白黄庭坚为什么会那么说了，原来王藉用得是"动中有静，以静显动"的手法，以"蝉噪"和"鸟鸣"来衬托出山林的寂静。

这种以静显动的手法更具有艺术意义，是王藉的创新举措，引来后世诗人的争相引用。比如唐代王维的"倚杖柴门外，临风听暮蝉"，杜甫的"春山无伴独相求，伐木丁丁山更幽"，辛弃疾的"明月别枝惊鹊，清风半夜鸣蝉"，都是运用了以动衬静的写作手法。

这样反衬的手法较之王安石修改的，就更显得生动形象。这一局，王安石完败。到底是有魄力，王安石研究明白后，就大方地承认了自己的失误。

不过也不能说王安石改得不好，只能说各有千秋。王藉是运用了对立和统一的艺术渲染，而王安石的修改是直白简单的表达。虽说都没有什么不妥，但是从文学艺术的角度来看，还是王藉的原诗更有深度些。

有人曾经对我说过，你对别人做的事情终有一天会回到自己身上。据说，王安石的诗也被别人改过呢！这个人就是苏轼。

有一天苏轼来到王安石的书房谈事情。恰巧王安石有事不在，苏轼在等王安石的时候觉得十分无聊，于是就到处走走看看参观，突然看到王安石的桌子上放了几张诗稿，好像还没写完，忍不住好奇心，苏轼拿起来看了看。

其中有两句诗"明月枝头叫，黄狗卧花心"，苏轼看了好几遍，觉得这两句诗好奇怪，不由得哈哈大笑。明月怎么能在枝头叫的？又不是动物；黄狗怎么能卧在花心上呢？那只朵花是要有多大？

"唉，原来王安石诗虽然写得好，还是会犯这种低级错误啊，看来传言不可全信！还是让我给你修改一下吧！"苏轼定定地看着这两句诗，思考着该怎么样修改比较合适。

想了一会，就提笔改成了"明月当空照，黄狗卧花荫"，这样才符合逻辑！王安石回来后看到苏轼改过的诗，很不高兴。搞得苏轼很郁闷，明明是我帮你修改，不感谢我就算了，这生的又是哪门子气？

后来有一天，苏轼在南方的一座小城里散步，突然看到有一群小孩在玩耍，一边玩还一边对着花丛喊着："黄狗罗罗，黑狗罗罗，快点出来玩！罗罗罗！罗罗罗！"

苏轼很好奇，就混进小孩子中间，问道："你们在说什么呢？"小孩子们回答道："我们在叫花心的虫子出来呢！"苏轼近前一看，果然发现有几只黑色、黄色的芝麻大小的小虫子在花心里蠕动。

苏轼又问："这是什么虫？"小孩回答说："黄色的是黄狗虫，黑色的是黑狗虫。"这个时候苏轼还没有想明白呢，所以离开了那群小孩子，又来到了一棵大树下。

刚走到树下，就听到了一阵鸟叫声，声音很清脆但似乎又没听过。于是就秉着打破砂锅问到底的态度，叫来了旁边的一个路人问他这是什么鸟在叫。路人回答说，这是明月鸟。

路人说完后，苏轼有点蒙圈，这才把明月鸟跟前面小孩说的黄狗虫联系在一起。原来王安石的那两句诗"明月枝头叫，黄狗卧花心"写得没错，看来孤陋寡闻的那个是自己了。

当然了，这个故事只是个传说，真假难辨，但是有一个事实就是，王安石喜欢改诗的特点不会假。

王安石的执拗是他的朋友们有目共睹的，但王安石其实不止是这样的人，他也有鲜为人知的另一面。

忽忆故人今总老

退休后的王安石不再是当年那个执着的倔强的小老头，隐居后的他，多了一分闲适和安逸的态度。

现在大家可以想象这样一幅场景：在幽静的丛林间，有一位骑着毛驴的老人，前面是一个老兵在牵引着毛驴带路，这时他们碰到了一个好奇的路人。这个路人很好奇他们这样奇怪的组合，于是问道："老先生这是要往哪里去呢？"

这个老先生不在意地笑笑，答道："没有特别的目的地，如果是老兵在前面带路，就依他带的路走；如果老兵不带路而在后面走，那么就任凭毛驴自己行走。"路人听完一听觉得很不可思议，现在的老人家都这么闲得慌吗，这样的思想真是理解不了啊。

当然了，这个路人在想什么老者是不知道了。他好像也没有兴趣去了解别人对自己的看法，只顾过好他自己的人生。

他常常这么漫无目的地游荡。有的时候只是找一片安静的树林，在树下的石头上坐一坐，就这样安安静静的，想一想事情，或是什么也不想，只是闭着眼假寐；有时候也会拜访不认识的农家，聊上几句家常，或是一起吃个家常便饭；也有可能进的是寺庙，到里面跟方丈说佛谈禅，顺便再蹭个饭，当然是斋饭。

他总是行踪不定，但是无一例外地就是总是带着几本书。带书不是为了装文艺，小老头，而是真的喜欢读书，一刻也离不开书，所以他总是趁着休息的时候大声地朗读，不用担心面子问题。

因为行程的不确定因素，所以他也总是随身携带着一个装着干粮的

布袋子。饿了就地就开始吃饭，他吃完了就让老兵吃，老兵吃剩下的就留给毛驴吃。如果运气好的话，遇到有农夫邀他共进茶饭，他也会毫不扭捏地享用，其实这样的蹭饭方式他还是蛮受用的。

相比现在去哪儿都要看攻略查地图订机票订酒店的人们来说，出行不设目的地的人还是很少见的吧。这大抵就是"乘兴而行，兴尽而返"的心态吧。

所以你常常会看到这位老者有的时候刚刚离开家门几步路，就不愿前行返回家门。这种随心所欲的生活态度，实在让人艳羡极了。

你能想象这个场景中的老者就是王安石吗？很难想象对不对？虽然王安石的性格是不拘小节的、不羁的，但是这幅场景真真实实地展现在众人眼前的时候，还是令人难以置信。

但其实这个并不是瞎编乱造的，它是有史可查的。这个场景记载在《清虚杂著补阙》中，这本书是宋代王从创作的中国史类书籍。无独有偶，除了这本书的记载，还有其他的记载证明王安石晚年的转变。

宋代词人叶梦得有一本书《避暑录话》这样记载王安石："王荆公不耐静坐，非卧即行。晚卜居钟山谢公墩，自山距州城适相半，谓之'半山'。畜一驴，每食罢，必日一至钟山，纵步山间，倦则即定林而睡，往往至日昃乃归。"

原来王安石有如此雅兴，喜欢散步，倦则卧林而睡。这样的随性和洒脱，恐怕是很多人都做不到的，但是这些王安石都做得很自然。

我们都知道王安石晚年的诗风变化很大，其实这些诗都是随着他的心态的改变而改变的。因为诗歌是一个诗人最真实的感情流露，其实就是可以让人们了解这个诗人的一个窗口。

王安石隐居后曾写过一首《渔家傲·平岸小桥千嶂抱》：

平岸小桥千嶂抱，柔蓝一水萦花草。茅屋数间窗窈窕。尘不到，时时自有春风扫。

午枕觉来闻语鸟，欹眠似听朝鸡早。忽忆故人今总老。贪梦好，茫然忘了邯郸道。

这首词其实很能反映诗人晚年的心境，它用现代的语言表达出来就是：岸上的小桥被峰峦叠嶂层层环抱着，轻柔碧蓝的河水萦绕着岸边的花花草草。在幽静的丛林里，有几间茅草屋竖立其中，因为春风的吹拂，使得几间小屋显得格外清洁干净，一尘不染。

午休过后，满满的都是清脆的鸟叫声，靠着枕头，好像还能听到当年做官时上早朝鸡鸣的声音，现在想想，此情此景都恍若隔世，一去不复返了。

忽然又想起故人，他们都已经老了，岁月催人老，自己当然也不例外。过去再美好也已经过去了，如今的我贪恋现在的闲适，早已经忘记了以前建功立业的梦想了。

这是这首诗中诗人完完整整想要表达的意思。其实这篇诗还是蛮催人泪下的，特别是"忽忆故人今总老"这一句，让人们不由得感叹岁月的蹉跎。这个曾经意气风发的大宰相，现在已然是一个白发苍苍的小老头了。

带着对梦想的遗憾，对未来的迷惘，他开始了现在这样悠闲得近乎舒适的生活。对于一个步入晚年的老头子来说，这样的生活绝对是安度余生的最佳选择，所以这首诗往往被人们认为是表达作者对官场生活的厌倦，对大自然和安逸生活的向往，也反映了他退出政治舞台后的生活情趣和平淡的心情。

但是王安石真的完完全全地放下了官场的一切，准备好开始新的旅程了吗？或许并不是这样的，也许还是有遗憾的，诗人常常会想去上朝时的情景，说明他的内心深处还是渴望的。那些故友的身影也会时常掠过他的心间，有些回忆是很难忘却的，记在心里就会是一辈子。

熙宁九年的丧子之痛，那一年他像被抽光了所有的力气，从而辞去了的宰相职位，放弃了奋斗一生的理想。这是他人生中最痛苦的一年，也是他生命中的重大转折点。

或许这就是因祸得福，有的时候懂得放手才能收获更好的生活。王安石的晚年生活其实挺好的，不用为生计而奔波，也不必为国家政事忧心烦恼，整日无忧无虑的，吟诗会友，游山玩水。这样的生活是多少

人曾经艳羡的。

王安石没有被贬谪或是被罢官，走到现在这一步是他自己的选择。宰相一职也是王安石自己提出来要辞掉的，这就给了他很大的体面。

而且宋神宗对王安石那是极为上心的，在王安石辞职之后，神宗依然对他很挂心。在他辞相的那一年，把他调为镇南军节度使、同平章事，还考虑周全得把他安排在江宁府。

虽然王安石到了江宁后并未就职，宋神宗仍然没有放弃他，在第二年又改任为集禧观使，封为舒国公。元丰二年（1079 年）又被任命为左仆射、观文殿大学士，改封荆国公。

这些官职的职位大小一定看不明白吧，没关系，我们就来看看册封的这两个爵位——舒国公和荆国公。

宋朝的爵位分为十二等，国公是第四等，国公之前的三爵是：王、嗣王、郡王。皇子和兄弟加封亲王，亲王的嫡子封为嗣王，宗室近亲继承亲王者封为郡王，郡王下来就是国公了，宗室近亲多封此爵。

但从这个爵位来看，就能看出来宋神宗对王安石是真赏识，这个封爵的举动也是给王安石一个体面，是要别人知道，王安石虽然不在朝廷了，但依然受朝廷的重视。

但是对于王安石来说，不管封爵也好奖赏也罢，都再也不能在他心中掀起波澜。这些名誉和地位早已不是他的关注点了，如果在乎这些，他当初也不会心甘情愿地辞去宰相的职位。那个位子多有高他最清楚了，多少人拼上一辈子的时间也爬不上去。所以王安石能坦然退出，必定是他已经看淡了、不在乎了。

这些都不是他的关注点，对他来说这些名誉称号什么的都像是天边的浮云，飘过就飘过，那都不算事。

王安石晚年的诗歌颇有一种繁华落尽、洗尽铅华的从容淡定。这种淡定或许只是一种无奈的放下。我们知道王安石辞官的契机是因为长子病逝，改革派内部分裂，变法难以继续维持，所以他的辞官是一种对现实的无可奈何。

这些云淡风轻，这些悠闲自得，背后隐藏的或许还有一丝眷恋。对于王安石这种身居高位的人来说，"放下"是一件何其奢侈的事情，因为政治对他们而言，已经不单单是职业而已，更是他们花尽一生的经历。这个经历太过轰轰烈烈，而王安石受到的打击太残酷，让他无法释怀。

不仅仅是王安石，看尽古往今来的帝王君主，哪一个不是在弥留之际仍心系国家、挂念下一代的君主继承问题？人都要死了，却还在记挂交班的问题，这真的很令人佩服。

人非草木，孰能无情。人的感情是很复杂的，有些事情说放下却不一定真的放下，也许今天已经释怀，明天想起又变得心心念念。人是很奇怪又很矛盾的，但也正是这种矛盾，让人们更富感情，而这种感情正是动物和植物所没有的，也是人类在天地万物之间的特别之处。

王安石也是这种有感情的矛盾体之一，让他久久难以释怀的就是改革变法。这是他的梦想和心血，即使已经不在朝堂，仍然心系变法。

那么让他心心念念，放心不下的变法究竟怎么样了呢？

第十三章　美誉与骂名共存

长眠半山园

六年湖海老侵寻，千里归来一寸心。

西望国门搔短发，九天宫阙五云深。

这首诗叫《六年》，出自王安石之手。从诗句判断，应该是他离开朝廷六年的时候写的，诗中满满的都洋溢着作者对离开朝廷的不舍。诗人好像在借诗发泄："六年了。离开六年了，这中间发生了很多事，可是我的心永远向着朝廷，可是这里离京城太远，想了解朝廷发生的事情是不容易的，只好靠着想象，愁得我头发都变短了。"都退休了，还这么操心，这样真的好吗？

不好也没有办法，这是王安石倾注的心血，让他不去想不去听，是不可能的。王安石已经全身而退撒手不管了，你管得住人家的人，唯独管不了人家的心。

王安石也不知道现在变法进行得怎么样了。不是没有消息，朝中还有很多自己的好友，想要打探消息也不是没有办法，只是有些东西没有身在其中亲身体验的话，很难了解到真正的情况。

事实上，自从王安石走后，熙宁变法就在宋神宗的支持下艰难地进行着。改革越是进行到最后，就会有越多的问题出现，解决起来也很棘手，越往后改革就进行得越困难。

好在，宋神宗也没有让他失望。虽然艰难，变法依然在坚持进行中。不过这个过程一定很煎熬，因为少了王安石。

王安石究竟有多重要？他和宋神宗之间的一直是一个相互弥补的关系。如果宋神宗是元帅，那么王安石就是一个像军师一样的存在。

宋神宗固然是改革变法的大 boss，但是没有王安石就相当于没有执行官。皇帝再神通广大，他也不能事无巨细地亲自出来主持变法。所以，他需要一个有执行力的人，这个人还必须和他志同道合，就是王安石。

而且宋神宗登基时年龄不大，阅历也不够多，国家朝廷的很多事情都要靠朝中的大臣来解决。所以一定意义上来讲，宋神宗是一个愿望的提出者，王安石就是一步一步实现这个愿望的人。

甚至可以说，王安石算是宋神宗的老师。因为王安石的出现，让这个少年皇帝迅速成长和成熟起来，所以王安石对神宗来说一直是恩师一样的存在。"每事需赖之扶持"，就是说神宗什么事情都要跟王安石商量，这样的事情在历史上并不多见。

宋神宗对王安石的信任程度是他人很难想象的。宋神宗给了王安石绝对的实权，以便他主持变法事宜。王安石性格刚直，所以有的时候在皇上面前谈论事情，不自觉地就会变得声色俱厉。这要是换做别人恐怕会被安一个大不敬之罪，但是王安石每当如此，宋神宗都给予包容，并且欣然接受他的建议。

这君臣二人的关系至此，也是世间少有了。常言道："伴君如伴虎""帝王心海底针"。帝王拥有至高无上的权力，几乎人人都要听他的。在这样的特殊设定下，君王的性格常常是喜怒无常的。在他身边的人，一个不小心，可是会有掉脑袋的危险的。君臣关系恐怕是世界上最难相处的关系了。

不是所有的君臣都能像王安石和宋神宗一样和谐相处的。他们之间的感情很深厚，是一种亦师亦友的相处模式，堪称古代君臣关系的楷模。

感情基础如此深厚，也难怪现在很多人要把王安石和宋神宗写进同

人小说。因为不知道该用什么样的情感来形容他们之间的感情，所以荒谬的把这归结为爱情。皇帝放着后宫美人不爱，却去爱一个大自己好几十岁的大臣，这真的是年度最佳笑谈了。

王安石和宋神宗之间的感情是相互的。宋神宗是王安石的上级领导，却又视王安石为师；王安石一方面是一个衷心辅佐宋神宗的臣子，另一方面又视神宗为知己。这种复杂的情感，若非身在其中，是很难感同身受的。

王安石辞相之后，两人就很少再有交集了，王安石也不再对宋神宗起到任何作用了。可即便如此，宋神宗还是对王安石照顾有加，不肯这位被自己称为"师臣"的人受到一丁点的委屈。不仅常遣人看望，还在他生病的时候调来御医为其看病。

宋神宗对王安石的肯定也会毫无保留地说出来："群臣中惟安石能横身为国家当事尔。"这样的关系如果能长久地维持下去也是人生一大幸事了。

然而，天有不测风云，人有旦夕祸福。元丰八年（1085年）的四月一日，这一天朝廷发生了一件大事。不是谁的生日，也不是现代愚人节的庆典。

北宋第六位皇帝宋神宗赵顼在福宁殿（皇帝的寝宫）驾崩了。

这个消息如同一道晴天霹雳击打着王安石的神经。他难以接受，宋神宗才三十八岁，对于一个男人来说还正值壮年，还有很多理想抱负没有实现，怎么就走到了他这个老头子的前面。

对于宋神宗，王安石一直是感激的。感激他的知遇之恩，感激他对自己的信任，感激他给了自己一个大展拳脚的机会。

一代帝王的陨落，伴随着的就是下一代君王的崛起。皇帝驾崩的消息也许会引起很大的轰动效应，举国哀痛。这个位置太过耀眼也太过孤独，身边的真心人寥寥可数。最是无情帝王家，真正能为之伤心哭泣的又有几人呢？

宋神宗死后，其子赵煦继位，是为宋哲宗。但是宋哲宗继位时年仅九岁，还不具备执政能力，于是北宋开始了高太后垂帘听政的时期。

仔细想想就会发现，宋哲宗和他父亲宋神宗的经历何其相似。宋神宗继位时年仅二十岁，面对年轻的父亲过早地离世，他来不及过多的悲伤就要扛起一个国家的责任。宋哲宗继位时比他父亲更小，年仅九岁，正是应该被父母捧在手心里的年龄，可是现在却要接受父亲早逝的事实，小小的脑袋里就要开始装进家国天下事。

人啊，永远都别去小瞧一个自己不了解的人，尤其是帝王，哪怕他看起来再没出息，哪怕他只是一个小孩。九岁的孩子能干什么，如果在现代做一场调查问卷，估计得到的答案大部分都是："什么也干不了，太小了！"

但是赵煦不一样，他生在帝王家，就早早地有了做帝王的觉悟。历史给九岁的赵煦的评价就是：少年老成。

有一天，朝中要接待一批契丹使者，大臣蔡确（哲宗时期任宰相，是王安石变法的主要支持者之一）担心赵煦年幼，见到契丹使者后会害怕，这样就会有损国威。

于是蔡确就提前给赵煦打预防针，仔仔细细地向赵煦介绍了契丹使者的相貌和穿衣风格。一连讲了几十遍，就是希望赵煦能听的次数多了，就会因为熟悉而不再惊奇。蔡确还仔细地嘱咐赵煦到时候不要害怕。

赵煦虽然年纪小，但其实就是个人精。他一直在一旁听蔡确唠叨，一句话也没有说，直等到蔡确说完了，才忽然出声，严肃地问道："契丹使者他是人吗？"

蔡确本来被赵煦的突然严肃吓到了。但当他听到这句话时，还是乐了，不是人难道是动物吗？果然还是小孩子，真是会异想天开！虽然心里是这么想的，但是蔡确还是严谨地回答了一句："当然是人！"

赵煦看着蔡确说："既然是人，那么我为什么要怕他？"赵煦的回答显然是吓到蔡确了。他没想到年仅九岁的赵煦竟然有如此魄力，得亏刚才他还滔滔不绝地说了那么多，感情是自己被当成傻瓜了？这样想着，也不敢多待，连忙诚惶诚恐地退下了。

宋哲宗的少年老成令人佩服，但多少也有些让人心疼。这个年龄段

的孩子本该是无忧无虑地在大人的呵护下成长的，但是他不仅要开始思考国家大事，还要承受失去父亲的痛苦。

宋哲宗心里一定很孤单吧。父亲就像是孩子依靠的一棵大树，现在这课遮风避雨的大树突然倒了，让他怎么办呢？

一个人的夜里也会害怕吧！想念父亲的时候也会偷偷哭泣吧！可是再苦再痛，小小年纪的他都要学会隐藏，这些感情只能自己偷偷发泄。因为身边或许根本没有一个可以听你发泄的人，身为一个帝王就要变得强大，这大概也是帝王的悲哀吧。

现在的他身居高位，已经成为一个万众瞩目的君王了，但是他小小的身躯恐怕连龙椅都坐不上去呢，更别说是管理国家了。即使宋哲宗在他的两个叔叔中间脱颖而出，被扶植到这个位置上，但是人们根本不会让一个乳臭未干的小毛孩来统治这个国家。

所以，一切都来得那么顺理成章，他的祖母高太后垂帘听政了，也就成了这个国家实际的执政者。

虽然每次上朝宋哲宗都会在场，但是他的小身子板总会让人轻易地忽略过去。他和高太后的座位是相对而设，所以很多大臣们总是习惯了面对着高太后汇报事情，很自然地就把身后的宋哲宗当成了透明人。而宋哲宗也习惯了每天只在朝堂上欣赏大臣们背影的日子。

这些大臣们是傻吗？不知道身后的是皇帝吗？他才是未来真正要执政的人，得罪皇帝这种事像话吗？但是别忘了，人也是一种不计后果也要趋炎附势的生物，过好当下才是最重要的不是吗？未来的事情谁知道呢？更何况小皇帝现在这么小，肯定不会在意这些事情的，小孩子懂什么？

你们懂什么！宋哲宗能是一般的小孩子吗？事实上这件事情宋哲宗不仅记住了，还产生了很大的阴影。在他执政后的有一天，他就把这件事拿出来说了。朝堂上，宋哲宗状似无意地提起："朕记得当年高太后执政的时候，很多大臣我都没见过，因为我总是看到他们的背部和屁股！"这一句话说出口，不知道会有多少人受到惊吓呢！

宋哲宗翻旧账这事也是后话了，我们继续说高太后执政期间的事。

说到高太后，我们都知道，她是极力反对变法的，她曾经和皇后哭哭啼啼地在宋神宗面前控告王安石误天下，王安石被罢相也有她的"功劳"。

所以猜想一下，高太后执政，她会做什么？不用猜就知道，一定是对王安石不利的。

没错，人都是这样的。在你没权没势的时候，就只能到皇帝面前控诉一下，而当大权在握的时候，很多没有实现的事情就可以顺理成章地做成了。

高太后素来不喜王安石，打击一个人最好的方法就是扶持与他对立的人，所以她任用了保守派的大总裁——司马光。

在司马光上任之前，高太后就向他请教治国之道。司马光所言的治国方略其中一点就是：请求废除新法，施行"仁政"！不愧是保守派的领头人物，这么多年过去了，司马光还是一心一意要反对变法。

高太后听了以后很是满意，所以下诏起用司马光为陈州知州，不久后又觉得知州这个位置对司马光来说太屈才了，于是又任用他为副宰相，司马光拒绝了，说自己只要当个知州就心满意足了。

为什么？放着副宰相的大官不做偏要做一个知州？难道司马光你也要走淡泊名利的路线了吗？

或许是吧！但是更重要的一点是司马光老了，他已经六十七岁了，是一个随时随地都会离开的人了，追求这些名利还有什么用？他的精力也一天不如一天了，实在难当此大任。

但是高太后现在刚刚接手国家政权，正是需要用人的时候，而司马光正好与她的思想契合，所以她就更不会放弃司马光了。终于在高太后的压力和亲朋好友的支持下，司马光上任了。

司马光上任后首先做了一件事，就是把之前因为反对变法被贬的人都招了回来，其中就包括苏轼和苏辙两兄弟，甚至吕公著、文彦博这些老臣也被招了回来。朝廷上的人和事总是这么变化万千，一朝失势，一朝得势，谁也预测不了明天会发生什么事情。

高太后上台后，保守派开始得势，反观曾受宋神宗和王安石重用的改革派就有点蔫了。这大概就是所谓的"一朝天子一朝臣"吧！

变法名相：王安石

司马光赴任后，迅速上了一道《请革弊札子》，目的很明确，就是请求废除新法。紧接着又上了一道折子《请更新新法札子》，在这道折子里，他把变法比作毒药，再次请求废除变法，言辞切切，请求朝廷立即采取措施。

司马光如此紧锣密鼓地张罗废除新法的事宜，大概是知道了自己命不久矣，想要在闭眼之前完成废除新法的愿望。这又是一个深深陷入政治无法自拔的人，司马光你这么做，考虑过王安石的感受吗？

王安石听说司马光上台的消息后，连连摇着头，心想这下完了，司马光一定要对新法动手了。然后开始整日整日地不安，为自己时间不多的生命，也为了毕生的心血。

司马光废除新法的步伐并没有因为王安石的不安而停下。很快的，保甲法就被废除了，然后又接连废除了方田均税法、市易法、保马法。

每一项法令的废除都牵动着王安石的心，他觉得自己的心就像是被抽空了一样，没有一点力气。该来的终究还是会来，在罢相的那一刻起他就应该知道了不是吗？不过那个时候有宋神宗在背后撑着，只是他没想到这一切来得竟这样快！

王安石年纪大了，本来就受不了什么刺激，在这样的打击之下，精神状态也越来越不好，身体也大不如从前了，生病也是在情理之中的事。

不知道是不是巧合，远在京城的司马光也病了。有人要问了，是不是病了就不能继续废除变法了？这样王安石会不会能好受点，至少保住了一部分变法。

司马光也担心这个呀！他也担心自己生病了会拖沓废除变法的进程，所以在病中感叹："唉，青苗法和免役法还没有被废除，我死不瞑目了！"最后还不顾病重的身体恳切拜托吕公著能帮他完成这个愿望。

看到吕公著答应了自己的嘱托，于是他就放心地上表辞位。但是高太后哪里肯，她实在是太重视司马光了，不仅不同意他辞位，还立即将他拜为宰相。

接下来的事就进行的顺理成章了，很快青苗法和免役法就被废除了，至此，熙宁变法彻底失败。

当王安石听说免役法也被废除的时候，简直绝望到了极点，只有喃喃道："连这个也被废除了吗？当时讨论了两年才颁布的……"

同样是生病，一个因为新法被废除而失落，一个却因为终于达成了自己的政治主张而兴奋。这哥俩还真是到老都在互虐，就不能好好的吗？

司马光废除新法的举动震动全国，史称"元祐更化"。新法被废除以后，王安石状态一直很不好，再加上生病，令他迅速憔悴起来。慢慢的，他也开始接受现实，不再说什么，但是这一病就再也没有起来过。

元祐元年（1086年），王安石病逝，享年六十六岁。

这两年，人们经历了两个大人物的离世，一代帝王，一朝宰相。只不过相比宋神宗的举国哀痛，王安石的葬礼就显得安静多了。据说，他的葬礼只有家人和一些亲近的朋友参加，非常低调。

王安石去世前心里在想什么？是遗憾吗？还是看淡一切？没有人知道，或许他是悲凉的吧。

王安石死后被葬在生前他最爱的半山园，这也算是对他人生缺憾的一种弥补吧！葬礼没有太多人来吊唁，多少有点"一朝失势宾客落"的意思。凑巧的是这句话还是出自司马光的诗《孟尝君歌》，有点一语成谶的感觉。

那么终于完成了夙愿的司马光过得好吗？答案是：不好。王安石的死对司马光来说又何尝不是一种打击，虽然两人是政治上的敌人，但也是曾经的挚友。这两种关系无论是哪一种，都把二人的命运紧密地连接在一起。

王安石的突然离世，是司马光始料未及的。如果司马光在王安石身边的话，估计会上演一场大戏，就像电视剧里的情节一样。两个从第一集斗到结尾的仇人，其中一个遭遇不测，另一个的反应就会是这样：一边握着临死之人的手，一边喊着："你不能死！你怎么可以死！我们还要继续斗呢！你死了我跟谁斗！"

电视剧是这么演的，但现实却并非如此。王安石死的时候，司马光

甚至不在他身边。当司马光得知王安石去世的消息时，震惊得不知道该说什么话好，是该高兴吗？终于没人跟他斗了，但好像又不是这样，总是觉得心里空落落的。

于是他上书朝廷，请求对王安石厚礼相待。这大概是司马光能对王安石做的最后一件事情了。

同一年，司马光病逝，享年六十八岁。

"不求同年同月同日生，但求同年同月同日死。"

这是兄弟结拜之时最常说的一句话，司马光和王安石也曾做过这样的约定吗？在政治场上争斗了这么多年的两人，最终的结局却是相伴离世，难道是巧合吗？或许吧，谁知道呢。

谁又能知道，在他们去世的若干年后，宋朝的局势再次发生了翻天覆地的变化。元祐八年（1093 年），高太后去世，宋哲宗赵煦开始亲政。赵煦因不满于高太后和元祐旧臣对他的忽略态度，大力打击了朝中曾经追随高太后的大臣，并重新起用被高太后打击的改革派。

一朝得势万人捧，一夕落魄众人唾。

权力可以成就一个人，也能毁掉一个人。而赐予权力的便是一国之君，不单单是指皇帝，而是指当朝的掌权者。之前是高太后，而现在是宋哲宗。

宋哲宗执政后，便开始推崇其父宋神宗的治国之道。他不再是受高太后控制的傀儡，他有了自己的政治主张。他欣赏宋神宗的做法，爱屋及乌，他对王安石的事迹也有所耳闻，对他也有欣赏之意。

宋哲宗心里渐渐有了恢复新法之意，他追贬了保守派之首司马光，还把苏辙、苏轼等人贬到了岭南地区（相当于现在广东、广西及海南全境）。

接着，宋哲宗又重新召回重用了改革派的曾布、章惇等人，改革派取代了保守派重新在朝中执政，王安石变法中的保甲法、免役法、青苗法等内容悉数恢复。这一举措，对宋朝社会发展产生了积极的影响，使宋朝国势有所起色。已经被罢黜的变法措施，竟然重新被起用，这是王安石和司马光生前所没有想到的。人死不能复生，王安石永远都不会知道了。

不以成败论英雄

人死了什么也带不走，赤身而来，终将赤身而去。这就是人生，什么也带不走，但是会留下一些东西，比如名声。

王安石生前位极人臣，主持了轰轰烈烈的变法运动，可谓是风光一时，虽说变法最后失败了，但怎么说也曾经是成功人士。谁曾想，后世对他的评价简直是骂名滚滚。

先从离王安石最近的朝代南宋说起，南宋的开国皇帝，就是宋高宗赵构。据说宋高宗对王安石是恨之入骨，为什么呢？因为蔡京。蔡京我们都知道，欺君罔上、专权跋扈的大奸臣一枚。

这跟王安石有什么关系？王安石的女婿蔡卞，曾经得到王安石的提拔，深受器重，他的哥哥正是蔡京。

蔡京误国，靖康之耻后北宋灭亡，宋高宗追根溯源，罪责直指蔡京，追着追着又追到王安石这来了。你说王安石冤不冤？蔡京办坏事又不是他指使的，况且他都去世这么多年了，这个责任怎么就绕到他头上来了？

可以说南宋的整个时代对王安石的评价都是偏向贬低的，甚至有"王安石变祖宗法度，祸国殃民，导致北宋灭亡"的言论广为流传。

似乎贬低王安石已经成为了一种社会大风向。这也难怪，开国皇帝都这么说了，百姓还不得跟风吗？

宋朝是笔记小说繁荣发展的时期。小说不是写历史，没有那么多的严谨性，其中有很多作者的主观情感，那些对王安石持有看法的人就开始在小说中大做文章了。

王安石身上的缺点一个个被放大，然后被编纂成各种各样的故事，那简直是脑洞大开。王安石啊王安石，我都替你着急了，你说你有那么多缺点干什么！平时不能注意点吗？你看看现在落人口实了吧！可是人无完人啊，哪有人没有缺点的？又有几个人能做到一生无错的？

人言可畏的道理我们都懂，但是嘴长在别人脸上，笔拿在人家手里，有些东西是阻止不了的。

还记得本书开头小獾猪的故事吗？那个故事的来源正是笔记小说。类似于这样的传说故事还有很多，都是人们想象编撰的，真假难辨，但目的就是一个，贬低王安石。

不单是宋朝，明清的皇帝也对王安石不甚理解，比如明朝的开国皇帝朱元璋。他认为变革的重点应该是收拢人心，而不是富国，所以他对王安石的富国之法很不理解。思想上的差异让朱元璋对王安石没有丝毫好感。

还有就是"十全老人"乾隆帝也不喜欢王安石。我们都知道清朝是君主专制的巅峰时期，所以皇帝那是绝对的权威，文人臣子们的地位自然不如"重文轻武"的宋朝高。乾隆帝不喜欢王安石，是因为他对皇帝的态度问题。

王安石和宋神宗的关系怎么样？不用想，绝对棒棒的。所以宋神宗很多事情都跟王安石商量，有的时候甚至达到言听计从的地步。宋神宗器重王安石，甚至对他是怀着敬畏的态度的，这让乾隆帝难以接受。皇帝就是皇帝，臣子就是要臣服于皇帝，干嘛要怕一个大臣？基于这点，乾隆帝就不喜欢王安石。

然而这还不是全部，追溯到上个世纪，对王安石持批评态度的仍大有人在，其中最著名的就是作家林语堂了。

很多人只知道林语堂这个名字，但却不了解他的人。林语堂最大的成就在于文学，他曾经获得两度诺贝尔文学奖的提名。他在小说、散文和杂文上都颇有造诣。

如果说到这里你还是一头雾水，那就不得不提一下一本小说《京华烟云》。那个由赵薇主演的红遍大中国的电视剧《京华烟云》就是根据林语堂的这本小说改编的。

林语堂不仅会写小说，还喜欢写人物传记。他曾写过一本《苏东坡传》，全书是用英文撰写的，很牛对不对。这本来没有王安石什么事的，但是苏轼毕竟是王安石同时代的人，很多事情不可避免地就会重叠在一起，所以林语堂的《苏东坡传》中大篇幅地引用了王安石的事迹。

不过林语堂写王安石可不是在为他扬名。事实上他认为王安石是一个糟糕透顶的人，林语堂真的是很喜欢苏轼，所以在书中经常拿他们俩作对比。作对比，一定是一个褒一个贬，王安石自然就成了被贬的那个。

林语堂是一个对自己的内心毫不掩饰的一个人。他在《苏东坡传》的开头部分就丝毫不做掩饰地表达了他对苏轼的喜欢："恕我直言，我偏爱的诗人是苏东坡。"

自然，林语堂先生也"毫不吝啬"地表达了他对王安石的反感："徒有基督救世之心，而无圆通机智处人治事之术……是一个不实际的理想主义者。""王安石变法使社会衰乱，朝纲败坏。"

总而言之，在林语堂的笔下，王安石不再是那个锐意改革的改革家，而是成为一个危害社会的罪人。

他在文中说王安石一心改革，不被金钱蒙蔽双眼，也不为了权力地位。读到这里，可千万别以为林语堂突然转变了对王安石的看法，因为还有后面的话没说完。

林语堂近乎执拗地认为："王安石的悲剧是在于他自己并不任情放纵，也不腐败贪污。"这句话出口，大概很多人都会觉得这是对王安石赤裸裸的偏见！

人无完人，伟人也逃不脱这个定律。所以别以为名人的话都是绝对的权威，名人也有自己讨厌的人，也有主观意向。在一个人讨厌另一个人的时候，那么无论那个人做什么事，哪怕是好事，也会有一种说不上来的厌恶感。这就是人。

虽然王安石变法失败了，改革措施也并不那么完善，但不至于到了被全盘否定的时候。

文中还写道："在能看穿王安石品格并认为他将会成为国家一大害的寥寥数人之中，就有苏洵与张方平。"张方平是反对派人士，想必也不会肯定自己的对手。"肯定对手就是否认自己"的道理他还是懂的。

至于苏洵，林语堂显然是引用了《辨奸论》为依据。虽说传言苏洵

和王安石的关系不好，但也不会到了把他写进奸臣中的地步，苏洵好歹也是个文化人，这种事他绝对做不来。

而且前文也就《辨奸论》做过探讨，文中"误天下苍生者，必此人也"一句话被认为是暗讽王安石变法危害社会，且不说这篇文章并没有指名道姓，单时间上就对不上号。

王安石拜相并开始主持变法是在熙宁二年（1069年），而苏洵在志平三年（1066年）因病去世，就算这篇文章是苏洵在离世那年写的，那他也太有先见之明了。

我们都知道，在宋神宗继位之前，王安石一直拒绝入京为官的机会，坚守在基层前线。在1063年到1066年间，王安石多次拒绝了宋英宗的任命，在基层混得风生水起。那么苏洵是怎么看出来这样一个恪尽职守的王安石将来会危害社会呢？

林语堂举这样的例证未免有点牵强，所以他对王安石的批评是带有一定的偏见的。

历数古往今来的名人大家，对王安石有偏见的不乏其人，可以说一直到现在，舆论的声音都没有真正停下来过。

可怜的王安石，你到底是做错了什么？竟要背负如此多的骂名。对于这一点，王安石本人应该也是很无奈的，但是他却无法开口为自己辩驳，只得伤感地说："吾昔好交游甚多，皆以国事相绝。"

其实从某种意义上来讲，王安石也是政治的牺牲品。虽说王安石在主持改革，这也是他的理想和抱负，但是人们已经渐渐开始忽略了当初是怎么开始的。是宋神宗登台伊始，主动找来了王安石，再三任命，才把王安石留在身边的。

宋神宗才是改革幕后的大boss，随着改革的深入，宋神宗也从幕后走到了台前。那么人们为什么还要把错都归到王安石一个人身上，记性不好吗？

不是不好，是好得很，但是谁敢骂皇帝，给他一百个胆子也不敢啊，等于是在玩命。尤其是在封建社会，有几个人敢对皇上有非议的？

所以，这个骂名自然就归到了王安石身上。久而久之，王安石就成了那只最合适的"替罪羊"。这大概也是他不为自己开口辩驳的原因吧。

有一句话是这么说的："你能承受多大的赞美，就要承受多大的诋毁。"但是这句话用在王安石身上不适用，那么我们可不可以把它反过来，变成一句励志的鼓励呢？

你能承受多大的诋毁，就经得住多大的赞美！

王安石背负的骂名可谓是空前绝后的，但是世间人万万千，不是所有人的看法都是一致的。人们对于王安石的评判有批评就自然有赞美。

王安石背负了这么久的骂名，有人看不下去了，就是梁启超。梁启超是戊戌变法的领袖之一，所以他对同是变法领军人物的王安石格外理解。

为了给这个自己敬佩的变革者正名，他写下了《王安石传》，彻底为王安石承受了千年的骂名翻案。

梁启超是很佩服王安石的，在他眼中的王安石是个思想超前的优秀变革家。他称王安石是"三代之下第一完人"，这个评价是很高的。

所谓翻案，并不是喊喊口号放空话而已。在书中，梁启超一一为新法内容作了详尽的辩解说明，并给予它们重新的定义。他认为青苗法和市易法是"文明国家"的银行，他说免役法是"世界上最有名誉的社会革命"。

"今世欧洲诸国，其所设施，往往与荆公不谋同符。"这就是梁启超对王安石变法的整体看法。梁启超在当时的时代，算是一枚思想超前的新青年，所以他对王安石变法的看法自然与他人不同。他把变法的意义放在了一个世界的高度。

这也说明一个问题，王安石的思想是超时代的。或许他不被理解不被赞同的背后，是他拥有着超越同时代人的思想，而这些思想在他们看来是新鲜又危险的。

活在封建社会的人，总有一种无形的压抑，上班听上级官员的，上朝听皇帝的，女人更是要讲求三从四德。在这样一个压抑的大环境中，习惯了逆来顺受，习惯了一成不变的生活。

这个时候突然有人要变法，还提出了以前没有听说过的新思想，人

们的心里是慌乱的，是不能接受的。他们无法接受社会的变动，因为不知道这样做带来的后果是什么。

因为超前，所以被否定。这大概也是王安石变法一直进行得不顺利的原因之一吧！所以王安石变法被黑了千年，终于在现代被人们所认可。

一个人的成败不能说明什么，更不能作为衡量人的标准。失败了又怎样，失败还是成功之母呢！王安石的变法初衷并不是为了做什么伤天害理的事情，也不是为了自己的权势和地位，更不为了给自己敛财。他是为了国家，为了百姓。

之所以失败，通过这本书也了解了很多。错不在他一人，也有很多的环境和时代的因素在内。看到有些说法称王安石是北宋灭亡的罪魁祸首，这个说法太偏颇，也太牵强，忍不住想要替王安石喊冤！

虽说后世对王安石的非议很多，赞誉也不少，但是人死不能复生，他自己是听不到了。他生前在江宁的日子还是很安逸闲适的，弄得苏轼都羡慕不已。

王安石得以安享晚年，从某个程度上讲他是幸运的。有人要讲了，无奈地退出政治舞台，变法悉数被废，抱憾而终，这难道是幸运吗？

人还是要知足常乐的，细数历史上的改革家，有几个能像王安石这样安度晚年的？

商鞅变法使得秦国迅速崛起，功劳不可谓不大，但是他最后被诬告而战死，不仅尸首被车裂示众，还导致全族被灭；吴起变法使楚国国力日渐强大，却因为变法得罪贵族，为自己埋下了杀身之祸，最后尸身被车裂肢解；近代的戊戌变法促进了思想解放，推动了社会的发展，结果慈禧太后发动戊戌政变，"戊戌六君子"惨遭杀害。

反观王安石，虽然他的政治路最后仍以辞相告终，但是至少生命无损。晚年因为宋神宗的照拂，生活也是怡然闲适，依山傍水，出游吟诗。这样的日子虽然平凡，殊不知羡煞了多少人。遗憾告别奋斗一生的政治场，却无意中成就了他的诗歌，因祸得福吗？或许是的！

熙宁变法最后还是以失败告终，变法内容也被悉数废除，他的漫漫政治路也无疾而终。或许在别人眼中他是个失败的改革家，但是抛开他改革家的身份，他却是鄞县人民的好县长，是苏东坡钦佩的朋友，是杰出的文学大家和诗人。

他的人生不是苍白单一的，他的人生就像是个多面体，缺了一面，另一面同样精彩。

墙角数枝梅，
凌寒独自开。
遥知不是雪，
为有暗香来。

王安石的人生就像他诗中的梅花一样，活得骄傲和坚强。虽然他的人生道路坎坷不平，但是至少他为了梦想努力追逐过，至少他无愧于心。

走过，也精彩过，这就是王安石的人生。